高等教育法学应用教材

宪　法

（第二版）

主　编　焦洪昌

副主编　吉雅杰

撰稿人　（以姓氏笔画为序）

吉雅杰　姚国建　姜登峰

秦奥蕾　焦洪昌

中国政法大学出版社

2012·北京

图书在版编目（CIP）数据

宪法／焦洪昌主编．－2版．－北京：中国政法大学出版社，2012.3
ISBN 978-7-5620-4210-5

Ⅰ.宪…　Ⅱ.焦…　Ⅲ.宪法-基本知识-中国　Ⅳ.D921

中国版本图书馆CIP数据核字(2012)第041044号

书　　名　宪法
出版发行　中国政法大学出版社
经　　销　全国各地新华书店
承　　印　保定市中画美凯印刷有限公司

720mm×960mm　16开本　17.5印张　320千字
2012年4月第2版　2017年1月第6次印刷
ISBN 978-7-5620-4210-5/D·4170
印　数:20 001-25 000　　定　价:29.00元

社　　址　北京市海淀区西土城路25号
电　　话　(010)58908435(编辑部)　58908325(发行)　58908334(邮购)
通信地址　北京100088信箱8034分箱　邮政编码 100088
电子信箱　fada.jc@sohu.com(编辑部)
网　　址　http://www.cuplpress.com
(网络实名：中国政法大学出版社)

主编简介

焦洪昌　男，1961 年生，法学博士，中国政法大学教授，博士生导师，兼任中国宪法学研究会副会长。近 5 年出版个人独著《选举权的法律保障》（北京大学出版社，2005 年）和《公民私人财产权法律保护研究》（科学出版社，2006 年）两部，主编《宪法学》等省部级教材 3 部，主持省部级项目 3 项，发表学术论文 8 篇。

出版说明

为适应高等法学教育发展的需要，提高学生发现问题、解决问题以及运用法学知识的能力，我们组织编写本套《高等教育法学应用教材》。

法学是理论性与应用性相结合的学科，本套教材的最大特点在于突出法学的应用性。主要表现在以下几个方面：

1. 力求与现行最新的立法、司法解释及法律实务相一致。本套教材强调对现行最新的立法、司法解释进行介绍和分析，强调联系司法实务中的新老问题进行论述。

2. 力求与最新的《国家司法考试大纲》相一致。司法考试是从事法律工作的职业资格考试，但每年有大量的法律专业本科生、研究生无法通过司法考试。本教材力图使教学内容与司法考试紧密相连。

3. 力求用简洁、实用的事例说明深奥的原理和规范。在每一本教材中都努力用简洁的文字、实用明晰的案例对基本原理和法律规范进行说明，使学生在最短的时间内读懂教材，并结合历年司法考试试题加以分析。

4. 力求结合最新的研究成果和立法动态。立法、司法和法律实务是动态、发展的。本套教材密切关注和把握改革发展的方向与趋势，努力结合最新的学术研究成果，使法学理论应用于法律实务和教学。

为了保证本套教材的高水平和高质量，编委会聘请了多位知名的法学家担任主编。这些专家多数参加过立法和修法工作，并是司法考试教学辅导的名师，具有编写高校教材的丰富经验。

本套教材适用于大学本科的教学，尤其适用于司法考试。

本套教材的编写，得到了教育部有关领导、中国政法大学领导与教师以及中国政法大学出版社的大力支持，在此一并表示感谢。

《宪法》是本套教材中的一种，其作者分工如下：

焦洪昌：第一章

姚国建：第二章、第三章
吉雅杰：第四章
姜登峰：第五章
秦奥蕾：第六章

中国政法大学《高等教育法学应用教材》编委会
2007 年 2 月

第二版说明

自本教材初次出版以来，我国宪法学的理论研究和实践又取得了众多新的进展，其中最重要的当属2010年全国人民代表大会对《选举法》的修改。本次修改中，将沿袭了近60年的我国人民代表大会代表选举中农村和城市代表所代表的人口数从4:1调整为1:1，这意味着我国的农民和城市居民在选举权上得到了真正意义上的平等保障。另外，2012年是我国现行宪法颁布实施30周年。值此重要时段对教材进行修改具有特殊意义。本次修订的内容主要包括对最新理论研究成果的吸纳、对相关立法实践的回应以及对习题部分的更新。

焦洪昌

2012年02月

目　录

第一章 宪法的基本理论

第一节 宪法的概念

一、宪法的含义

“宪法”这个词汇，经常可在我国的古代典籍中看到。比如《尚书》中说的“监于先王成宪，其永无愆”；《国语》中说的“赏善罚奸，国之宪法”；《汉书》中也提到，“作宪垂法，为无穷之宪”。这里所说的“宪”或“宪法”，都是指典章、制度等行为规范。在多数时候，中国古代典籍中的“宪”和“法”是同义语，而且大多含有刑法的意思，因此都属于普通法律，而不是近代意义上的宪法。所以，一般认为，中国古代虽然有词源意义上的“宪法”这一词汇，但并没有近现代根本法意义上的“宪法”这一法律。

在西方国家,“宪法”这个英文用语（Constitution 或 Constitutional Law）来源于拉丁语（Constitution），原意是组织、规定、确立的意思，最早用于古代罗马帝国的立法中，用以表示皇帝所颁发的“敕令”、“诏令”、“谕旨”等，以区别于当时市民会议所通过的法律文件。在日本 18 世纪的德川时代，也曾编纂过《宪法部类》、《宪法类集》等，但这里所说的宪法，也只是一般法规的意思，和古代罗马帝国在立法中使用的“宪法”一样，都不是近代意义上作为国家根本法的宪法。

所谓近代意义的宪法，是在英国发展起来的，它特指那些限制王权、规定国家机关权限、组织及其相互关系以及确认公民权利、自由的国家根本法。正如马克思所说，它是“法律的法律”。19 世纪 60 年代以后，随着西方立宪政治影响的扩大，一些国家出现了近代意义的宪法概念，并逐渐使“宪法”一词成为正式法律用语，用以指代根本法意义上的宪法。

近代意义上的宪法作为一门独立的法律，是一国法律体系中的重要组成部分。法作为一种社会规范，是由一系列具体的法律规范构成的，它们都是国家政权的执掌者通过一定的立法程序制定或认可，并由国家强制力保障执行的各种行为规范。这些行为规范都是法的具体存在形式，比如我国最高权力机关制定的法律，最高行政机关颁布的行政法规，一定级别的地方权力机关制定的地方性法规以及民族自治机关制定的自治条例、单行条例等，都是法的表现形式。宪法也是法的表现形式之一，具有与其他法律相同的特征和本质属性，是统治阶级意志的体现。

所以，宪法既不是一种道德规范，也不是一种宣言或声明，而是具有约束力和强制力的法律规范。所谓宪法，就是规定一个国家的根本性问题、使民主制度法律化、集中体现统治阶级的意志和利益、具有最高法律效力、反映政治力量实际对比关系的国家根本法。

二、宪法的特征

前文阐释了宪法与其他法律的共性，但从宪法的含义中亦可察觉出宪法与其他法律存在区别。宪法虽是法律的一种，但由于它调整的对象特殊，在法律体系中的地位最高，因此宪法又有与普通法律的不同之处。与其他法律相比，宪法具有自己独特的特征，其内容包括：

（一）宪法是国家的根本法

宪法是国家的根本法，意味着在国家整个法律体系中，宪法是最为基本和重要的法律。作为国家根本法的宪法，就其法律属性来说，和普通法律的区别在于：

1. 宪法规定的内容与普通法律规定的内容不同。法律是调整社会关系的，一定的法律规范调整着一定的社会关系。宪法作为国家根本法，它的内容在于规定国家的根本制度，是国家的总章程。毛泽东曾提出：“一个团体要有一个章程，一个国家也要有一个章程，宪法就是一个总章程，是根本大法。”我国宪法在序言中明确宣布：“本宪法以法律的形式确认了中国各族人民奋斗的成果，规定了国家的根本制度和根本任务，是国家的根本法”。这里所说的根本制度，就是社会主义制度以及由此决定的我国国家制度的其他方面。具体讲，它包括国家的性质（即国体）、政权的组织形式（即政体）及其依据的原则、国家的结构形式（即实行单一制或是联邦制）、经济制度、公民基本权利和义务、国家机关的体系、组织与活动原则、权限范围、国家象征以及国家的基本国策等。宪法对于这些内容的规定是为宪法的终极价值目标——通过规范和约束国家权力以保障人权的实现服务的。

所以，宪法所规定的内容都是国家生活中最重大和最根本的问题，它是国家和公民活动的法律基础，从其本质来说，宪法规范的是国家与公民之间关系。正因为宪法的内容在于确认一国的根本制度，因此有的国家就把宪法与根本法等同起来，如1936年制定的前苏联宪法就被称为《苏联宪法（根本法）》。我国的现行《宪法》也在序言中确认“本宪法……是国家的根本法”。

宪法在内容上的特点，是就多数国家的情况而言的，反映着宪法的一般规律。但具体到个案，一个国家的宪法究竟需要规定哪些内容，没有一个完全统一的模式，一般都会基于本国具体的历史文化传统、宪政哲学以及现实条件而定，因而各国宪法的内容会存在一些不同。我国现行宪法从我国国情出发，恰当地规定了国家的根本制度和根本任务，实事求是地确认了公民的基本权利和义务，进一步加强了国家机构的建设，用根本法的形式规定了国家在社会主义初级阶段所必须采取的方针、政策和建设中国特色社会主义的步骤和方法。

基于宪法的根本法特征，宪法不能像普通法律那样具体。这是因为宪法并不是法律汇编，它不排斥立法机关的日常立法工作，而且授权立法机关根据宪法制定法律。宪法作为国家根本法，它是立法机关进行日常立法活动的法律基础。因此，宪法通常都对国家的立法原则作出规定，使立法机关在立法活动中有所依据，并通过自己的立法行为使宪法具体化。因而宪法又称为“母法”和“最高法”，普通法律则被称为“子法”。在古希腊时期，亚里士多德就曾把希腊各个国家的法律分为两大类：一类是普通法律，另一类是关于国家根本组织方面的法律。他主张后者是最高法，普通法律应以最高法为依据。这一观点后来不仅为资产阶级的法学家所接受，也为实行民主宪政的国家所采纳。

2. 宪法在法律效力上与普通法律不同。法律效力即指法律所具有的约束力和强制力。国家赋予法律以约束力和强制力是法律具有生命力之所在，也是法律得以发挥作用的必要条件。违反宪法的行为，同样必须依法予以制裁，违宪者应按一定的机制和程序被追究违宪责任。同时，由于宪法是国家根本法，因此，宪法不仅具有一般的法律效力，而且具有最高的法律效力。所谓最高的法律效力，其含义包括：

（1）宪法是制定普通法律的依据和基础。普通法律要以宪法为依据，把宪法的有关规定具体化，以保证宪法从基本精神、基本原则到具体条文的贯彻实施。例如，我国的刑法、刑事诉讼法、选举法等都在条文中明示了它们的立法依据是宪法。

（2）普通法律不得与宪法相抵触。由于宪法是制定普通法律的依据，因此，普通法律的内容都必须符合宪法的规定。如果普通法律与宪法相违背，它就失去或者部分失去了效力，相应的国家机关必须对其加以修改或者废除。这也就是宪法学上的“违宪”或者“合宪”问题。我国《宪法》第5条第3款规定，“一切法律、行政法规、地方性法规都不得同宪法相抵触”；《立法法》第78条进一步规定：“宪法具有最高的法律效力，一切法律、行政法规、地方性法规、自治条例和单行条例、规章都不得同宪法相抵触。”

（3）宪法是一切组织和个人根本的活动准则。这就是说，宪法的法律效力既是最高的，也是直接的。宪法作为最高的行为准则，是一切组织和个人活动的依据和基础，对人们具有直接的法律效力。我国宪法在序言中指明，“全国各族人民、一切国家机关和武装力量，各政党和各社会团体、各企业事业组织，都必须以宪法为根本的活动准则”，这是宪法具有最高、直接法律效力的法律依据。当然，宪法首先应当是国家机关的活动准则。明确这一点，对于保证宪法的贯彻执行，发挥其根本法的作用，具有重要的现实意义。

确认宪法具有最高的法律效力，是资产阶级民主革命反对封建专制的胜利成果，也是一个巨大的历史进步，它标志着以法治原则为核心内容的资产阶级宪政要求的实现。如今，宪法具有最高法律效力已为成文宪法制国家所公认，不少国家的宪法都就此作了专门规定。如1946年的《日本宪法》第98条规定：“本宪法为国家的最高法规，凡与本宪法条款相违反的法律、命令、诏敕以及有关国务的其他行为的全部或一部，一律无效。”《美国宪法》第6条规定：“本宪法和依本宪法所制定的合众国法律，以及根据合众国的权力已缔结或将缔结的一切条约，都是全国的最高法律；各州法律都应受其约束，即使州的宪法和法律有与之相抵触的内容。”我国现行《宪法》在总结我国宪法工作经验、教训的基础上，为了维护宪法的尊严和权威，在序言中第一次明确“本宪法……具有最高的法律效力”，并在总纲第5条中进一步规定了这一内容。这些规定都表明了宪法所具有的至高无上性，也是国家政治生活正常化和法制建设健康发展的宪法保障。

3. 在制定和修改的程序上与普通法律不同。宪法的这一特点是由以上两个特点引申出来的。为了体现宪法的权威性，保持宪法的稳定性和连续性，多数国家对宪法的制定和修改都规定了不同于普通立法的特定程序。制定和修改宪法的权力（即所谓制宪权）是一种最高的国家权力，体现着国家的主权。法国大革命时期的政论家西耶士认为，国家的权力分为两种：①制定宪法的权力。制宪权的特点是其具有独立性，也即制宪的过程不受任何法律规范的约束和任何国家机关的干涉。行使制宪权的结果是确立国家的根本制度、组织国家机构、规定公民的基本权利和义务。宪法一旦按法定程序通过，就具有最高的法律效力。②宪法设定的权力，如立法、行政和司法等国家权力，都是根据宪法而来的。在依据宪法行使立法权时，只能制定一般的法律，并且不能与宪法相抵触。但在实行“法治”原则的国家中，立法机关制定的法律要受行政机关和司法机关的制约，有的国家要受宪法监督机构的审查，所以立法权并不是独立的。

当今，除有的国家（特别是实行不成文宪法的国家，如英国）制宪权和立法权不作区分之外，世界上多数国家都把制宪权和立法权加以划分，并对制宪和修宪过程规定了较为严格的程序。

在制定宪法方面，许多国家都设立了专门起草宪法的机构，并由专门的机构通过。这些机构的名称一般如“制宪会议”、“立宪会议”、“宪法起草委员会”等。我国1954年第一部宪法即是由专门成立的宪法起草委员会负责起草并由全国人民代表大会通过的。《美国宪法》是由1787年在费城举行的由55名代表组成的制宪会议起草，并由各州的立法机关通过的。法国第一部宪法——1791年《宪法》，是由1789年成立的制宪议会负责起草并通过的。其他如1948年《意大利宪法》、1949年前《联邦德国基本法》，也都召开了专门的制宪会议。

宪法的修改是指对已经生效的宪法条款，由有权机关按照法定程序予以修订或部分地增减。宪法制定后，如何保持其稳定性是执政者治国安邦的根本大计。由于宪法的任何修改都会影响全局，频繁修改当然不好。但这并不是说，宪法的稳定是绝对的。因为宪法总是现实的反映，现实又是不断发展变化的。适应这些变化而对宪法作出必要的修改是现实的需要，因此，宪法的稳定性只能是相对的。所以经久不改的宪法实际上是不存在的。随着国家政治、经济形势的发展变化，对宪法作出必要的修改，总是不可避免的。由于宪法的修改关系到社会各种政治力量利益关系的调整，涉及到国家权力的运作和社会秩序的维持，因此，各个国家在宪政实践中对此都给予高度的重视，宪法的修改条款也被宪法学者普遍认为是宪法必不可少的基本内容之一。

在成文宪法制国家，除意大利等少数国家外，宪法的修改都采取比普通法律的修改更为严格的程序。如《德国基本法》规定，基本法的修改必须得到联邦议会2/3议员和联邦参议院2/3议员通过。《美国宪法》规定，经过国会两院2/3议员的同意，或者2/3州议会的请求，可以提出宪法修正案；经过3/4州议会或修宪会议的批准，可以发生法律效力。《日本宪法》规定：“本宪法的修订，必须经各议院全体议员2/3以上赞成，由国会创议，向国民提出，并得其承认，此种承认，必须在特别国民投票或国会规定的选举时进行，必须获得半数以上赞成。”为了保持宪法的稳定性和在必要时进行适当修改，我国现行《宪法》第64条对修改宪法规定了比1954年《宪法》更为明确具体的特别程序：“宪法的修改，由全国人民代表大会常务委员会或者1/5以上的全国人民代表大会提议，并由全国人民代表大会以全体代表的2/3以上的多数通过。”这一规定体现了我国对制定和修改宪法的慎重态度，同时也是建设社会主义法制的重要措施。

除规定严格的修改程序外，有些国家的宪法还规定宪法中的某些条款或内容不可修改。如现行《法国宪法》规定：“当宪法的修改有损于领土完整时，任何修改程序都不得着手进行或继续进行。”1947年《意大利宪法》规定：“共和国政体不得成为修改之对象。”

宪法的以上特征表明了它和普通法律的区别以及它在国家法律体系中的地位，即“宪法是国家的根本法”。当我们从宪法所具有的特性这一角度来了解宪法为什么是国家根本法时，必须联系到前述宪法的各项特性，并应着重关注宪法内容上的特性。这是因为，宪法在效力和制定、修改程序上的特性，是由它在内容上的特性所决定的。而就有的国家来说，这种效力和程序上的特性并不是其宪法所具备的。在不成文宪法制国家，如英国，一切法律的效力都是相等的，一切法律都是由同一个机关（议会）按同样的立法程序制定的，所以，所有法律的效力和修改程序都是一致的。但并不能否定宪法在英国的存在，因为在实质意义上，即就法律规定的内容而言，英国亦存在规定在其他国家由宪法规定的那些内容的法律。所以，不能说英国没有宪法，只不过其他国家宪法规定的内容，在英国是以普通法的形式表现的。

（二）宪法是公民权利的保障书

从历史渊源来说，英国在1679年迫使议会通过了《人身保护法》以保障人身自由，1688年光荣革命胜利后通过的《权利法案》确认和保障公民的权利和自由。法国《人权宣言》宣称，凡权利无保障的社会就没有宪法，说明宪法具有权利保障书的特性，法国1789年革命胜利后即通过以《人权宣言》为序言的1791年《宪法》，进一步确认和保障公民的权利。不仅资本主义宪法如此，社会主义宪法也十分强调对公民权利的保障。列宁深刻地说：“宪法就是一张写着人民权利的纸。”世界上第一部社会主义宪法——1918年的前《苏俄宪法》就将《被剥削劳动人民权利宣言》列为第一篇，可见社会主义宪法同样具有权利保障书的性质。

近代意义的宪法，其根本目的在于限制政府的权力，保障公民的权利和自由，其基本特性为：①宪法是由人民依其自由意志所制定；②宪法内须有基本人权的规定；③为保障人权，须有权力分立制，而不可将统治归于一人或一个机关行使。现代各国宪法虽然内容纷呈，但在理念上与西方近代意义的宪法是脉络不断的，即人权保障构成了宪法的核心价值。

从内容上看，各国宪法最为主要的内容包括两部分：①国家权力内容及国家机构；②公民基本权利。就这两部分的相互关系而言，对于公民权利的有效保障有利于国家权力的正当行使，并且限制国家权力的基本出发点即在于保障公民权利，因而保障公民权利在宪法中居于核心的支配地位。

宪法对人权的保障与其他法律对人权的保障的最大区别在于宪法更多地是从规范和限制国家权力尤其是立法权的角度来保障人权。传统的人权理论从保护多数人的利益出发，认为民主就是多数决定，人权就是保证多数人能够享有和少数人一样的权利，其关注的中心在于剥夺少数人的特权，实现法律面前人人平等，因而立法权的正当性不受怀疑。这当然是宪法中公民权利保障的重要方面和必然阶段。然而在民主观念已经深入人心的现代社会，保护少数派尤其是易受歧视的弱势群体，应当成为现代宪法与人权保障的主流，这种发展可以说是个体主义意识形态与集体主义意识形态之间的对立所造成的，或许可以将之称为弱势主义的人权保障观。我们不难发现，在现代宪法当中，受到质疑的公共权力除了传统的行政权力之外，代议机构的立法者正逐渐成为新的被“怀疑”对象——因为代议机构的活动原则就是多数决定主义，他们常常倾向于追求那些反映多数派利益的决定。

（三）宪法是民主制度的法律化

宪法的“根本法”特征表明了宪法在内容和形式上的法律特性。在政治上，宪法和民主具有不可分割的联系，宪法是民主制度的法律化，是随着资产阶级的民主制度的产生而产生和发展起来的。

近代意义上的宪法是资产阶级革命的产物。随着资产阶级在反封建的斗争中取得胜利并执掌国家政权，资产阶级把斗争的胜利成果和有利于自己的政治体制、国家制度用国家根本法的形式确认下来，以便巩固其在政治上、经济上的统治地位，并使这种地位合法化。这种政治体制、国家制度的核心是民主制度。所以，宪法是民主制度的法律化。

所谓民主，按照希腊文的原意是指“人民的权力”，也就是指由人民直接或通过选举代表来治理、统治。列宁曾指出：“民主是一种国家形式，一种国家形态”，“民主就是承认少数服从多数的国家”。因此，民主首先是一种国家制度，它属于政治上层建筑的范畴。虽然在奴隶制国家和封建制国家，也有过和君主制不相同的共和制的国家形式，实行过奴隶制的民主和封建制的民主（如古希腊的雅典民主制和在中世纪欧洲某些城市中形成的封建共和国），但在这种民主制下，掌握国家政权的仍然只是极少数人，奴隶和农奴被剥夺了一切权利。如在雅典的民主制下，奴隶不仅不算是公民，而且不算是人。所以，这不是现代意义上的民主。

随着资本主义经济在封建社会内部的产生和发展，封建主义的政治制度日益成为阻碍生产力进一步发展的桎梏。为适应反封建专制主义的需要，一些资产阶级启蒙思想家积极进行资产阶级革命的思想动员，提出了“天赋人权”的思想。资产阶级思想家从“天赋人权”的原则出发，引申出“人民主权”、“分权制衡”、“法治”等重要学说。这些理论的核心问题是国家权力的组织和运行必须按民主的方式进行，以防止国家权力对公民权利的侵犯。

民主制自西方各国的资产阶级革命成功后，在世界范围内得到了普遍的确认。从理论上划分，民主制分为直接民主制和间接民主制，由于直接民主制在现代社会的运行成本过高，且技术过于复杂，世界各国仅有一些国家在有限的事项决定上采用直接民主制，而间接民主制（即代议制民主）成为普遍实施的民主制形式。虽然各国的民主制并无统一的模式，但还是包括一些共性的原理。这些共性的基本原理包括：①掌握国家权力的决策者大部分应由选举产生，并且应有合理的任职期限，这一规则保证人民有权选择和更换权力的掌管者，使人民事实上参与国家的管理。②为保证尽可能多的民众参与公共权力掌管者挑选的过程，对公民选举权的限制必须是合理的，除基于年龄和精神状态的合理限制外，不应有其他诸如财产、肤色、种族、民族、性别等不合理限制。③选区人口应大致平等，亦即同样多的民众在议会中应有同样多的代表。④公民自由竞选由选举产生的职位，对于参选的限制只能是那些公共职位对人员的合理要求。⑤政治通讯自由，以使得公民个人、候选人和官员所需的政治信息得以互相影响和传播。⑥结社自由，使得人们可以相互联合，共同行使某些政治权利。

资本主义国家的民主制度，是在十七八世纪资产阶级革命过程中形成并在以后的历史上发展完善起来的。如果说，在资产阶级革命前，资产阶级的民主思想是和反对封建专制、争取自由平等不可分割的。那么，在资产阶级革命后，资产阶级建立的民主制度又和他们制定的宪法发生了密切的联系。资产阶级革命胜利、建立了民主制度之后，制定宪法的目的，就是为了把反封建的革命成果和资产阶级所争得的民主制用国家根本法的形式确认下来。正如毛泽东所言：“世界上历来的宪政，不论是英国、法国、美国或者前苏联，都是在革命成功有了民主事实之后，颁布一个根本法，去承认它，这就是宪法。”资产阶级在制定宪法时所遵循的民主原则，正是他们在反对封建王权统治的斗争中所提出的自由平等原则、普选制原则、三权分立原则和法治原则，特别是资产阶级的代议制成为资产阶级民主制的核心。所以，宪法与民主的关系可以概括为：宪法是民主的后果，宪法巩固和发展民主。

从基本的宪法原理而言，近代意义的宪法目的在于限制政府的权力，保障人民的权利和自由；而为实现这一目的，就必须实行分权。宪法如不规定代议制、分权制和公民权利等条款，就不成其为宪法。因而，1789年《法国人权宣言》宣布：“凡权利无保障和分权未确立的社会，就没有宪法。”这就表明，资产阶级宪法无非是资产阶级民主制度的法律化。

在我国，毛泽东同志在谈到1954年《宪法》时曾指出：“用这样一个根本大法的形式，把人民民主和社会主义原则固定下来，使全国人民有一条清楚的轨道，使全国人民感到有一条清楚的、明确的和正确的道路可走，就可以提高全国人民的积极性。”这一论述告诉我们，社会主义宪法和社会主义民主同样有着不可分割的联系。社会主义民主是社会主义宪法的前提和基础。离开了社会主义民主，也就失去了宪法存在的意义，更谈不上宪法的作用了。因此，充分发扬社会主义民主，是社会主义宪法不可动摇的原则。同时也应当看到，社会主义民主又必须由宪法加以确认和保障。这是由于：社会主义宪法只有把社会主义民主制度法律化，才可以使广大人民群众清楚地知道，自己究竟享有哪些民主权利，促使他们广泛地运用这些权利去管理自己的国家，发挥他们的积极性。通过宪法把社会主义民主制度法律化，还可以使各级国家机关及其公职人员明确地认识到，自己应该怎样发扬社会主义民主，应该怎样尊重人民的民主权利。只有这样，才能使社会主义宪法的民主原则深深扎根于全社会的共同意识之中，充分发挥其推动社会主义事业发展的重要作用。

社会主义民主之所以必须由社会主义宪法加以确认和保障，还由于在社会主义制度下，民主原则一经制度化、法律化，它便成了国家意志，具有必须执行的特性。全国上下都要严格遵守，不论是什么人，违反和破坏社会主义民主制度，都是违宪行为，都应无例外地予以追究。

总之，无论是资本主义国家还是社会主义国家，宪法都是对已经存在的民主事实的确认。所不同的是，两种民主制具有性质上的差别。

三、宪法的本质

在阶级社会中，宪法被认为是统治阶级意志和利益的集中表现。但是，在一个已消灭了阶级对抗的社会，宪法本质的表现形式将发生变化。从更广泛意义上说，宪法客观地反映着各种政治力量的对比关系。所以，宪法的本质是集中表现各种政治力量的对比关系。宪法与政治力量对比和政治形势发展变化的关系，表现如下：

1. 宪法是在政治斗争中取得了胜利的政治集团的意志和利益的集中表现。任何一部宪法的产生，都是政治斗争的结果和总结。没有政治斗争的胜利，没有取得政权并建立起统治的国家，就不可能制定出反映统治集团意志并代表他们利益的宪法。在政治斗争中取得胜利的政治集团，为了巩固自己的胜利成果，为了建立适合于本集团利益的制度，为了使社会全体成员都能按照它的意志来行动，这就需要借助宪法这一工具，来达到它的目的。

2. 各种力量的实际对比关系、具体历史条件以及经济文化发展的不同，决定并影响着宪法的具体内容。所以即使是同一个类型的宪法，其具体内容也会有所不同。如英国和法国都是资本主义国家，它们的宪法都是以确认和维护资产阶级民主制为其神圣职责的，这是资本主义国家宪法的共性和基础。但是，由于英、法资产阶级革命的具体历史条件不同，因而宪法反映的政治力量对比关系也有差别。英国资产阶级革命时期工业还不很发达，资产阶级的地位并不巩固，而封建贵族的势力还很强大，所以资产阶级与封建贵族妥协是英国资产阶级革命的一个特点。这个特点反映在宪法的发展上，就是其不成文性和渐进性，即通过逐步限制王权和逐步扩大资产阶级政治权力的途径来实现的。资产阶级每取得一项胜利，就通过一个有利于资产阶级的法律，从而最终确立了资产阶级的政治统治。这便是英国确立了君主立宪政体、其宪法是由各个历史时期所颁布的宪法性文件和形成的宪法惯例所构成的历史原因。

而在法国，起始于1789年的资产阶级革命比较彻底，它粉碎了封建制度，确认了资产阶级民主制，确立了纯粹的资产阶级统治。因而革命后所制定的宪法表现了法国资产阶级反对封建制度的彻底性，在宪法的表现形式上，法国以成文宪法的形式为主。

同属于社会主义类型的宪法，在不同的国家，由于政治力量对比关系不同，其具体内容也不尽相同。例如，我国1954年制定的第一部宪法同当时前苏联施行的1936年《宪法》虽然都是社会主义类型的宪法，但前者反映了资本主义私有制尚未完全消灭的阶级力量对比关系，而后者反映了社会主义所有制在一切经济部门中已经完全建立起来、社会主义已经取得完全胜利的政治力量对比关系。

3. 在同一个国家的不同历史时期，由于政治力量对比强弱程度的不同以及政治形势的发展变化，因而在不同发展阶段上的宪法，其内容也不尽相同。例如，法国在颁布了1791年宪法以后到1875年的80多年间，先后更换了11部宪法。这些宪法，有的反映了资产阶级势力的强大；有的反映了封建势力的复辟；有的则反映了在无产阶级力量强大时，资产阶级和封建势力的联合。法国宪法如此频繁的变更，都是由政治力量对比关系的变化所引起的。但不论宪法如何变更，在本质上都是一样的。

在我国，建国初期所制定的、起临时宪法作用的《共同纲领》，反映了原来居于统治地位的官僚资产阶级、封建地主阶级已被消灭，以工人阶级为领导的广大人民已成为国家主人的事实。《共同纲领》颁布后，经过5年的时间，我国的政治形势发生了新的变化。在人民民主政权更加巩固，国家已经开始了社会主义建设和社会主义改造的情况下，国家又制定了1954年《宪法》。这部《宪法》反映了建国以后我国人民所取得的各项新的重大成就，明确规定了逐步消灭剥削制度，建立社会主义社会的奋斗目标。毛泽东在谈到我国1954年《宪法》时说："我们的这个宪法，是社会主义类型的宪法，但还不是完全社会主义的宪法，它是一个过渡时期的宪法。我们现在要团结全国人民，要团结一切可以团结和应当团结的力量，为建设一个伟大的社会主义国家而奋斗。这个宪法就是为这个目的而写的。"

1954年《宪法》颁布后，随着社会主义革命和社会主义建设事业的发展和胜利，我国在政治、经济和文化等方面又发生了深刻的变化。为了适应形势的发展，国家又相继通过了1975年《宪法》和1978年《宪法》，它们表明我们国家已实现了由新民主主义社会向社会主义社会的转变。1982年第五届全国人民代表大会第五次会议通过的现行《宪法》及后来通过的四个修正案，则反映了在新的历史时期我国政治、经济形势的新发展。

总之，宪法是阶级斗争的产物，它反映了政治力量的实际对比关系。宪法的制定或修改，总是和政治力量的对比以及政治形势的发展变化分不开的。

四、宪法的分类

世界各国现行的宪法有100多部，由于每一部宪法所生存的历史背景存在差异，其具体内容各不相同，形式也多种多样。对这些宪法实行分类，认识它们之间的差异，揭示它们之间的本质区别，有助于正确而完整地把握各种类别宪法的精神。在对宪法进行分类时，可以基于不同的标准；分类标准的不同，必然导致分类结果的不同。

（一）传统的宪法分类

这是西方国家宪法学者对宪法所进行的分类。他们通常以宪法的形式特征作为分类标准，把宪法分为以下几种类型：

1. 成文宪法与不成文宪法。以宪法是否具有统一法典的形式，将宪法分为成文宪法与不成文宪法。这是英国法学家布赖斯于1884年首次从宪法的表现形式上对宪法所作的分类。所谓成文宪法，是指以一个或几个法律文件的形式所表现出来的宪法。所以成文宪法又称为“文书形式的宪法”。成文宪法一般以单一的法律文件（宪法典）表现（如美国宪法、我国现行宪法），也有以几个法律文件形式表现的，如法国1875年宪法即包括1875年2~7月所陆续颁布的三个法律文件，即《公共机关的组织法》、《参议院的组织法》和《公共机关的关系法》；奥地利和瑞典王国宪法也是由几个宪法文件组成的。所谓不成文宪法，是指以国家的一般法律、惯例或法院判例形式出现的宪法。英国宪法一般被视作不成文宪法的典型。需要注意的是，不能将不成文宪法理解为绝对没有书面形式，如实际上英国宪法也只是一部分表现为宪法惯例、习惯和判例等，另一部分则表现为诸如《权利法案》等法律文件的形式。

2. 刚性宪法与柔性宪法。根据宪法的效力与修改程序的不同，可将宪法分为刚性宪法与柔性宪法。这是布赖斯于1901年对宪法所作的分类。所谓刚性宪法，是指制定和修改宪法的机关或程序与普通法律不同。刚性宪法又可分为三种情况：①制定和修改宪法必须召开专门的制宪会议，普通立法机关（议会）无权制定或修改宪法。②普通立法机关虽有权制定或修改宪法，但须得到其他机关的批准，或须经过全民公决的特别程序。③普通立法机关有权制定或修改宪法，但在表决时需要2/3或3/4的绝对多数通过。《美国宪法》是刚性宪法的典型例子，我国《宪法》也属刚性宪法。刚性宪法通常都是成文宪法，但成文宪法不一定是刚性宪法，如《意大利宪法》。

柔性宪法是指制定和修改宪法的机关或程序都与普通法律相同，即由国家的立法机关按普通立法的形式就可制定或修改的宪法。英国宪法是典型的柔性宪法，它既表现为不成文宪法，又是柔性宪法。柔性宪法不一定是不成文宪法，这种分类方法的目的在于说明刚性宪法和柔性宪法各有优缺点，前者稳定，后者灵活。当然，宪法的稳定性并不完全取决于修宪程序的难易，而是靠执政者的指导思想、社会力量对它的支持等。柔性宪法虽较灵活，但并不意味着其一定处于不稳定之中，因为对柔性宪法经常修改也不利于社会的稳定和宪法权威的树立。

3. 钦定宪法、民定宪法和协定宪法。根据制定宪法的主体不同，可将宪法分为钦定宪法、民定宪法和协定宪法。所谓钦定宪法，是指在君主立宪制的国家由君主制定的宪法，奉行主权在君的原则。如1889年日本明治天皇所颁布的《宪法》、1906年的俄国《宪法》、1908年我国清朝政府颁布的《钦定宪法大纲》等都是钦定宪法。民定宪法是指由议会、制宪会议或公民投票方式通过的宪法。民定宪法是基于人民主权的思想而产生的，奉行主权在民。当然，“钦定”宪法和“民定”宪法的区分，只是在特定的历史阶段才有意义。在现代社会，即使在保留君主的国家，其宪法的制定也是基于人民主权的思想。协定宪法则是指由君主和代表民意的代议机关共同制定的宪法，一般认为1809年的《瑞士宪法》和1830年的《法国宪法》是协定宪法的典型。

除上述分类外，有的按所处历史时期的不同，将宪法分为近代宪法（18、19世纪制定的资产阶级早期宪法）与现代宪法（20世纪，特别是第一次世界大战后制定的宪法）。一般认为，1919年德国《魏玛宪法》是近代宪法向现代宪法转型的标志。有的按所处环境的不同，分为平时宪法与战时宪法。还有学者近来对各国宪法作了更为细致和繁多的分类，如联邦宪法和州宪法、理想宪法和现实宪法等。

上述各种以宪法的形式特征所进行的分类，最早是由西方学者普遍采用的分类方法。这种分类方法反映了宪法发展的时代特征，有它的历史必然性，而且对理解各国宪法的特点及产生这些特点的原因与作用，以及比较各国宪政制度的异同，都有重要的参考价值。但是，这种分类方法没有科学地揭示出宪法的本质，不能用以说明有关宪法的阶级根源以及由此而产生的各种复杂现象。

（二）马克思主义的实质分类法

马克思列宁主义认为，宪法作为国家根本法，是阶级斗争中阶级力量实际对比关系的反映，是巩固阶级统治的工具，它具有强烈鲜明的阶级性。马克思主义对宪法进行分类以区分宪法的本质为首要目的。因此，只有以生产关系的历史类型和与其相适应的国家政权的阶级属性为分类标准，才能从本质上对各国宪法作出区分。按照这一分类标准，世界上的宪法只有两种类型：一种是资本主义类型的宪法；一种是社会主义类型的宪法。这是马克思主义的科学分类方法。社会主义性质的宪法诞生以后，以马克思主义为指导对宪法所作的分类，不仅克服了传统的形式分类的局限性，适应了宪法和宪法学发展的需要，消除了形式分类所存在的弊病，而且体现了科学性和阶级性的统一，显现了宪法的本质问题。

当然，社会主义类型的宪法由于种种原因也确实存在条文与现实不完全一致、制宪和行宪严重脱节的情形，这是需要认真对待的问题。

■ 第二节 宪法的历史发展

一、近代宪法产生的条件

法律是随着国家的出现而诞生的。但作为国家根本法的宪法，到十七八世纪资产阶级革命时期才出现，是资产阶级革命的产物。正如毛泽东同志指出："讲到宪法，资产阶级是先行的。英国也好，法国也好，美国也好，资产阶级都有过革命时期，宪法就是他们在那个时候开始搞起的。"近现代意义的宪法具有国家根本法的地位，以法治和分权为核心并以保障人权为目的。而在奴隶社会和封建社会，君主专制的国家制度和法律制度与宪政主义的精神格格不入，封建君主专制的时代没有宪法和宪政得以产生的社会条件。这正是法国1789年《人权宣言》所强调的："凡权利无保障和分权未确立的社会，就没有宪法。"

资产阶级宪法的产生并不是偶然的，而是有着深刻的社会经济、政治和思想条件。

1. 近代资产阶级宪法的产生是资本主义商品经济发展的必然结果，商品经济是宪法产生的经济条件。在奴隶社会和封建社会时期，国家权力和社会资源高度集中于以君主为代表的统治者手中，社会的被统治者——奴隶和农民都不拥有国家权力和社会的经济资源，这使得他们对统治者产生严重的人身依附关系。这样，建立在人格独立、平等、自由基础上的宪法当然不可能产生。

在封建社会末期，资本主义生产方式逐步替代了封建生产方式。资产阶级为了迅速发展资本主义经济，迫切要求废除一切封建主义的羁绊，建立自由竞争和平等交换的资本主义生产关系。这种经济形态对人的要求是人们必须成为具有独立人格主体，并可以自由地占有财产，自由地出卖劳动力，以及自由地进行生产、交换与竞争。这样的要求反映在法律上就是用根本法去组织政府并规范政府权力，防范权力专横并为公民的平等权利与自由提供保障，这就为宪法的产生和宪政制度的形成提供了经济上的动力。

2. 资产阶级革命的胜利和资产阶级民主制度的建立是资产阶级宪法产生的政治条件。资产阶级宪法是在摧毁封建专制制度、建立资本主义民主制度的过程中产生的。为摆脱封建专制的压迫和束缚，新兴的资产阶级不断掀起反对封建专制，争取民主、自由和平等的斗争。因为封建主义的政治制度严重阻碍着资本主义经济的自由发展，新兴的资产阶级迫切需要用资本主义的民主制度来代替封建专制制度。为了巩固资产阶级革命的胜利成果，防止封建势力复辟，促进资本主义经济的发展，资产阶级以国家根本法的形式确认和巩固资本主义的民主制度。以平等自由为基础，以代议制、选举制、政党制度等为主要内容的近代民主政治为宪法的产生提供了政治条件。因此，近代宪法是资产阶级革命和资本主义民主政治的产物。

3. 以“天赋人权”、“人民主权”、“三权分立”和“法治”为内容的资产阶级启蒙思想是近代宪法产生的思想理论条件。宪政实践须以宪政理论为先导。在资产阶级革命过程之前和其中，资产阶级的先进思想家纷纷著书立说，提出了一系列的民主、自由的主张，论证了以民主代替专制、以民权代替君权、以人权代替神权、以自由代替奴役、以平等代替特权的合理性，为资产阶级革命提供了思想基础。其中具有代表性的是17、18世纪的资产阶级学者如英国的洛克、法国的孟德斯鸠和卢梭等人提出的“天赋人权”、“人民主权”、“三权分立”、“法治”等自由、民主、人权的宪政学说。这些学说和理论反映了新兴资产阶级的利益和要求，成为资产阶级反对封建主义的重要思想理论武器。它对于动员广大人民群众起来反对封建专制制度、推动资产阶级革命和促进资本主义的发展起了不可磨灭的历史作用。资产阶级革命胜利后，它们又成为资产阶级制定、实施宪法，组织国家的重要思想理论基础。

4. 法律部门的增多、法律形式的分化及由此而产生的各种法律部门在更高层次上的统一要求是宪法得以产生的法律条件。在资本主义社会产生以前，由于生产力水平低下、人口数量少、人类活动范围狭小、社会关系简单，不需要大量、复杂的法律规范和众多的法律部门予以调整。但随着历史的发展，新型的资本主义生产关系突破了原来的自然经济的框架，生产的专业化、社会化促进了商品交换的普遍与流行，民事方面的法律关系在整个法律体系中的地位日益突出，原来以刑法为主、诸法合体的法律表现形式已不能适应现实的需要，各种部门法分离独立、自成体系已是大势所趋。而另一方面，法律各部门的分化又易导致各部门法的冲突，不利于法制的统一，因此需要有一种更高层次的根本法来统摄各部门法，使一个国家的各部门法形成一个有机联系的整体。这种法律表现形式的变化为宪法的产生提供了必要性和可能性。

近代宪法正是基于上述政治、经济、文化和法律的因素才得以产生的，它是时代的产物。17 世纪开始的欧美各国资产阶级革命相继成功，并且先后颁布了各自的宪法，作为革命成功的标志。这一资本主义上升时期的宪法，在一定程度上适应了历史发展的客观要求，确实具有进步性和民主性，也产生了积极的历史作用：它促进了资本主义生产关系的发展；确立了资本主义国家的民主政治制度；它以国家根本法的形式确立了资产阶级的统治地位，有利于资产阶级通过法律形式协调各种社会矛盾，以维护资本主义的稳定和发展。

二、资本主义宪法的产生和发展

（一）英国宪法

英国是近代宪法的发源地，其立宪历史甚为久远，享有“宪政之母”的声誉。它最早产生了议会政治，建立了资本主义代议制度。英国的宪政和代议制度为后来各国资产阶级革命成功后制定宪法与构建政制所仿效。英国宪法具有两个特点：

1. 渐进性。英国宪法并不是通过某次制宪活动一次性完成的，其宪政历史最早甚至可以追溯到 1215 年封建时期《自由大宪章》的制定。由于英国资产阶级革命的妥协性，1640 年英国爆发了资产阶级革命，后来又经克伦威尔军事独裁、斯图亚特王朝复辟和 1688 年光荣革命三个时期，英国资产阶级革命最终以资产阶级和封建贵族的妥协而结束，确立了君主立宪制政体。其后，英国的政治体制继续朝着君权不断缩减、议会权力逐渐强化的方向发展。这其间资产阶级每取得对封建贵族的一点优势，便以某一部宪法性法律或宪法惯例表现出来。英国宪法的渐进性也反映出英国资产阶级革命的不彻底性。英国宪法是通过逐步限制王权和扩大资产阶级政治权力的途径来实现的，其全部形成和发展过程体现了英国从一个封建君主专制的国家过渡到现代资产阶级民主国家之间存在的明显连续性和继承性。正如马克思所指出的：“不列颠宪法其实只是非正式执政的、但实际上统治着资产阶级社会一切决定性领域的资产阶级和正式执政的土地贵族之间由来已久的、过时的、陈腐的妥协。”

2. 不成文性。英国宪法是不成文法宪法，这是其发展的渐进性所决定的。英国没有制定统一完整的宪法典，即英国宪法不是由一个统一完整的法典形式的书面文件表现出来的，而是由各个时期颁布的宪法性文件和形成的判例、惯例所构成。原因在于英国不像其他资本主义国家在建立资产阶级统治后制定出一部成文宪法，而是在漫长的历史发展过程中逐步形成了不成文宪法，它是历史的产物，反映了英国资产阶级的保守性。英国不成文宪法主要由以下形式表现出来：

（1）宪法性文件。这些宪法性文件一般是指涉及国家根本性问题的重要议会法案以及含有宪法性质的议会制定法，这是英国宪法结构中的主体。它们包括：1215 年限制王权的《自由大宪章》；1628 年的《权利请愿书》；1679 年的《人身保护法》；1689 年的《权利法案》；1701 年的《王位继承法》；1911 年的《议会法》；1937 年的《内阁大臣法》；1949 年的《人民代表法》；1972 年的《欧洲共同体法》；1998 年的《人权法案》；等等，这些都属于宪法性法律文件。

（2）宪法惯例。宪法惯例是指某些政治制度和原则不是由法律明文规定的，而是由于一些历史的原因形成并在立宪政治实践中得到社会肯定和公民认可的事实。这些事实逐渐成为具有规范意义、为国家认可并赋予法律效力的宪法规则。宪法惯例在英国宪法中占有重要地位，被英国宪法学家詹宁斯认为是理解英国宪法的关键。这些宪法性惯例的主要内容有：①国王的权力和法律地位，如国王统而不治、不得为非、不承担责任；应在首相和大臣的建议下采取行动；应要求在议会中获得多数席位的政党领袖组织内阁、任命首相提名的大臣；应在首相的要求下提前解散议会。②英国内阁的建立和职权，如内阁大臣必须是议会议员（现在必须是平民院中的议员）等。③内阁与议会的关系，如内阁必须以议会的信任为继续执政的前提等。④首相的地位等，如首相是内阁的首脑等。⑤有关文官的制度，如文官在政治上保持中立等。这些惯例使得英国议会内阁制得以确立和完善，从而使君主立宪制最终巩固下来。

（3）宪法性判例。宪法性判例是英国法院在审判实践中形成的，即法官对某些案件的判决所形成的规则运用于以后再发生的同类案件。这种规则就成为判例，且由于涉及到宪法性内容而成为英国宪法的一部分。英国的司法独立原则、法官的某些豁免权以及公民的某些权利都是从宪法判例中引申出来的。

（4）权威学者的著述。在没有成文法或其他成文来源的情况下，英国的司法机关可以援引一些权威的政治学和法学学者的著作中所阐明的理论。如奥斯汀和詹宁斯的著作就经常在法院的判决中得到援引。

英国宪法的构成多种多样，内容比较庞杂，但它具有历史连续性、灵活性的优点，这就为宪法更好地适应社会的变迁并发挥作用提供了有利条件。

（二）美国宪法

1787 年制定的《美国宪法》是世界上第一部成文宪法。它以 1776 年的《独立宣言》为先导，以 1777 年的《邦联条例》为基础而制定。

1775 年美国开始独立战争，1776 年在费城召开的北美 13 个殖民地的代表会议通过了著名的《独立宣言》。宣言的主要内容有：指出北美人民独立的理论根据是天赋人权；强调人人生而平等，有生命权、自由权和追求幸福的权利；认为政府是为保障这些权利而成立的，人民有权改变和废除违反上述目的的政府；宣告"成立自由独立的合众国"。《独立宣言》是资产阶级革命时期一部具有历史意义的重要文献，它不仅宣告美利坚合众国的建立，而且深刻地阐明了北美人民追求独立、保障自己权利的根据和具体主张，马克思称其为"世界上第一个人权宣言"，它为后来制定美国宪法和增补人权条款打下了理论基础。

1777 年，13 个殖民地的代表在第二届大陆会议上制定了《邦联条例》，由 13 个州组成邦联。然而邦联这种松散的国家结构不能适应美国资本主义发展的进一步需要。为了克服邦联的缺陷，美国的主要政治领导人开始着手对《邦联条例》进行修订，试图建立一个强有力的中央政权，即联邦国家。1787 年制宪会议制定出《美利坚合众国宪法》，并随后按宪法的规定获得了各州的批准，从而于 1788 年正式生效。《美国宪法》包括序言和 7 个条文，其主要内容是：第 1 条规定立法权属于国会两院及有关国会的问题；第 2 条规定行政权属于总统及有关总统的问题；第 3 条规定司法权属于法院及有关法院的问题；第 4 条规定州的问题；第 5 条规定宪法的修改和批准的方式；第 6 条规定联邦宪法的效力；第 7 条规定宪法本身的批准程序。1787 年《美国宪法》巩固了独立战争的胜利成果，确认了民主共和制，反映了资产阶级革命的基本要求，促进了新兴资本主义的发展，具有一定的历史进步意义。同时作为世界第一部成文宪法，它所确立的联邦主义原则和三权分立原则及总统制的政体，为后来许多资本主义国家所效仿。

《美国联邦宪法》于 1787 年制定以来，迄今已 200 多年，连同正式通过的 27 条《宪法修正案》，全部延续生效。这 27 条《修正案》都是《美国宪法》的组成部分。当然，《美国宪法》稳定运行 200 多年，形式上变化不多，但其内容却在不断发生变化。通过议会的立法、政府的行政行为、惯例、判例，特别是联邦最高法院的解释对宪法的内容赋予新的意义，以使美国宪法适应不断变化发展的形势的需要。

美国宪法的特点主要有：①它是世界上第一部成文宪法；②具有较强的稳定性和适应性；③确立了三权分立、总统制、联邦制等重要宪法原则。

（三）法国宪法

法国的制宪历史开始于1789年的法国大革命，其宪法在西方国家宪法史上占有重要的地位。法国在1789年颁布的《人权宣言》是法国大革命胜利的产物，具有进步的历史意义。1791年制定的宪法是欧洲第一部成文宪法。

1789年法国的资产阶级大革命推翻了封建的波旁王朝。同年，法国制宪会议通过了法国历史上的第一个宪法性文件——《人权和公民权利的宣言》（简称《人权宣言》）。《人权宣言》共17条，围绕人权展开论述。在序言中，《宣言》指出，正因为腐败的政府不知人权、忽视或轻蔑人权，所以要庄严宣布人权的自然性、不可剥夺性和神圣性。

平等被《人权宣言》视为人权和公民权利的基本原则，它要求法律对所有人都一视同仁，在法律面前公民都是平等的，无论是施行保护还是处罚；它主张不论公民出身如何都能平等地担任一切官职，都必须平等地分摊赋税。

《人权宣言》把自由作为人权和公民权利的首要原则。第1条规定："在权利方面，人们生来是而且始终是自由平等的。"它确认自由即是"从事一切无害于他人的行为"，确保他人的行动自由。自由的内容包括个人自由（指不受非法的指控和扣押、实行无罪推定），言论、著作和出版自由。

安全权是《人权宣言》强调的另一种重要权利。认为专断、非法控告、非法逮捕、非法拘留、无故处罚、实施酷刑都违反公民的安全权，应受到法律的严厉制裁。国家的存在"仅仅在于"保证公民享受其权利，如果违反了这个目的，公民有权反对压迫。

《人权宣言》指出，财产权是神圣不可侵犯的权利，除非当合法认定公共需要所显然必需时，且在公平而预先赔偿的条件下，任何人的财产不受剥夺。

权利的实现不仅在于权利的宣告，还有赖于建立符合人权保障理念的国家制度。《人权宣言》指出，必须实行国民主权的原则，主权原本存在于国民之中，法律是公共意志的表现，全体公民都有权亲身或经由其代表参与法律制定。在国家权力组织方面，必须实现三权分立原则。宣言强调，凡权利无保障和分权未确立的社会，就没有宪法。

《人权宣言》虽然不是规范意义上的法律，但其价值不容低估，其所宣扬的人权与民主原则在理论上都受到了普遍赞誉，在实践中受到各国效仿。在法国，自1791年第一部宪法起，有多部宪法将其作为自己的序言或是承认其效力。法国现行宪法继承了《人权宣言》所彰显的人权价值，在序言中明确指出："法国人民庄严宣告他们对1789年《人权与公民权宣言》中提出的，并由1946年《宪法》确认和补充的人的权利和对国民主权原则的眷恋。”在1971年的结社法案中，法国宪法委员会确认宪法序言具有法律效力，这就使得宣言所列举的各项人权受到宪法委员会的保护。

1791年，法国制定了欧洲历史上第一部成文宪法。这部宪法把《人权宣言》作为宪法序言，并宣布废除一切封建制度，取消一切特权，因而具有一定的进步性。但是，这部宪法规定在法国建立君主立宪政体，只限制王权而不废除王权。此外，还公开违背《人权宣言》的民主原则，把公民分为“积极公民”和“消极公民”，剥夺大部分公民的选举权。就这些来说，它比《人权宣言》后退了一步。

法国从1791年制定第一部宪法以来，在将近200年时间里，由于国内外的政治风云变幻，政治斗争尖锐复杂，各种政治力量对比关系不断变化，政治形式多次变更，其间经历了两次封建王朝复辟、两次帝制和五次共和，最后共和制取得了胜利。法国历史上也先后颁布了14部宪法。总体上看，法国宪法的发展可以分为两个阶段，第一阶段从1789年《人权宣言》到1875年《宪法》，标志着资产阶级代议制政体的完全确立和资产阶级统治的全面巩固。第二阶段从1875年《宪法》到现行1958年《宪法》，法国资产阶级共和国从政局不稳、内阁频繁更替逐渐向稳定的政府和完善的宪政发展。

法国宪法的特点包括以下几个方面：①数量多；②内容变化大；③保持成文宪法的传统。

（四）其他各国资本主义宪法的产生和发展

英国、美国和法国的制宪及行宪实践，标志着资本主义类型宪法正式产生。在它们的影响下，欧亚各国也相继爆发了资产阶级革命，陆续制定了本国的资本主义宪法，这其中比较重要的有日本和德国的宪法。日本历史上共有两部近现代意义的宪法：①1889年《大日本帝国宪法》，它确立了天皇专权的君主立宪政体，是亚洲第一部具有近代意义的资本主义宪法。②1946年《日本国宪法》，它确立了天皇为国家象征的议会内阁制君主立宪政体。1919年，德国制定了世界上著名的《魏玛宪法》。《魏玛宪法》是第一部现代意义上的宪法，它确立了联邦主义原则和二元议会制的共和政体；不仅规定公民的政治权利和自由，还强调了公民享有经济权利；它还以社会化原则为指导，对公民的财产权进行限制。《魏玛宪法》所提出的公民经济权利的保护和社会化原则，反映了20世纪初个人本位主义弱化、社会本位的合理性开始得到承认，代表了时代的新动向，为世界范围内宪政制度的新发展提供了契机。从这个意义上说，《魏玛宪法》具有划时代的意义，它标志着近代资本主义宪法向现代宪法的过渡。

三、社会主义宪法的产生

1918 年的《苏俄宪法》是世界上第一部社会主义性质的宪法。

1917 年俄国人民在列宁的领导下，取得了十月社会主义革命的伟大胜利，建立了人类历史上崭新的苏维埃社会主义国家。在革命胜利后的最初时期，苏维埃政权颁布了《和平法令》、《土地法令》和《被剥削劳动人民权利宣言》。这些为后来制定苏俄宪法确立了基本原则。1918 年，第一部苏俄社会主义宪法制定出来，其中列宁起草的《被剥削劳动人民权利宣言》被全部列入宪法。

1918 年《苏俄宪法》共有 6 篇 90 条，其主要内容有：①确立了社会主义的经济原则。规定土地、森林、水流、矿藏、银行等实行国有化，宣布消灭剥削和阶级。②宣布了苏维埃的国家性质是“城乡无产阶级与贫农专政”。③确立了苏维埃国家的政权组织形式。④规定了劳动者共同享有的权利和自由，并提供了物质保障。它规定，劳动者享有信仰、出版、集会、游行、结社等自由，并享有免费获得教育的权利以及选举权与被选举权等。

1918 年《苏俄宪法》是十月革命的产物，列宁在评述它的历史意义时指出：“苏维埃宪法和苏维埃一样是在革命斗争时期产生的。它是第一个宣布国家政权属于劳动人民、剥夺剥削阶级即新生活建设者的敌人的一切权利的宪法。这就是它和其他国家宪法的重要区别，同时也是战胜资本主义的保证。”

作为人类历史第一部社会主义宪法，1918 年《苏俄宪法》在宪法史上具有重要的地位和作用：①它标志着世界上从此存在两种不同类型的宪法。它的出现对宪法的发展、宪政运动的发展增添了新的内容，增强了全世界宪政运动的活力，产生深远的影响。②它为社会主义类型宪法的制定提供了指导原则，为后来各个社会主义国家制定本国宪法提供了借鉴。

继 1918 年《苏俄宪法》以后，前苏联先后颁布了 1924 年《宪法》、1936 年《宪法》和 1977 年《宪法》。前两部宪法反映剥削阶级尚未消灭，进行社会主义改造时期的特点，后两部则反映社会主义已经建成时期的特点。这几部宪法对后来新建立的社会主义国家的制宪产生了深远的影响。第二次世界大战结束以后，欧洲、亚洲以及拉丁美洲的一系列国家，在取得本国人民民主主义革命和社会主义革命胜利的基础上，先后制定了自己的社会主义类型宪法。

1-1 （2009 年试卷一第 17 题）由专门机关负责保障宪法实施的规定始于下列哪一部宪法？

A. 1958 年法国宪法

B. 1787 年美国宪法

C. 1799 年法国宪法

D. 1908 年苏俄宪法

——本题答案为 C。由专门机关保障宪法实施的体制始于 1799 年法国宪法，该部宪法规定设立护法元老院，其有权撤销违反宪法的法律。故 C 选项正确。1787 年美国宪法和 1908 年苏俄宪法都没有关于专门机关保障宪法实施的规定。1958 年法国宪法设立了专门的“宪法委员会”，但这并非首部规定由专门机关保障宪法实施的宪法典。

四、中国宪法的发展

（一）旧中国宪法的产生和发展

1. 中国制宪活动的开始和清末立宪活动。清朝末年，中国的封建制度日趋腐朽与没落。同时，资本主义生产关系在封建制度内部开始出现并逐渐发展。19 世纪 60 年代我国出现了近代资本主义工业，外国列强对中国资本的输出进一步强化了资本主义的发展趋势。与经济发展的要求相适应，西方国家的社会政治学说包括立宪政治理论开始传入中国。中国的一些先进的政治思想家为求国家的强盛，希望按西方的模式改造中国的封建制度，实现君主立宪政治。1895 年，清廷在中日甲午战争中的惨败使以康有为、梁启超为首的资产阶级改良派更深刻地认识到对封建君主专制制度进行改良的必要性，他们举起“变法”、“维新”的旗帜，发动了争取资产阶级民主的宪政运动，提出了“伸民权，争民主，开议院，定宪法”的政治纲领，主张“采万国之良规，行宪法之公议”，要求开国会、设议院、制定宪法，以便“举国君民合为一体”，“立宪法以同受其治”。虽然维新运动不久便遭到以慈禧太后为首的封建顽固派的镇压而失败，但它却揭开了中国近代宪政运动的序幕。

维新运动被镇压以后，以孙中山为代表的资产阶级革命派势力迅速发展起来。他们认识到“不革命决不能立宪”，所以，他们提出了推翻封建统治、建立资产阶级民主共和国的革命目标，并且积极地开展了反对清朝专制统治的斗争。资产阶级革命派所领导的革命运动直接冲击清王朝的反动政权。在这种形势下，清朝统治者为了使自己的统治能够延续下去，开始对封建制度进行改革。1905 年清政府派出五大臣出国考察各国宪政。考察大臣向清政府提交的报告列举了立宪的三大益处：“皇位永固”、“外患渐轻”和“内乱可弥”。1906 年清政府下令预备立宪，开始了其“预备立宪”的进程。1908 年 9 月清政府颁布了《钦定宪法大纲》，规定以 9 年为立宪预备期限。

《钦定宪法大纲》分为《君上大权》和附录《臣民权利义务》两部

分，其中《君上大权》为14条，《臣民权利义务》为9条。其主要内容有：①确立君主神圣不可侵犯的地位和对国家的绝对统治权，它规定："大清皇帝统治大清帝国万世一系，永永尊戴"，"君上神圣尊严不可侵犯"；皇帝有权颁布法律、发交议案、召集及解散议院；皇帝有权发布命令，在议会闭会期间遇有紧急事件，得发代法律之诏令；皇帝有权设官制禄、黜陟百司；皇帝有权统率陆海军、调遣军队、编定军制，有权宣战、媾和、订约、派遣及接受外交使臣；司法权属于皇帝，审判官由其委任。②部分地确认臣民的权利，规定臣民的义务：臣民有"得为文武官吏及议员之权利"，但须"合乎法律命令所定资格者"；臣民有言论、出版、著作、集会结社等自由，但要"于法律范围以内进行"；臣民非按法律所定，不加以逮捕、监禁和处罚；臣民有纳税、当兵和遵守国家法律等义务。

由以上内容可以看出，《钦定宪法大纲》是一个具有浓厚封建性质的宪法文件，它以根本法的形式将封建专制制度加以合法化，巩固了君主的绝对权力，所以，它徒具宪法之名，而无宪法之实。但是，《钦定宪法大纲》确立了国家权力的分权原则，在形式上规定了臣民的权利，因而仍然具有一定的积极意义。

1911年，辛亥革命爆发并迅速形成席卷全国之势，清廷的统治面临被推翻的命运。为挽救其统治，清政府再一次乞灵于立宪。1911年10月清廷用3天的时间匆匆起草并于11月3日公布了《十九信条》。《十九信条》在形式上缩小了皇帝的权力，扩大了国会的权力，它规定"皇帝之权，以宪法规定者为限"，"宪法由资政院起草议决，皇帝颁布之"。并规定"宪法改正提案之权属于国会"，"总理大臣由国会公选，皇帝任命之"。这些规定实际上确认了君主立宪政体，但它在坚持和维护封建皇权方面与《钦定宪法大纲》是完全一致的。根据《十九信条》的规定，皇帝权力仍然很大，如它仍然规定"大清帝国皇帝万世不易"，"皇帝神圣不可侵犯"，皇帝仍然掌握总理和国务大臣的任命、对海陆军的统率等权力。而对于人民权利，《十九信条》只字未提。虽然《十九信条》在限制君权方面有表面让步，但这仍挽救不了清王朝灭亡的命运。1912年2月12日，清朝皇帝不得不宣布退位，《十九信条》也随着清朝的灭亡而成为一张废纸，清朝末年的立宪运动也随之结束了。

2. 辛亥革命时期的《中华民国临时约法》。1911年孙中山领导的辛亥革命推翻了中国最后一个封建王朝，结束了中国2000多年的封建帝制，建立了中华民国。1912年1月1日在南京成立了中华民国临时政府，孙中山就任临时大总统，宣告了中华民国的诞生。但是，以袁世凯为代表的反动势力凭借帝国主义的支持不断对革命党人施加压力，要求"南北议和"，并通过多种途径迫使孙中山将临时大总统职位转让给袁世凯。孙中山在强大的旧势力面前，选择了妥协，同意袁世凯促使清廷退位后就将临时大总统职位交于袁世凯。同时，为了将辛亥革命的成果以立法的形式固定下来，并以法律约束袁世凯的政治野心，在孙中山主持下，1912 年南京临时参议院召开制定约法的会议，通过了《中华民国临时约法》，于 1912 年 3 月 11 日由孙中山正式颁布实施。

《中华民国临时约法》共 7 章 56 条。第一章为“总纲”；第二章为“人民”；第三章为“参议院”；第四章为“临时大总统副总统”；第五章为“国务员”；第六章为“法院”；第七章为“附则”。其主要内容包括：①肯定了资产阶级革命派的民权主义思想。总纲部分确立了“主权在民”的资产阶级民主原则，庄严宣告：“中华民国之主权，属于国民全体”。②根据资产阶级民主自由的原则，规定人民享有的权利和自由。人民享有人身、居住、言论、出版、集会、结社、通信、信仰等自由，有请愿、诉讼、考试、选举与被选举的权利等。③根据“三权分立”原则，确立了资产阶级民主共和国的国家权力结构。它规定，中华民国以参议院、临时大总统、国务员、法院行使统治权。参议院是立法机关，有权决议一切法律、预算决算、税法币制等；临时大总统总揽政务，拥有公布法律、发布命令、统率军队等权力；国务总理及各部部长均称为国务员，他们辅佐临时大总统行使行政权并负有连带责任；法院为行使司法权的司法机关，由临时大总统及司法总长分别任命法官组成。

《中华民国临时约法》是辛亥革命的胜利成果，是中国宪法史上仅有的一部资产阶级宪法性质的文件，也是中国近代资产阶级宪政运动的光辉结晶。它以根本法的形式废除了在中国延续 2000 多年的封建专制，确定了主权在民、三权分立等资产阶级民主原则，确认了资产阶级民主共和国的国家制度，保护资产阶级的民主自由和私有财产权，具有反封建的重大作用和积极的历史意义。但是，由于中国民族资产阶级的软弱性，再加上南京临时政府是资产阶级革命派、立宪派和旧军阀相互妥协的产物，这部约法没有提出一个彻底的反帝反封建纲领；由于时代和阶级的局限性，这部约法不可能使广大人民享有真正的民主自由权利，也不可能实现其资产阶级共和国的理想。正如毛泽东同志指出：“民国元年的《中华民国临时约法》，在那个时期是一个比较好的东西，当然，是不完全的，有缺点的，是资产阶级性的，但它带有革命性、民主性。”这部约法最终被袁世凯所废弃，辛亥革命最终归于失败。

3. 北洋军阀和国民党时期的宪法。辛亥革命失败以后，中国进入了北洋军阀政府统治时期和国民党政府的统治时期。虽然这些政府的统治者都不愿意以宪法约束和限制自己的权力，但由于共和与宪法的观念已经深入人心，要求通过制宪以实施民主政治已成为不可遏制的历史潮流。所以，在这一时期，统治者仍然先后制定了几部宪法性文件或宪法，为自己的统治寻求合法根据。

袁世凯窃夺辛亥革命的胜利果实当上临时大总统后，深感《中华民国临时约法》对自己的束缚，决心背弃《中华民国临时约法》，阴谋复辟封建专制。1913 年 10 月 31 日，国会宪法起草委员会急急忙忙地三读通过了《中华民国宪法（草案）》，史称《天坛宪草》。《天坛宪草》采取了资产阶级宪法的原则和形式，并没有采纳袁世凯提出的总统制建议，而采取了责任内阁制，规定国会对大总统的制约。袁世凯难以接受，遂于 1914 年 1 月 10 日下令解散国会，使《天坛宪草》成为一纸空文，并于 1914 年 5 月 1 日制定了完全体现自己意志的袁记《中华民国约法》。

《中华民国约法》取消了责任内阁制，实行总统制，总统独揽立法、行政、军事、财政、司法大权而成为最高统治者。它规定“大总统为国家元首，总揽统治权”：对外代表国家，统率海陆军；有权制定官制官规，任命文武职官、宣战、媾和、缔约、宣告戒严；有权召集及解散立法院，并否决立法院议决之法律案；有财政紧急处分权；有权发布与法律有同等效力的教令。这些规定使得大总统具有与封建帝王几乎同等的权力。所以，《中华民国约法》的制定彻底否定了《中华民国临时约法》所确立的资产阶级民主共和制度，确认了封建军阀专制，从而为袁世凯复辟帝制作舆论准备并铺平了道路，反映出《中华民国约法》的消极本质。

但袁世凯仍不满足《中华民国约法》赋予“大总统”的无上权力，于是在 1916 年改中华民国五年为“洪宪元年”，并准备于次年元旦正式登基，建立帝制。但袁世凯的复辟丑剧遭到全国人民的唾弃和反对，袁世凯被迫撤销帝制。

袁世凯死后，中国进入北洋军阀混战时期。混战结果，实际控制北洋政府的军阀曹锟、吴佩孚在英美等西方国家的支持下，打着所谓“恢复法统，促进统一”的旗号夺取大权，并演出了“贿选总统”和“贿选宪法”的丑剧。曹锟先逼迫黎元洪向国会辞职，并于 1923 年 10 月派军队包围国会，向每位议员出价 5000 大洋，要求国会投票选举其为总统。这些议员在金钱的引诱和武力的威胁下，选出曹锟为总统。所以这批议员亦被称为“猪仔议员”。随后，国会又为曹锟赶制出《中华民国宪法》，于 1923 年 10 月 10 日举行总统就职和布宪典礼。这部《中华民国宪法》即“贿选宪法”，是旧中国历届政府正式公布的第一部宪法，共 13 章 141 条。这部宪法的内容较为完整和规范，从宪法文本的角度而言，它标志着我国的立宪技术已达到了一个较高的水平。

1924 年，直系将领冯玉祥将曹锟赶下台，《中华民国宪法》也随之终结使命。1924 年 11 月段祺瑞被当时的各派政治势力推选为中华民国临时总执政。1925 年临时执政政府成立“国宪起草委员会”，开始起草宪法，12 月《中华民国宪法草案》得以通过。这部宪法草案确认了大总统高度集中的权力，反映了段祺瑞希望加强自己统治的愿望。由于军阀混战的局面并没有从根本上得到改观，这部宪法也没有得到正式公布和实施。

1928 年，北伐战争胜利结束，国民党政府成为中国的领导者。按照孙中山先生的建国三时期（即军政时期、训政时期、宪政时期）学说，此时国家已统一，军政时期结束，训政时期开始。但由于人民没有能力管理自己，必须由国民党政府训练人民行使政权。1928 年 10 月 3 日，国民党中央常务委员会根据“以党治国”的方针，制定了《训政纲领》。1931 年 5 月国民会议根据国民党中央委员会的决定，以《训政纲领》为基础制定了《中华民国训政时期约法》，6 月 1 日由国民政府公布实施。这是国民党统治时期的一个重要文件，其有效期一直延续到 1946 年《中华民国宪法》的公布实施。

《训政时期临时约法》共 8 章 89 条，它虽然在形式上抄袭了一些资产阶级宪法的民主词句，但在具体内容上却确认了国民党一党专政和蒋介石个人独裁的专制统治，本质上是反民主的。它规定“训政时期由中国国民党全国代表大会代表国民大会行使中央统治权”；由“国民政府总揽中华民国之治权”，国民政府设主席一人，委员若干人，由国民党中央委员会选任；国民政府下设行政、立法、司法、考试、监察五院及各部会，各院及部会长由国民政府主席提请，国民政府任免。这样，国家的权力实际上集中于国民政府。既然由中国国民党全国代表大会代表国民大会行使中央统治权，而国民党全国代表大会又不是常设机关，导致实际权力集中于国民党中央执行委员会，由于蒋介石已篡夺了国民党的领导权，所以，《训政时期临时约法》确认了蒋介石个人统治的合法性。

抗日战争胜利以后，国民党政权在美帝国主义的支持下发动了全国内战。与此同时，为了欺骗舆论，为蒋氏的个人统治提供合法性依据，国民党于 1946 年 11 月 15 日召开了“国民大会”，制定出了《中华民国宪法》。这部《宪法》共 14 章 175 条，名为实行国会制与责任内阁制，实则是总统制。国民大会的权力仅限于选举、罢免正副总统和复决立法院提出的宪法修正案，而行政院和立法院都受国民党控制。“一党专政、个人独裁”和“人民无权、独夫集权”就是这部宪法的实质和精髓。随着人民解放战争的胜利和国民党政府的垮台，《中华民国宪法》也最终失去了效力。

4. 人民革命根据地制定的宪法性文件。1919 年“五四”运动的爆发和中国共产党的诞生，标志着中国民主革命已经从旧民主主义革命转变为新民主主义革命。1927 年蒋介石叛变革命后，中国共产党走上了农村包围城市、武装夺取政权的道路，并在全国建立了许多革命根据地。为加强对革命根据地的统一领导，以便统一政策，更好地协调各方面的关系，中国共产党的领导者开始着手制定人民自己的宪法。从此，中国的宪政运动也发展到一个新阶段。

1931 年在江西瑞金召开的第一次全国苏维埃代表大会上，通过了《中华苏维埃共和国宪法大纲》，后来又经 1934 年 1 月召开的第二次代表大会作了一些修改，正式公布施行。这是中国历史上第一部由人民代表机关正式通过并公布实施的宪法性文件。它的主要内容有以下几点：①规定中国红色政权的性质是工农民主专政；②规定民主集中制的工农兵代表大会是工农民主共和国的基本政治制度，最高政权机关是全国工农代表大会；③规定工农民主专政的目的是消灭一切封建势力、帝国主义列强在华的势力，统一中国；④规定了工农劳动群众在政治、经济和文化教育方面的基本民主权利。尽管该大纲还不够完备，从名称到体例都有生搬硬套的弊病，且众多规定由于历史条件的局限一时也无法实现，但它同旧中国反动政府审定的"宪法"有着根本的区别。它体现了反帝反封建、保障人民民主权利的精神。它的颁布和实施，进一步推动了全国的革命斗争，并为以后的民主制度的建设和制宪工作提供了宝贵的历史经验，在我国宪法史上占有重要的地位。

1937 年抗日战争爆发后，民族矛盾上升为主要矛盾。为团结尽可能多的政治力量参与到抗日斗争中来，中国共产党领导的抗日民主根据地进行了一些民主与法制方面的建设。1941 年 11 月，陕甘宁边区第二届参议会正式通过了《陕甘宁边区施政纲领》，这是陕甘宁边区具有地方性特征的宪法性文件。《施政纲领》共有 21 条，它确立了"三三制"的政权组织原则，规定了抗日民主根据地人民享有的一些基本权利和自由。这一纲领对于实现抗日民主根据地的民主政治，调动人民的抗日积极性起了重大的作用。

抗日战争胜利后，1946 年 4 月，陕甘宁边区召开的第三届参议会通过了《陕甘宁边区宪法原则》。它共有 5 个部分 26 条，主要规定了人民政权的组织形式、人民享有的各项权利，确立了民族平等、男女平等的原则，并第一次规定了人民司法原则。它的制定和实施，不但对巩固新民主主义政权，推动人民解放战争的胜利起了积极作用，同时也为新中国成立以后制定宪法、进行政权和法制建设积累了宝贵的历史经验。

5. 旧中国立宪运动的总结。综上所述，整个中国近代史上的宪政运动是民主政治运动，宪法问题是民主制度化的立法问题。它反映了鸦片战争后 100 多年来中国人民反对帝国主义和封建主义、争取国家独立和民族解放的英勇斗争的历程。纵观旧中国的宪政运动，共存在三种不同的宪政主张和不同类型的宪法：

（1）清朝政府、北洋军阀和国民党时期的宪法。以晚清统治者、北洋军阀和国民党为代表的旧中国反动势力，所代表的是封建君主、军阀和大地主、大资产阶级的利益。所以，他们要求的是反人民反民主的伪宪法。他们的制宪活动其实是欺骗民众的历史丑剧，制宪目的是企图以宪法为其反动政权和反动统治实现合法性和正当性。他们炮制出台的所谓“宪法”、“约法”徒有宪法的虚名而无宪政之实，他们制宪的目的在于为其专制统治提供合法性根据。

（2）以孙中山为代表的中国民族资产阶级要求的是资产阶级民主共和国的宪法。他们希望实现主权在民、三权分立的资产阶级民主原则和实行资产阶级的国家制度。但历史证明，中国民族资产阶级由于阶级和历史的局限性，没有能力领导中国人民走上资产阶级的宪政道路。

（3）以中国共产党为代表的广大劳动人民要求的是人民民主共和国的宪法。它要求建立人民共和国的国家制度，实现真正民主的社会主义。实践证明，它符合广大人民的利益和愿望，它所代表的方向是中国具体历史条件下惟一可行的救国救民的宪政发展方向。只有社会主义才能救中国，中国必须走社会主义的宪政道路。

1-2　（2008年试卷一第13题）下列哪一个法律文件是中国近代史上第一部宪法性文件？

A.《重大信条十九条》

B.《钦定宪法大纲》

C.《中华民国约法》

D.《中华苏维埃共和国宪法大纲》

——本题答案为B。1908年的《钦定宪法大纲》是清政府在内外交困的情况下，为挽救摇摇欲坠的统治而颁布的一部宪法。是中国历史上第一个宪法性文件。B选项正确。

（二）新中国宪法的产生和发展

自1949年新中国成立以来，至今已有半个多世纪的历史。在50多年的时间内，中国一直致力于通过制定宪法实现对国家的规范管理和更好地保障人民的权利和自由。在此期间，共制定了四部正式宪法和一部临时起宪法作用的《共同纲领》，并根据形势的发展对宪法进行必要的修正。

1.《中国人民政治协商会议共同纲领》。到20世纪中叶，中国人民已经历了100多年的追求民族解放的奋斗历史。1949年，中国人民解放战争终于取得了决定性的胜利，新中国即将诞生。此时，中国社会阶级力量的实际对比关系已发生了根本性的变化，因此完全有必要制定一部国家根本法来确认革命胜利成果和提出新的奋斗目标。然而由于大陆还没有全部解放，战争尚未结束；人民群众的觉悟程度和组织程度尚未达到应有的水平，还有待进一步提高；封建势力还没有肃清，人民政权有待巩固。所以还不可能召开由普选产生的全国人民代表大会并制定正式的宪法。在这种情况下，中国共产党决定邀请各民主党派、人民团体、人民解放军、各地区、各民族及国外华侨等各方面的人士，组成中国人民政治协商会议，代表全国各族人民意志，代行全国人民代表大会的职权。1949 年，由来自各方面的 625 名人士组成的中国人民政治协商会议第一届全体会议在北平开幕，会议于 9 月 29 日通过了起临时宪法作用的《中国人民政治协商会议共同纲领》。

《共同纲领》除序言外，分为总纲、政权机关、军事制度、经济政策、文化教育政策、民族政策、外交政策等共 7 章 60 条。其主要内容有：①宣告帝国主义、封建主义和官僚资本主义在中国的统治时代已经结束，人民民主专政的共和国代替封建买办法西斯专政和国民党反动统治。②规定了我国的国体是人民民主专政。③规定“中华人民共和国的国家政权属于人民”，我国的根本政治制度是人民代表大会制。④规定了经济政策和经济建设的根本方针。⑤规定了人民享有较为广泛的权利和自由。⑥规定了民族政策，宣告民族平等，实行民族区域自治制度。⑦规定了新中国独立自主的外交政策，反对帝国主义侵略和战争政策。

《共同纲领》是由代行全国人民代表大会职权的中国人民政治协商会议第一届全体会议制定的，它规定的是人民共和国的根本政治制度、基本政策和根本任务，具有最高的法律效力，成为建国初期制定其他法律的根据。因此，尽管它还不是一部正式的宪法，但无论从内容上还是形式上，《共同纲领》都具有国家根本法的性质，在当时起了临时宪法的作用。

2. 1954 年宪法。

（1）制定过程。在《共同纲领》实施的 3 年内，中国人民完成了土地改造与恢复国民经济的基本任务。1952 年 12 月，中共中央及时地提出了过渡时期的总路线。全国人民遵循这条总路线，从 1953 年起，开始了社会主义改造和有计划的经济建设的新时期。政治上，从 1953 年到 1954 年 8 月，在全国范围内开展了普选工作，除个别地区外，各地都召开了普选的人民代表大会，实现了地方政权的民主化。在这种新的历史条件下，《共同纲领》已远远不能适应新的形势需要，需要制定一部比《共同纲领》更完备的正式宪法。因为，一方面，《共同纲领》规定的某些制度和政策，已不适应国家急速向社会主义过渡这一形势发展的现实，不适应国家正规化经济建设的需要。另一方面，当时已具备了召开全国人民代表大会制定正式宪法的条件：全国已基本解放，实现了国内统一和安全；土地改革的任务彻底完成；人民群众的觉悟大大提高。1953 年 1 月 13 日，中央人民政府委员会决定成立以毛泽东为主席的宪法起草委员会，负责宪法的起草工作。1954 年 3 月，毛泽东向宪法起草委员会提交了中共中央拟定的宪法草案初稿，并被接受为起草宪法的基础。为广泛征求各方面的意见，在全国各大城市组织了包括各方面的代表人士约 8000 人参加，用了 2 个多月时间对草案进行了详细的讨论，共提出了约 6000 条修改意见。经宪法起草委员会进一步修改后，1954 年 6 月中央决定将宪法修改稿向全社会公布以征求意见。全国约有 1.5 亿人参加了讨论。宪法起草委员会吸纳了其中的合理意见，对宪法草案进行进一步的修改，并于 1954 年 9 月由中央人民政府委员会第 34 次会议通过，决定提交全国人民代表大会审议。1954 年 9 月 15 日中华人民共和国第一届全国人民代表大会第一次会议召开，大会于 9 月 20 日通过了《中华人民共和国宪法》。这是新中国第一部正式宪法，也是一部社会主义类型的宪法。

（2）主要内容及其基本原则。1954 年《宪法》由序言、总纲、国家机构、公民的基本权利和义务、国旗、国徽、首都组成，共 106 条。它是在《共同纲领》的基础上制定的，《共同纲领》中有关国家制度、社会制度的基本原则和各项基本政策在实践中被证明是正确的，宪法对此予以保留，并进一步加以充实和完善。同时，1954 年《宪法》又是对《共同纲领》的发展。其具体内容主要包括：

第一，规定了我国社会制度和国家制度。它确认了我国是“工人阶级领导的、以工农联盟为基础的人民民主国家”的国家性质，这比《共同纲领》规定的国家性质有所发展；它规定了我国采取单一制的国家结构形式；确认了国家在过渡时期的四种生产资料所有制形式。

第二，肯定了《共同纲领》所规定的国家基本政治制度，即实行民主集中制的人民代表大会制度，并且根据人民代表大会制度和建国以来政权建设的经验，确定了我国国家机构的组成，规定了国家机构的民主集中制的活动原则，规定了在单一制国家结构形式内实行民族区域自治的基本制度。

第三，对公民的基本权利和义务作了比较完善和具体的规定，开展了人民民主，同时规定了逐步扩大物质保障的措施，体现出国家、社会利益同公民个人利益的一致性。

1954 年《宪法》所确认的基本原则包括人民民主原则和社会主义原则。

第一，人民民主原则。宪法关于我国基本政治制度的规定，关于国家机构的设置及其相互关系的规定，关于公民的基本权利和义务的规定，都体现了社会主义民主的精神。这种民主不是资产阶级的民主，而是人民民主，即无产阶级领导的、以工农联盟为基础的人民民主。

第二，社会主义原则。宪法明确规定了国家的根本任务是通过社会主义工业化和社会主义改造，保证逐步消灭剥削制度，建立社会主义，并且“通过和平的道路消灭剥削和贫困，建成繁荣幸福的社会主义社会”。这就明确确立了我国向社会主义过渡进而建设社会主义的方向。

值得注意的是，1954 年《宪法》在贯彻上述基本原则的同时，也体现了原则性和灵活性相结合的特点。比如，宪法确认了社会主义原则，而在实现社会主义改造的步骤和方法时，宪法的规定又有很大的灵活性。

（3）历史地位。1954 年《宪法》的制定贯彻了人民民主和社会主义的原则，体现了原则性和灵活性相结合的特点。它是民主革命历史经验与社会主义革命和建设实践经验、中国经验和外国经验、领导智慧与群众智慧相结合的产物。它对于巩固人民民主专政、促进社会主义经济发展、推动社会主义革命和建设起了巨大的作用。同时它也为普通立法提供了原则和依据，为新中国的法制建设做出了重要贡献。1954 年《宪法》是一部比较好的宪法，也是我国第一部社会主义类型的宪法。但是，我们也应该看到，这部宪法带有过渡性的特征，没有很好地解决宪法的稳定性问题。宪法自身对于宪法的保障与监督也没有作出有效的规定。当我国过渡时期的任务完成以后，这部被看作是实现国家过渡时期总任务的宪法的稳定性和严肃性便成了一个尖锐的问题。

3. 1975 年《宪法》。1975 年 1 月 17 日，第四届全国人民代表大会第一次会议通过了 1975 年《宪法》。由于这部宪法是在“文化大革命”时期制定的，受“左”的思想影响，加上“四人帮”的干扰和破坏，它在内容和形式上都存在着一些严重的错误和缺陷。这主要表现在：

（1）宪法的指导思想坚持以“阶级斗争为纲”这一基本路线。肯定了“文化大革命的伟大胜利”、“坚持无产阶级专政下的继续革命”等极“左”思想。

（2）1975 年《宪法》虽然保持了 1954 年《宪法》的基本结构，但在体系上存在严重的缺陷。它大幅度地削减条文，从 1954 年《宪法》的 106 条削减到仅有的 30 条，而且不少条文、规范遗漏与脱节。条文在分配上也不科学，“总纲”一章就占了全部条文的半数。

（3）确认了“文化大革命”中国家机构的混乱状态，打乱了国家机构的合理分工和正常活动。它取消了国家主席的建置；规定地方各级革命委员会既是地方各级人民代表大会的常设机关，又是地方各级人民政府；司法机关的功能下降，最高人民法院院长改由全国人民代表大会常务委员会任命，地方各级人民法院院长改为地方人民革命委员会任命；取消了检察机关，规定检察机关的职能由公安机关行使。

（4）大规模压缩公民基本权利和自由的范围。有关公民权利和自由的条款仅有4条；1954年《宪法》规定的“公民在法律面前一律平等”被取消了；国家为公民享受经济、政治、文化等方面的权利自由提供物质保障的规定也被删掉了；这部宪法还一反常规，把公民的义务置前而把权利自由置后。

总之，1975年《宪法》是在国家政治生活极不正常的年代产生的一部宪法。这部宪法很不完善，有许多严重的错误，可以说是我国制宪史上的一次严重倒退。但这部宪法仍然肯定了社会主义的一些基本原则，也肯定了社会主义建设取得的一些成果，由此，它基本上还是属于社会主义性质的宪法。

4. 1978年《宪法》。1976年10月“四人帮”被粉碎，十年“文化大革命”结束，国家的政治生活逐步恢复正常。为了拨乱反正，恢复和发展1954年《宪法》的基本原则，消除“四人帮”的流毒，以适应新时期的需要，有必要对1975年《宪法》进行全面修改。1978年3月5日，第五届全国人大第一次会议通过了1978年《宪法》。这是新中国的第三部宪法。由于受当时历史条件的限制，1978年《宪法》没有完全摆脱“左”的指导思想的影响，除恢复了人民检察院的设置和公民权利规定有所增强外，其他方面与1975年《宪法》并没有根本的差异。

1978年11月十一届三中全会召开后，为了肃清极“左”影响，解决存在的问题，适应形势发展的需要，1979年7月第五届全国人大第二次会议通过了《关于修正〈中华人民共和国宪法〉若干规定的决议》，决定在县级及县级以上地方各级人大设立常务委员会；改地方各级革命委员会为各级人民政府；将县级人民代表大会代表由间接选举改为由选民直接选举产生；将上下级人民检察院的监督关系改为领导关系。1980年9月第五届全国人大第三次会议又通过了《关于修改〈中华人民共和国宪法〉第45条的决议》，取消了宪法有关“大鸣、大放、大辩论、大字报”的规定。这两次修改虽然在局部修补了1978年《宪法》的缺陷，但从总体上看，1978年《宪法》仍未摆脱“左”的影响，它越来越不能适应新时期客观形势发展的要求，因此全面修宪就提上了日程。

5. 1982年《宪法》。

（1）制定背景与过程。1978年12月，中国共产党召开了十一届三中全会。这次会议成为历史的伟大转折点。以此次会议为开端，党开始了拨乱反正，全面纠正“文化大革命”的错误，深入总结建国以来的历史经验教训。会议还决定全党和全国人民工作重点转移到社会主义现代化建设上来。1981年6月，党的十一届六中全会召开，通过了《关于建国以来党的若干历史问题的决议》，正确总结了过去32年来正反两方面的经验教训，明确了许多重大理论和实际问题，这标志着拨乱反正历史任务的完成。

所以，从党的十一届三中全会以后，我国进入社会主义现代化建设的新时期。国家的政治、经济和文化生活发生了巨大的变化：国家经济体制的改革、国家领导体制和国家机构的改革、“一国两制”的构想、统一祖国的大业等，都提到了国家议事日程上来。这些新的历史形势的要求，以及党的十一届三中全会以来一系列行之有效的正确的方针政策，都不可能在1978年《宪法》中得到很好的反映。1978年《宪法》虽然经两次局部修改，但它仍不能适应社会主义现代化建设的客观需要，因而有必要对其进行彻底而全面的修改。

1980年9月中共中央向五届人大三次会议提出《关于修改宪法和成立宪法修改委员会的建议》，指出：“为了完善无产阶级专政的国家制度、切实保障人民的权利和各民族的权利，巩固发展安定团结、生动活泼的政治局面，充分调动一切积极因素，发挥社会主义制度的优越性，加快四个现代化建设事业的发展，需要对宪法作出比较系统的修改。”五届人大三次会议接受党中央的建议，成立了宪法修改委员会，主持修改宪法的工作。宪法修改委员会先后举行了五次会议并听取了各地方、各方面人士的意见和建议，进行了充分的讨论研究，提出了经过最后修改的《中华人民共和国宪法修改草案》，并决定提请第五届全国人大第五次会议审议。1982年12月4日，宪法草案在第五届全国人大第五次会议上获得通过，成为新中国的第四部宪法，即我国的现行《宪法》。

1982年《宪法》由序言、总纲、公民基本权利和义务、国家机构、国旗、国徽和首都组成，共138条。它继承和发展了1954年《宪法》的基本原则，规定了国家的根本任务和根本制度。它的制定和实施，标志着我国社会主义制度的基础得到了进一步的巩固和完善，标志着我国社会主义民主和法制建设进入了一个新的发展阶段。1982年《宪法》是一部较完备的社会主义宪法，也是一部具有中国特色的宪法。

（2）1982年《宪法》的修改。现行《宪法》实施以后，我国的改革开放不断深入，国家建设事业取得了巨大的成就，政治、经济、文化等领域发生了很大的变化，致使宪法的一些规定与社会实践明显不适应。为了适应中国新时期的形势和需要，全国人大依据宪法中有关宪法修改程序的规定，对1982年《宪法》作了四次相应的修改和补充。

1988年4月12日第七届人大第一次会议通过2条《宪法修正案》，其内容有：

第一，修改《宪法》第10条第4款，删去了不得出租土地的规定，增加规定“土地的使用权可以依照法律的规定转让”。这有利于促使人们节约土地资源和合理利用土地，有利于形成和发展包括房地产市场在内的市场体系。

第二，对《宪法》第 11 条予以修改，肯定私营经济的合宪地位，即“国家允许私营经济在法律规定的范围内存在和发展。私营经济是社会主义公有制经济的补充。国家保护私营经济的合法的权利和利益，对私营经济实行引导、监督和管理。”

1993 年 3 月八届全国人大一次会议通过了 9 条《宪法修正案》，其内容包括：

第一，把“我国正处于社会主义初级阶段”、“建设有中国特色的社会主义理论”、“坚持改革开放”写入宪法序言。这肯定了建设有中国特色社会主义理论的指导地位，比较集中、完整地表述了党的基本路线。

第二，规定多党合作、政治协商制度的内容，《宪法修正案》第 4 条规定“中国共产党领导的多党合作和政治协商制度将长期存在和发展”，这对于推进社会主义民主和巩固发展爱国统一战线有重要的意义。

第三，将家庭联产承包责任制作为农村集体经济组织的基本形式确定下来。这有利于实现农村政策的长期稳定。

第四，确认社会主义市场经济作为国家的基本经济体制。规定“国家实行社会主义市场经济”、“国家加强经济立法，完善宏观调控”。

第五，调整地方人大的任期，将县级人大的任期由以前的 3 年改为 5 年，规定“省、直辖市、县、市、市辖区的人民代表大会每届任期 5 年。乡、民族乡、镇的人民代表大会每届任期 3 年”。

1999 年 3 月，九届人大二次会议通过了 6 条《宪法修正案》，其内容包括：

第一，将邓小平理论写入宪法，确立邓小平理论在国家的指导地位。邓小平理论是马克思主义基本原理同当代中国实际和时代特征相结合的产物，是毛泽东思想的继承和发展，是马克思主义在中国发展的新阶段。这一理论主要是在十一届三中全会以后逐步形成的。《宪法》将序言第七段中“中国各族人民将继续在中国共产党领导下，在马克思列宁主义、毛泽东思想指引下……”一句话改为“中国各族人民将继续在中国共产党领导下，在马克思列宁主义、毛泽东思想、邓小平理论指引下……”。这样修改，是将邓小平理论与马克思列宁主义、毛泽东思想并列为宪法的指导思想，为邓小平理论在国家的指导思想地位提供了宪法依据和保障。根据邓小平理论，还对《宪法》序言第七自然段的相关内容作了相应修改。

第二，将“我国正处于社会主义初级阶段”修改为“我国将长期处于社会主义初级阶段”。我国正处于社会主义初级阶段，是十一届三中全会以来我们党总结社会主义建设的历史经验、正确分析国情得出的科学论断，是邓小平理论的基础和重要组成部分，是我们党和国家制定路线、方针、政策的根本出发点。1993 年修改《宪法》时，将“我国正处于社会主义初级阶段”写入《宪法》。党的十五大进一步强调我国正处于并将长期处于社会主义初级阶段，指出“这样的历史进程，至少需要 100 年时间。至于巩固和发展社会主义制度，那还需要更长的时间，需要几代人、十几代人，甚至几十代人坚持不懈地努力”。根据这一论断，对宪法作相应修改，对于认识社会主义建设的长期性和复杂性、解决深化改革中遇到的种种矛盾、克服急于求成的急躁情绪、避免重犯过去那种超越历史阶段的错误，具有重要而深远的意义。

第三，在《宪法》第 5 条增加一款规定，即“中华人民共和国实行依法治国，建设社会主义法治国家”。实行依法治国，建设社会主义法治国家，是邓小平理论的重要组成部分，是党领导人民治理国家的基本方略，是社会文明进步的标志，是国家长治久安的重要保障。

我国历史上长期受封建统治，人治观念根深蒂固，缺乏法治传统。建国初期，党比较注意建设社会主义法制，但未能保持这一传统，结果导致了“文化大革命”的产生，国家法制和社会秩序遭受严重破坏，公民权利被践踏。党的十一届三中全会总结历史经验教训，提出了发展社会主义民主、加强社会主义法制的任务，要求做到“有法可依，有法必依，执法必严，违法必究”。根据这一思想，1982 年《宪法》明确规定：“国家维护社会主义法制的统一和尊严”、“一切国家机关和武装力量、各政党和各社会团体、各企业事业组织都必须遵守宪法和法律。一切违反宪法和法律的行为，必须予以追究”。1996 年 2 月，党中央提出要“实行和坚持依法治国、建设社会主义法制国家”。八届全国人大四次会议根据党中央的建议，把这一方针纳入《国民经济和社会发展“九五”计划和 2010 年远景规划纲要》。党的十五大进一步指出：“依法治国，是党领导人民治理国家的基本方略。”这是执政党治国方略的一个历史性转变。为把党的意志变成国家意志，1999 年《宪法》修改增加了这一规定。这对于发展社会主义民主政治、维护宪法和法律的权威、健全社会主义法律体系、完善行政执法制度和司法制度具有重要意义。

第四，关于我国社会主义初级阶段的基本经济制度和分配制度，宪法修正案规定：“国家在社会主义初级阶段，坚持公有制为主体、多种所有制经济共同发展的基本经济制度，坚持按劳分配为主体、多种分配方式并存的分配制度。”这样修改，就使得宪法更加符合社会主义初级阶段的实际，它表明在整个社会主义初级阶段，实行公有制、按劳分配不是权宜之计，必须长期坚持和完善；多种所有制经济共同发展、多种分配方式并存也不是权宜之计，也必须长期坚持和完善。这对于坚持和完善我国在社会主义初级阶段的基本经济制度和分配制度，深化改革开放，进一步解放和发展社会生产力，具有重要的积极作用。

第五，关于农村集体经济组织形式，修正案将《宪法》第8条第1款中“农村的家庭联产承包为主的责任制”修改为“农村集体经济组织实行家庭承包经营为基础、统分结合的双层经营体制”。十一届三中全会以后，我国的经济体制改革率先从农村开始。广大农民在实践中创造了家庭联产承包责任制这一集体经济组织的新型经营方式。1993年《宪法》修改时，根据党中央的建议，将家庭联产承包为主的责任制写入宪法，对稳定家庭联产承包责任制起到了积极的作用。这次宪法修改，根据党的十五届三中全会精神和党中央的建议，不再提“联产”，使之更加符合目前农村家庭承包经营不再与产量相联系的实际做法。统分结合的双层经营体制，是指在农村集体经济组织内部实行的集体统一经营和家庭承包经营相结合的经营体制。家庭承包经济是基础，双层经营是补充。这一修正有利于这一经营制度的长期稳定和不断完善，从而促进农村生产力的解放。

第六，关于个体经济、私营经济等非公有制经济，《修正案》规定：“在法律规范范围内的个体经济、私营经济等非公有制经济，是社会主义市场经济的重要组成部分”。十一届三中全会以前的很长一段时间里，我们不承认私营经济存在的合理性与合法性，把私营经济视为与社会主义水火不容的经济形式，认为搞社会主义就要消灭私营经济，这极大地束缚了生产力的发展，影响了经济的进步和人民生活水平的改善。党的十三大明确提出私营经济是公有制经济的必要的和有益的补充，这一思想写入了1988年的《宪法修正案》。党的十五大进一步提出：“非公有制经济是我国社会主义市场经济的重要组成部分。对个体经济、私营经济等非公有制经济要继续鼓励、引导，使之健康发展。”这标志着执政党对非公有制经济认识的进一步深化。《宪法修正案》的这一规定是将党的正确决策加以宪法化。同时宪法修正案还规定：“国家保护个体经济、私营经济的合法权利和利益。国家对个体经济、私营经济实行引导、监督和管理。”这样修改，进一步明确了个体经济、私营经济等非公有制经济在我国市场经济中的地位和作用，有力地推动了个体经济、私营经济等非公有制经济的健康发展，有利于促进我国所有制结构的完善，加快社会主义现代化建设。

第七，将“反革命的活动”修改为“危害国家安全的犯罪活动”。这是考虑到我国已经从革命时期进入建设时期，从法律角度来看，把颠覆国家政权等危害国家的犯罪行为规定为危害国家安全的犯罪活动，比较合适，更有利于惩治这类犯罪活动。1997年通过的《刑法》已经将“反革命罪”修改为“危害国家安全罪”。这次宪法修改，将“反革命的活动”修改为“危害国家安全的犯罪活动”，对促进刑法的实施，更好地适应新情况，与危害国家安全的犯罪进行斗争，具有积极意义。

2004年十届全国人大二次会议对现行《宪法》进行了第四次修改，其主要内容包括：

第一，“序言”部分，把“三个代表”重要思想与马克思列宁主义、毛泽东思想、邓小平理论一同确立为国家政治和社会发展的指导思想，将“沿着建设有中国特色社会主义道路”修改为“沿着中国特色社会主义道路”；增加“推动物质文明、政治文明和精神文明协调发展”的内容；在统一战线的表述中增加“社会主义事业的建设者”。

第二，在“总纲”一章，关于土地征用，将“国家为了公共利益的需要，可以依照法律规定对土地实行征用”修改为“国家为了公共利益的需要，可以依照法律规定对土地实行征收或者征用并给予补偿”；关于非公有制经济，将“国家保护个体经济、私营经济的合法的权利和利益。国家对个体经济、私营经济实行引导、监管和管理”修改为“国家保护个体经济、私营经济等非公有制经济的合法的权利和利益。国家鼓励、支持和引导非公有制经济的发展，并对非公有制经济依法实行监督和管理”；关于公民个人财产，将“国家保护公民的合法的收入、储蓄、房屋和其他合法财产的所有权”、“国家依照法律规定保护公民的私有财产的继承权”修改为“公民的合法的私有财产不受侵犯”、“国家依照法律规定保护公民的私有财产权和继承权”、“国家为了公共利益的需要，可以依照法律规定对公民的私有财产实行征收或者征用并给予补偿”，并在第14条增加“国家建立健全同经济发展水平相适应的社会保障制度”的内容，作为第4款。

第三，在“公民的基本权利和义务”一章，在第33条增加“国家尊重和保障人权”的内容，作为第3款，将原第3款作为第4款。

第四，在“国家机构”一章，关于全国人大的组成，将“全国人民代表大会由省、自治区、直辖市和军队选出的代表组成”修改为“全国人民代表大会由省、自治区、直辖市、特别行政区和军队选出的代表组成”；在全国人大常委会的职权中，将“决定全国或者个别省、自治区、直辖市的戒严”修改为“决定全国或者个别省、自治区、直辖市进入紧急状态”；在国家主席的职权中，将“发布戒严令”修改为“宣布紧急状态”；在第81条“中华人民共和国主席代表中华人民共和国”之后，增加“进行国事活动”的内容；在国务院的职权中，将第89条第16款“决定省、自治区、直辖市的范围内部分地区的戒严”修改为“依照法律规定决定省、自治区、直辖市的范围内部分地区进入紧急状态”；关于国家机关的任期，将第98条“省、直辖市、县、市、市辖区的人民代表大会每届任期5年。乡、民族乡、镇的人民代表大会每届任期3年”修改为“地方各级人民代表大会每届任期5年”。

第五，在“国旗、国徽、首都”一章，将该章的标题修改为“国旗、国歌、国徽、首都”；在第136条增加“中华人民共和国国歌是《义勇军进行曲》”的内容，作为第2款。

1-3 （2010年试卷一第18题）将“国家建立健全同经济发展水平相适应的社会保障制度”载入现行宪法的是下列哪一宪法修正案？

A. 1988年宪法修正案

B. 1993年宪法修正案

C. 1999年宪法修正案

D. 2004年宪法修正案

——本题答案为D。2004年《宪法修正案》第23条规定，宪法第14条增加“国家建立健全同经济发展水平相适应的社会保障制度”的内容，作为第4款。

五、宪法发展的趋势

随着社会政治、经济、文化事业的飞速发展和科学技术的进步，人们的思想认识和实践范围也发生了很大变化。在长期的制宪及行宪过程中，人们认识到宪法作为调节国家和公民相互关系的基本法律，一些基本性的规律是各国宪法都必须要遵守的，这使得宪法的发展在某些方面呈现出共同的趋势。主要表现在以下几个方面：

1. 更加重视人权保障，公民权利的范围在扩张。人权问题是在国际范围内引起人们普遍重视的一个政治法律问题。在资产阶级反对封建地主阶级的斗争胜利后，人权就作为自然人的一种包括生存、自由和追求幸福在内的天赋权利为资产阶级宪法所确认。随着资本主义社会的发展，人权的内容不断得到发展。社会主义宪法产生以后，各国宪法也以不同形式和内容确认了基本人权，并使之不断得到充实和发展。第二次世界大战以来，尤其是近十几年来，人权范围不断扩大，不再仅指自然人的权利和自由，也包括了民族、国家和人民的权利和自由，出现了集体人权的概念。人权问题也超越了国内法的界限，成为国际法关注的问题。因此，为了更有效地保障公民的权利和自由，各国宪法普遍强化了人权保障措施，扩大了公民权利和自由的范围。这种对人权保障机制的完善，必将在越来越多的国家宪法中得到体现。

2. 重视宪法实施保障制度的建设，违宪审查制度得以普遍建立。宪法作为国家根本法，在现代国家生活和社会生活中的地位和作用日益受到人们的关注，宪法的贯彻与实施对于调整日益复杂的社会关系，发展国家法治，发挥着举足轻重的作用。因此，各国都十分重视宪法的实施保障机制，努力维护宪法的权威：一方面，宪法规定自身的最高法律地位，严格设定宪法的修改程序，明确社会组织和公民在维护和遵守宪法中的责任等；另一方面，各国宪法设立专门的宪法监督机构保证宪法实施，把违宪问题纳入司法审查或诉讼的范畴。在违宪审查的体制上，除了传统的美国式的司法审查机制外，法国式的宪法委员会体制和德国式的宪法法院体制也为越来越多的国家所认识和肯定。所以，在违宪审查体制上，多样化是宪法实施保障制度建设的一股新潮流。

3. 国家权力的扩张及行政权力的强化。一方面，现代社会的复杂化使得国家权力必须更为深入地干预社会生活，这就使得国家权力呈现逐渐扩张的趋势。在各种国家权力中，行政权基于其较高的效率更适合现代社会的节奏，因而行政权出现了强化的趋势。另一方面，为了确保不断扩张的权力不至于侵犯公民权利，必须更加注重建立各种有效的监督机制，以防止权力的滥用。

4. 重视国际协作，宪法领域从国内法扩展到国际法。第二次世界大战以后，世界局势由对抗逐步转入了对话与合作，进入了相对稳定发展的时期。与此相适应，许多国家的宪法都规定了关于加强国际协作，维护世界和平的内容：有的国家宪法规定遵守国际公约，承认国际法具有高于国内法的效力；有的国家宪法规定为了实现和平与协作，可对其主权作出必要的限制或转让；有的国家宪法规定放弃用战争作为解决国际争端的手段或不参与侵略战争。这些规定反映了国际形势的新发展和各国人民要求和平、友谊与合作的共同愿望。随着国际形势的进一步缓和和国际协作关系的进一步发展，加强合作与维护和平的要求在各国宪法中必将得到更广泛的体现。

1-4 （2010年试卷一第60题）关于现代宪法的发展趋势，下列哪些说法是正确的？

A. 重视保障人权是宪法发展的共识

B. 重视宪法实施保障，专门宪法监督成为宪法发展的潮流

C. 通过加强司法审查弱化行政权力逐步成为宪法发展的潮流

D. 寻求与国际法相结合成为宪法发展的趋势

——本题答案为ABD。现代宪法的发展表现在：更加重视人权保障，公民权利的范围在扩张，A选项正确。重视宪法实施保障制度的建设，违宪审查制度得以普遍建立，B选项正确。国家权力的扩张及行政权力的强化，C选项错误。重视国际协作，宪法领域从国内法扩展到国际法，D选项正确。

■ 第三节　宪法的基本原则

宪法的基本原则，或称“宪法的一般原则”、“宪法原则”，是指宪法在调整基本社会关系、确认国家权力结构时所依据并反映其根本价值和作用的最基本的准则，是贯穿于立宪和行宪之中的基本精神。任何一部宪法都不可能凭空产生，而是反映一国当时的政治指导思想、社会经济条件和历史文化传统，宪法基本原则是对这些方面的集中反映，一般包括以下四个：

一、人民主权原则

人民主权原则，又可称为“主权在民”原则、国民主权原则，其所要解决的是国家权力即主权的归属问题。人民主权源于资产阶级启蒙思想家率先倡导的“主权在民”学说，认为国家是由人们根据自由意志缔结契约的产物，所以国家的最高权力应属于人民，而不是君主。与之对应的是“君主主权”或“主权在君”。在资产阶级革命过程中，资产阶级思想家和政治家为了从根本上推翻封建政治统治的合法性，借助启蒙思想家的理论，提出了对封建政治统治带有颠覆性的思想，将国家主权的归属确定为社会全体，而不是某一个人。这一原则相对于君主专制时代的“主权在君”和“君权神授”无疑是一大进步。资产阶级在革命胜利后，将人民主权原则上升为国家的宪法原则。

（一）主权学说的提出与历史发展

最早提出“主权”概念的是法国的思想家布丹。他认为，主权就是“不受法约束，统辖公民和臣民的最高权力”。主权有对内主权和对外主权两方面：“对内主权，即向构成国民集体的所有公民和所有居住于其国土之上的人发布命令的权利；对外主权，即代表全体国民并处理本国国民与其他国家国民关系的权利。”一般认为，主权有三要素，即意志的权力、发布命令的权力和独立发布命令的权力。

主权首先是在论证王权（即绝对统治的合法性）的基础之上提出来的，君权神授理论是主权概念最初的系统阐述和通俗表述。在反对封建君主专制的斗争过程中，资产阶级在主权理论的基础上又进一步提出了人民主权的思想，将主权的归属由君主转向了社会全体即国民。开始从理论上来阐释人民主权的是英国著名的思想家洛克，而明确提出人民主权并将其系统化为一种理论的则是法国著名的思想家卢梭。

（二）人民主权原则的制度体现

人民主权理论经历了由理论学说到宪法原则的发展过程。1776 年北美

《独立宣言》宣称:“政府的正当权力来自被统治者的同意。”1789 年法国《人权宣言》第 3 条规定:“全部主权的源泉根本上存在于国民之中,任何团体或者个人都不得行使不是明确地来自国民的权力。”人民主权学说、思想和原则的制度化体现为代议制,因此,议会至上和议会主权是人民主权原则的制度体现。各国制度经历了一个逐步发展和完善的过程,体现人民主权原则的代议制度逐步由间接民主向直接民主过渡,发展了全民公决这一民主形式,以期更为彻底地实现人民主权。

在资产阶级掌握国家政权后,其所信奉的人民主权理论转变为了他们所制定的宪法原则。1791 年《法国宪法》将《人权宣言》作为序言,人民主权原则就成了资产阶级宪法的原则。1947 年的《意大利宪法》规定意大利为民主共和国,《宪法》第 1 条规定:“主权属于人民,由人民在宪法所规定的方式及在其范围内行使。”1949 年《德国基本法》也确立了人民主权原则、实行国会中心主义,第 20 条第 2 项规定:“主权属于人民。它由人民通过选举和全民投票方式,以及通过立法权、行政权和司法权的专门机构行使之。”1958 年《法国宪法》第 3 条规定:“国家主权属于人民,人民通过自己的代表或者通过公民复决来行使国家主权。”“任何一部分人或任何个人都不得擅自行使国家主权。”

社会主义国家的宪法承认国家的权力属于人民,并以此作为重要的宪法原则,我国宪法也同样接受人民主权的思想,并且体现在制度和组织的建设上。但这个原则在理论基础和实践方面都与西方不同。社会主义的宪法理论通常不承认“社会契约”,不认为主权是全民“共同意志”的体现,其权力观与西方所认为的全体国民公意的“超阶级”的观点有所区别。按照马克思主义的国家学说,国家乃是阶级矛盾不可调和的产物,是阶级压迫的工具,所以人民主权具有阶级性。社会主义国家往往公开地申明自己的阶级立场,鲜明地解释“人民”这一概念的政治内容,指出在资本主义社会,人民主权只能是形式上的东西,而不可能在实际生活中真正实现。

从世界各国的宪法规定看,各国宪法一般都从三大方面体现人民主权原则:①明确规定人民主权原则。②通过规定人民行使国家权力的形式来保障人民主权。各国宪法都规定人民通过两种形式实现当家作主:一是间接的代议制;二是直接民主制,如有些国家宪法规定公民有创制权、复议权等。③通过规定公民广泛的权利和自由来体现人民主权。

人民主权亦是我国宪法的基本原则。《宪法》第 2 条规定的“中华人民共和国的一切权力属于人民”,说明国家权力属于人民而非属于某一个人或团体。该条进一步规定:“人民行使权力的机关是全国人民代表大会和地方各级人民代表大会。人民依照法律规定,通过各种途径和形式,管理国家事务，管埋经济和文化事务，管理社会事务”；第3条规定：“中华人民共和国的国家机构实行民主集中制的原则。全国人民代表大会和地方各级人民代表大会都由民主选举产生，对人民负责，受人民监督。国家行政机关、审判机关、检察机关都由人民代表大会产生，对它负责，受它监督”。

二、基本人权原则

人权，是指每个人作为人应当享有的基本权利。人权原则最初是作为君权和神权的对立物而提出的，与之对应的是君权和神权的至高无上性。君权和神权位于世俗社会的权力的顶峰，作为社会成员的人的存在和应有权利得不到相应的关注和重视，个人权利保障无法成为社会政治的目的与评价政府正当运行的标准。资产阶级启蒙思想家的天赋人权理论，将政府权力的服务目标限定为个人而不是君主，人权因此成为评价政府存在和运行的标准之一。资产阶级在取得革命胜利后，将其上升为宪法原则，具体列举或规定了个人所应享有的权利，并辅以具体的制度以实现这些权利。

（一）人权理论的历史发展

人权里的人是指抽象的人，即不考虑人所生活的固定的社会背景、历史条件及每个人的具体情况，仅以人性为基础，主张人所应该享有的权利。系统阐述人权理论的是自然权利说或者天赋人权说。所谓的“自然权利”或者“天赋人权”是这样一种权利，它是人在自然状态下就享有的权利，是人与生俱来的，是人之作为人的结果和表现，不是国家所赐，也非政治社会的让与，因此是不可转让、不可剥夺的。这些权利就是生命、自由、财产、安全和反抗压迫，国家的目的就在于负责保护这些权利，如果背离了这一目的，则人民有权起来反抗。天赋人权学说的产生推动了资产阶级革命的发展，并且从政治宣言到表现为宪法原则，人权思想逐渐成为评价社会政治的基本原则之一。1776年美国《独立宣言》指出：“我们认为这些真理是不言自明的：人人生而平等，他们都从他们的‘造物主’那里被赋予了某些不可转让的权利，其中包括生命权、自由权和追求幸福的权利。”1789年法国《人权宣言》集中体现了人权思想，其中第2条规定：“一切政治结合的目的都在于保存自然的、不可消灭的人权；这些权利是自由、财产权、安全权和反抗压迫。”第16条规定：“凡权利无保障和分权未确立的社会，就没有宪法。”

人权的内容在不断发展、变化和增加，早期的权利内容主要是自由权利，是一些不要求政府积极行为就可以实现的权利。随着社会的发展，体现平等价值的社会经济权利逐渐成为宪法的内容，各国宪法在权利的内容方面有所增加。最初的资产阶级宪法多着重于公民在政治方面、人身方面和对私有财产的保护方面的权利，而现在许多资本主义国家的宪法又增加了公民的社会经济和教育科学文化方面的权利，明确规定公民的所有权、企业参与权、继承权、劳动权、休息权、环境权、劳动保险和社会救济权利，以及著作权、发明权、艺术权等，一些国家宪法还规定了公民的罢免权、创制权和复议权等，使宪法中的人权内容大大扩展了。

二战后，人权保护也成为一个国际性话题。一系列国际性和区域性的人权保护文件、条约和权利宪章得以签订。1945 年的《联合国宪章》宣布："决心要保全后世以免再遭我们这一代人类两度亲身经历的惨不堪言的战祸，重申对于基本人权、人格尊严和价值以及男女平等权利和大小各国平等权利的信念"。1948 年联合国大会通过了《世界人权宣言》；1966 年第 21 届联合国大会同时通过了《经济、社会及文化国际权利公约》和《公民权利和政治权利国际公约》；1959 年 1 月 4 日在罗马签订了《欧洲人权公约》。除这些国际人权文件和区域人权文件之外，联合国和一些区域组织还成立了保护人权的机构，如联合国人权委员会、欧洲人权委员会、美洲国家人权委员会等。

（二）基本人权原则在宪法中的体现

现代各国不仅将自然权利作为一项基本原则，而且作为实在的法即权利载明于宪法，并辅以相应的制度保障，自然权利转变为公民的基本权利，进而具备了约束和限制国家权力的可能性。

现代资本主义国家宪法体现基本人权的方式有以下几种：①美国《权利法案》的形式。美国将人权的内容规定在前 10 条《宪法修正案》中，随着时代和社会的发展，其后的修正案中又逐渐增加了其他方面的权利内容，如选举权、男女平等的权利等，最高法院通过解释第 14 条《宪法修正案》，还逐步扩大了权利保护的范围。②法国形式。法国原则上确认基本人权，并对公民基本权利作出少量规定，《法国宪法》在序言中声称："忠于 1789 年《人权宣言》所肯定的、为 1946 年《宪法》的序言所确认并加以补充的各项人权和关于国家主权的原则"。③德国式的。德国在宪法典中具体规定公民的基本权利。④意大利式的。意大利在基本原则中承认人权，又以专章"公民的权利和义务"规定公民权利的具体内容。⑤英国式的。英国是不成文宪法，基本权利不是写在纸上的、明示的宪法条款，决定公民基本权利内容依靠"法律至上"原则，即只要是法律未加禁止的，就是公民自由的范围。也就是说，英国公民权利存在于刑法、民法和行政法所不加禁止的范围上面。当然，基本人权规定后还必须有具体的制度保障才能实现，如果缺乏这一机制，则人权就是一纸空文，公民权利也就所得无几。许多国家赋予法院或者中立机构通过审查议会制定法律、行政法规及法院判决的合宪性否定那些含有侵犯公民权利内容的立法、行政法规和判决，还通过其他类似制度使公民基本权利得到了切实的保障。

马克思在谈到人权问题时曾说："这种人权的一部分是政治权利……这些权利属于政治自由的范畴。可见用宪法规定公民的基本权利和自由就是确定基本人权原则。"社会主义国家出现以后，它们的宪法普遍规定了广泛的公民权利和自由，特别是扩大了社会经济权利方面的内容，在自己的宪法中体现了基本人权原则。不过社会主义国家的宪法一般不使用保障人权之类的字样，他们认为不存在抽象的人权而只有公民权，宪法中也没有出现人权之类的字样，只规定公民的基本权利，而且社会主义国家人权原则的权利理论以及本质与资本主义国家的宪法有所不同。一般认为，资本主义国家宪法以保护资本主义的私有财产所有权为核心，以人权的普遍性掩盖了人权的阶级性；社会主义国家宪法以维护社会主义公有制为核心，使基本人权原则表明鲜明的阶级性。

我国《宪法》第2章"公民的基本权利和义务"专章规定和列举了公民的基本权利，体现了对公民权利的宪法保护。随着改革开放的进程，我们逐渐认识到了人权概念的积极意义。1991年《中国的人权状况》白皮书的发表标志着我国人权观念上的根本转变；1993年中国人权研究会成立，表明我国人权研究已超出了单一的宪法学范围；2004年，我国通过了《宪法修正案》，把"国家尊重和保障人权"写入宪法，这具有重大意义：①它意味着国家的目的从以经济建设为中心，开始向国家尊重和保障人权的方向转化；②它昭示着人权条款对国家立法权、行政权、司法权形成约束；③它为我国当代宪法的实施、宪法解释以及违宪审查提供了价值尺度；④它为我国宪法观念从工具主义向宪政主义转变提供了契机。

三、法治原则

法治原则的中心和实质含义是对国家权力的约束与对个人权利的尊重。它是在资产阶级反对封建专制统治的过程中提出来的。与之对应的是"人治"。在人治社会中，君主言出法随、朝令夕改，个人权利因此无法得到保障。资产阶级提出了法治原则，以此抨击封建统治的任意性，要求实现法律的统治，从而抵制权力的随意性状态，保障个人自由。

（一）法治的涵义

法治，也称法的统治或者法律至上，法治确认了法的统治而不是人的统治。其基本要求是：政府机构的设立、权力范围、运行权力的程序必须遵守和符合法律的预先设定；宪法是国家的最高法律，一切国家机关及官员都必须依法治理国家；宪法和法律必须符合正义，是良法；法律面前人人平等，反对任何组织和个人享有法律之外的特权，保障公民的权利和自由；司法独立，只服从于宪法和法律。法治包含了两个重要的原则：①依据法律约束政府；②平等对待每一社会成员。前者要求国家和政府必须服从法律，后者表现为公民在法律面前一律平等。法治一方面的含义是以良法约束政府，另一方面的含义是政府尊重个人权利，它们是一个事物的两个方面，对政府权力的约束同时也是对个人权利的尊重。

法治思想在古代社会即已有之。中国古代法家的代表人物韩非则主张“严刑峻法”，实行“法治”。古希腊著名思想家亚里士多德则坚持法治优于一人之治。但古代所谓的法治与近代的法治存在着根本区别，“法治”一词并不只意味着单纯的法律存在，不能简单化地以是否有人的作用和是否运用法律为标准来区分法治和人治。划分法治和人治最根本的标志在于：当法律权威与个人权威发生矛盾冲突的时候，是法律权威高于个人权威，还是个人权威凌驾于法律权威之上？凡是法律权威高于个人权威的都是法治，而法律权威屈服于个人权威的则是人治；而且当二者出现矛盾冲突的时候，不是个人权威屈从于法律权威，就是法律权威屈从于个人权威，二者必居其一。正如潘恩曾经说过：“在专制政府中国王便是法律，同样地，在自由国家中法律便应成为国王。”由此可见，法的权威高于人的权威，法的支配是法治的根本。

（二）法治理论的历史发展

近代的法治理论从西方古代的法治思想发展而来。古希腊亚里士多德最早提出法治思想，他认为：“凡是不凭感情用事的统治者总是比感情用事的人们优良，法律恰正是没有感情的；要使事物合乎正义（公平），须有毫无偏私的权衡，法律恰正是这样一个中道的平衡。”他认为，法治应包含两层意义：已成立的法律获得普遍的服从，而大家所服从的法律又应该本身是制定得良好的法律。亚里士多德的法治思想虽然还不完善，但对近代法治理论的产生有很大的影响。在近代法治理论的创建过程中，洛克、卢梭等人都曾作出过很大的贡献。

20 世纪后，法治理论有了新的发展。1959 年在印度召开的国际法学家会议上通过的《德里宣言》将法治概括为三个方面：①立法机关的职能在于创设和维护使每个人保持“人类尊严”的各种条件；②不仅要为制止行政权的滥用提供法律保障，而且要使政府能有效地维护法律秩序，借以保证人们具有充分的社会和经济生活条件；③司法独立和律师自由是实施法治原则必不可少的条件。

到了 20 世纪 60 年代，美国自然法学家富勒提出了法治的八项原则：一般性或普遍性、公开性、不溯及既往、明确性、不矛盾或避免矛盾、有遵守可能、稳定性、官方行为与已公布的规则的一致性等。到了 20 世纪 90 年代，西方一些学者关于宪法和法律“不仅要限制国家权力，而且要保障国家权力有效运转”的进一步强调，使法治理论又得到了新的发展。

（三）法治原则在各国宪法和制度中的体现

法治原则是十七八世纪资产阶级启蒙思想家倡导的重要的民主原则。

资产阶级革命取得胜利，建立起资产阶级政权时，法治原则是这些国家制宪和行宪的一个重要原则。法国《人权宣言》第5条规定："法律只有权禁止有害于社会的行动。凡未经法律禁止的一切行动，都不受阻碍，并且任何人都不得被迫从事未经法律命令的行动"；第6条规定："法律是公共意志的表现。全国公民都有权亲自或经由其代表去参与法律的制定。法律对于所有的人，无论是施行保护或处罚都是一样的，在法律面前，所有的公民都是平等的"。世界各资本主义国家，在制定各自的宪法时，都普遍接受法治原则，在宪法中规定了公民在法律面前一律平等、公民的基本权利和自由应得到法律保障以及反对特权等基本内容，使法治原则成为一项重要的宪法原则。《日本宪法》第14条规定："任何国民在法律上一律平等。其在政治上、经济上或社会关系上之关系，不得因人种、信仰、性别、社会的身份及门第而有所差别"；第97条规定："本宪法为国家的最高法规，与本宪法条款相违反的法律、命令、诏敕，以及有关国务的一切行为的全部或一部，一律无效"。《意大利宪法》第3条规定："全体公民，不问其性别、种族、语言、宗教、政治信仰、个人地位及社会地位如何，均有同等的社会身份，并在法律上一律平等。"

从实践来看，法治原则在各国宪法中大致有如下几种表现形式：①在宪法条文中明文宣布为法治国家；②在《宪法》序言中宣告为法治国家；③虽不直接使用法治字样，但从其他文字中比较清楚地表明该宪法是以法治为基本原则；④既不直接宣布实行法治，也不用其他条文间接反映法治精神，而是用"基本原则"为章名或在其他各章中体现法治的政治体制。

法治原则亦是我国宪法的一个重要原则。"序言"中规定宪法具有最高的法律效力，一切政党、团体、组织和个人必须在宪法和法律的范围内活动；"总纲"中规定国家维护社会主义法制的统一和尊严，任何组织和个人不得有超越宪法和法律的特权；在"公民权利和义务"中规定公民在法律面前一律平等，公民的人身自由不受侵犯，公民具有遵守宪法和法律的义务；在"国家机构"中规定人民法院、人民检察院依法独立行使审判权、检察权，不受行政机关、社会团体和个人的干涉。这些都在一定程度上体现了法治精神。1999年第九届全国人大第二次会议修改宪法，在《宪法》第5条中增加1款作为第1款："中华人民共和国实行依法治国，建设社会主义法治国家。"这就在宪法上正式确立了法治原则。

四、分权制衡原则

分权制衡原则，是指国家权力的各部分之间相互监督、彼此牵制，以防止权力的滥用，从而保障公民权利。就宪法的基本内容来说，保障公民权利或人权始终处于核心和主导地位。因而，权力分立与制衡原则是人权保障的具体制度和辅助机制，通过权力之间的分立与制衡来防止国家权力的不当行使，从而确保人权的具体实现。

（一）分权制衡学说的发展

权力分立与制衡原则，包含了权力的分立与制衡两个方面，与之相对应的是专制与集权。封建统治者将所有国家权力集中于某一个人或者某一机构，权力集中导致了权力的任意与不加约束，任何掌握权力的人都极易导致专制与残暴，这极大增强了权力对个人的危险性。因此，为了确保人权的彻底实现，资产阶级采纳了权力分立与制衡的思想作为政权机构组织和运行的指导原则。

分权思想最早起源于古希腊、古罗马，近代思想家在古希腊、古罗马分权制衡思想的基础上进一步发展了分权理论。英国的洛克提出了分权理论，他认为，国家有三种权力，即立法权、行政权和对外权，三种权力必须由三种机关掌握；此外，立法权虽然是国家的最高权力，但也必须受到限制，因为其权力来自人民的委托，必须受委托条件的限制。在此基础上系统阐述该理论的是法国的孟德斯鸠。他认为，国家权力应分为三种，即立法权、行政权和司法权，三权分别由三个机关行使。他从权力自身的特性出发论证了权力制约的必要性，认为权力的特点是扩张性的，即“一切有权力的人都容易滥用权力，这是亘古不变的一条经验。有权力的人们使用权力一直到遇有界限的地方才休止”。因此，要防止滥用权力，就必须制约权力。

分权原则一般是指三权分立，即国家权力分为立法权、行政权和司法权。孙中山在考察西方国家三权分立政体的基础上，结合中国封建政治考试权和监察权，提出了五权宪法思想，认为国家的权力应分为立法权、行政权、司法权、考试权和监察权，五权分别由五个机关行使。第二次世界大战以后，为加强宪法的实施，保障人权，很多国家设置了宪法法院，由宪法法院监督国家各种机构的运行。宪法法院所行使的权力就不属于传统三权之中的任何一种，而是独立于三权之外的一种权力，也有人称之为第四种国家权力。因此，究竟国家权力应该做几种划分并没有绝对标准，但是无论如何，权力的分立与制衡总是必需的。

（二）权力分立与制衡原则在各国宪法中的体现

分权原则是资产阶级制定宪法中遵循的一个基本原则。1787 年《美国宪法》就按照典型的分权、制衡原则，确立了国家的政权体制。法国《人权宣言》称“凡权利无保障和分权未确立的社会，就没有宪法”。现代各资本主义国家的宪法均以不同形式确认了分权原则。《日本宪法》虽没有明确规定分权原则，但相关条文却体现了这一思想。其第 41 条规定：“国会为国家之最高权力机关，并为国家之惟一立法机关”；第 65 条规定：“行政权属于内阁”；第 76 条规定：“一切司法权属于最高法院及由法律规定设置的下级法院”。《德国基本法》第20条规定：“主权属于人民。它由人民通过选举和全民投票方式，以及通过有立法权、行政权和司法权的专门机构行使之。”

各国权力分立与制衡原则的制度体现并不完全一致，而是有较大出入，表现为各种国家权力在政权机构中和宪法上的地位不完全相同：有些国家实行三权分立，各种权力之间是平等的，美国是三权分立的典型；有些国家则实行“议会至上”，英国和欧洲大陆多数国家奉行议会至上，议会在国家各机关之间居于最高的法律地位。作为典型的三权分立国家，美国宪法规定，立法权属于国会，行政权属于总统，司法权属于法院；国会有权要求总统条陈政策，有权批准条约，有权建议和批准总统对行政官员和法官的任命，有权弹劾总统和最高法院的法官；总统有权否决国会的法律，有权提名联邦法院的法官；最高法院有权解释国会制定的法律，可以判定国会立法与宪法相抵触而无效。1958年《法国宪法》确立了以总统为代表的行政优位的体制，与美国式的分权体制有所区别。

社会主义国家原则上不承认分权理论，认为国家权力是一个有机的整体，因而权力之间无法分立；并且，权力分立导致各机关之间相互扯皮、工作效率低下，影响人民权力的实现。一般认为，社会主义国家实行监督原则，它是由第一个无产阶级专政政权——巴黎公社首创的。马克思指出：公社是由巴黎各区普选出的城市代表组成的，这些代表对选民负责，随时可以撤换。巴黎公社首创的这一原则，被后来的社会主义国家奉为一条重要的民主原则。

我国是社会主义国家，我国宪法明确规定了民主集中制原则，并规定全国人民代表大会是国家最高权力机关。但我国宪法并不否认权力之间可以进行分工，各权力相互之间也需要监督。虽然在理论上认为全国人大具有全权性，但宪法对权力机关、行政机关和审判、检察机关都规定了各自的权力，无论是在理论上还是在实践中都不能够认为权力机关可以行使宪法授予行政机关和审判、检察机关的权力。当然，另一方面，由权力机关产生的其他国家机关也要接受权力机关的监督。

■ 第四节 宪法的作用

一、宪法对于组织和规范国家权力的作用

在近代宪法出现以前，国家权力一般掌握在君主手中，君主既是立法者，又是执法者和司法者，而且，君主的权力是绝对的，不受任何制约。君主权力至上性的理论基础在于“君权神授”。但在资产阶级的革命中，

“君权神授”理论的合理性已被否定，而被代之以资产阶级思想家所提出的“人民主权”理论。这一理论解决了国家权力的权源问题，即国家权力来自于人民的授权，人民授权的范围是有限的，所以国家权力不应是绝对的、不受控制的权力。

但是，这一理念必须通过宪法才能付诸实施。所以，资产阶级在掌握国家权力以后，都要通过制定宪法以求按宪政的精神组织国家权力，并按宪法的要求实现国家权力的运行。由此，宪法的首要功能在于组织和规范国家权力。

宪法对国家权力的组织和规范作用体现在以下两个主要方面：①要确认国家权力的归属，确认社会各种政治力量在国家中的地位。“人民主权”是西方国家宪法的基本原则，“一切权力属于人民”是我国宪法对“人民主权”的另一种表述方式。这是从根本法的角度界定国家权力的权源问题。②要根据本国的历史条件和现实条件确立行使国家权力的主要形式和运行机制，规定其中要遵循的基本原则，以维护国家的统治秩序。在正常情况下，凡涉及国家权力行使的任何重大变动，不经宪法确认，便不具有合法地位。从世界范围而言，宪法所确认的国家权力的运行模式主要有两种：①以权力的分立与制衡原则为基础的“三权分立”制度；②以民主集中制为基础的人民代表大会制度。

我国宪法所确认的国家性质、以民主集中制为原则的人民代表大会制以及专章规定的国家机构，都是宪法对国家权力的配置与组织作用的具体体现，它对保证国家权力的正常行使、防止权力的滥用、使国家政权更有效地保障公民权利和组织国家建设，发挥着重要的保障作用。

二、宪法对于保障公民基本权利的作用

如果说组织和规范国家权力是宪法的首要功能，那么，保障公民权利就是宪法的根本功能。在宪法产生的早期，一些宪法文本都是以权利宣言的形式出现的，如1215年英国的《自由大宪章》、1789年法国的《人权宣言》、1776年美国的《弗吉尼亚权利法案》等。世界各国也都把确认公民的基本权利和自由作为宪法的重要组成部分，如英国虽然没有成文的宪法典，但英国的一些宪法性法律则包括了比较古老的《人身保护法》（1679年）和《权利法案》（1689年）等。在历史上，也有的国家把保障人民权利的文件列为宪法的序言，如法国1791年制定的第一部宪法就把《人权宣言》作为宪法的序言。十月革命胜利以后所制定的第一部苏俄宪法，也是把《被剥削劳动人民权利宣言》列为第一篇。《美国宪法》虽然最初并没有规定公民的权利与自由，但1791年即通过了前10条《宪法修正案》，也就是美国宪法的人权法案。我国宪法从人民民主专政的国家性质出发，本着不断发展社会主义民主的精神，对公民的基本权利和义务作出了切实和明确的规定。这些规定的作用在于：它体现着公民在国家中的地位，为公民与国家之间和公民相互之间的关系确立了准则。公民的基本权利和自由一旦遭受侵犯，他们可以诉诸司法部门予以裁决。

三、宪法对实行法治的作用

1999年《宪法修正案》规定，我国实行依法治国，建设社会主义法治国家。依法治国的核心是依宪治国，它要求宪法在法治建设中起到核心的作用。这一作用主要体现在以下两个方面：

1. 宪法保证国家的立法权按宪政的要求运行。宪政实际是依宪而治的政治，它以规范国家权力和保障人权为基本的价值追求。由此，国家的立法权必须以规范国家权力和保障公民权利为其运行的基本准则，以求实现良法之治。另一方面，随着社会的发展，需要用法律调整的社会关系不仅日益增多，而且越来越复杂，因此，在完备法制的过程中，也就产生了如何保证法制统一的问题。如果各项立法互相矛盾，甚至自己推翻自己，必然会使公民和执法机关的执法工作无所适从，影响法律作用的发挥。宪法在保证法律体系的和谐一致和法制统一方面的作用主要是：它为审定法律、法规和一切规范性文件规定了最高准则，为法制建设的协调发展提供了依据。当然，这一作用的最终实现需要完备和科学的违宪审查制度作保障。

2. 宪法为法制的完备奠定了基础。宪法是一国法律体系中的核心部分，是立法工作的法律基础，是制定一般法律的依据。宪法不仅为日常立法规定了应遵循的基本原则，而且对立法的权限和程序也都作了明确的规定。立法机关依宪法授予的权力和立法程序进行立法将使国家的法制趋于完备。因此，没有宪法就不会有法制的完备，从而也就不能满足社会发展的需要。

1-5 （2010年试卷一第19题）关于宪法在立法中的作用，下列哪一说法是不正确的？

A. 宪法确立了法律体系的基本目标

B. 宪法确立了立法的统一基础

C. 宪法规定了完善的立法体制与具体规划

D. 宪法规定了解决法律体系内部冲突的基本体制

——本题答案为C。宪法确立了法律体系的基本目标，法律体系的建立和发展首先依赖于宪法的基本原则，A选项正确。宪法规定了解决法律体系内部冲突的基本体制。《宪法》第5条第2款规定："一切法律、行政法规和地方性法规都不得同宪法相抵触"。宪法只对重大问题进行规定，我国全国人大常委会才是立法规划和立法计划的具体制定机构，C选项错误。

四、宪法对经济的作用

关于宪法对于社会经济的作用问题，恩格斯曾经作过这样的论述：“经济状况是基础，但是对历史斗争的进程发生影响并且在许多情况下主要是决定着这一斗争的形式的，还有上层建筑的各种阶级斗争的各种政治形式和这个斗争的成果——由胜利了的阶级获胜以后建立的宪法等。”这里说的“历史斗争的进程”，包括社会经济的发展。宪法对社会经济发展的促进作用主要表现为它要确认国家现存的经济制度，并为经济的发展规定总的方向。

宪法对经济的作用，可以表现为积极的推动，也可以表现为消极阻碍。关键在于它能否正确反映客观的经济规律，它所保护的经济基础是否适应生产力发展的要求。

资本主义类型的宪法是建立在生产资料资本主义私有制的基础上，为资本主义的经济基础服务的。“私有财产神圣不可侵犯”的宪法原则以及现代资本主义国家宪法中关于经济方面的规范，对其经济基础的巩固和发展起了确认和促进的作用。

我国宪法是建立在生产资料公有制的基础上，为社会主义的经济基础服务的，它不仅对我国经济制度起了创建性的作用，确认我国现有的经济制度，而且为国民经济的发展规定了一系列的方针政策，并为经济体制的改革规定了方向和原则，推动着经济体制改革的发展。

五、宪法维护国家的统一

国家的统一关系到民族的兴旺和国家的富强。我国宪法在维护国家统一方面的作用主要表现为：

1. 它确认我国是单一制的国家结构形式。我国在少数民族聚居的地方实行区域自治，但各民族自治地方都是中华人民共和国不可分离的部分。

2. 为了解决历史上遗留下来的香港、澳门问题以及台湾回归祖国的问题，宪法规定了“一国两制”的方针。当前，根据宪法的规定，对香港、澳门恢复行使主权的问题已获得合情合理的圆满解决，台湾回归祖国也将继续按照这一方针解决。尽管这些地区可以成立特别行政区，实行高度自治，但它们都是中华人民共和国领土不可分离的一部分。这一点，已为根据宪法制定的《香港特别行政区基本法》和《澳门特别行政区基本法》所确定。特别行政区的成立并不改变我国单一制的国家结构形式。鉴于国家的统一具有重大意义，宪法序言庄严宣布完成祖国统一大业是全国人民的神圣职责，并将维护国家的统一作为公民的基本义务规定在宪法之中。

■ 第五节 宪法的渊源与宪法的结构

一、宪法渊源

调整社会关系的法律规范都有着一定的表现形式，宪法规范的表现形式包括：宪法典、宪法性法律、宪法惯例、宪法判例以及宪法解释等。

1. 宪法典。宪法典是实行成文宪法制国家主要的宪法规范渊源。世界上绝大多数有成文宪法的国家，都将其宪法内容以宪法典的形式规定下来，这是宪法规范最基本的表现形式。1787 年，美国制定了世界历史上第一部成文宪法，开创了以宪法典为其规范内容基本表现形式的先例，并对其后各国的宪政运动及成文宪法的制定产生了巨大的影响。

在有宪法典的国家，它虽是宪法规范的主要表现形式，但并不是惟一形式。除宪法典外，尚有宪法惯例、宪法判例等形式。

2. 宪法性法律。宪法性法律一般是指有宪法规范存于其中，但在形式上不具备最高法律效力及严格制定和修改程序的法律。一般认为，宪法性法律是不成文宪法国家最主要的宪法规范的渊源，如英国。英国虽是宪政的发源地，但由于历史形成的各种原因，它至今没有一部完整的成文的宪法典。我们通常说的英国宪法，其实主要是由各个历史时期颁布的一些宪法性法律所构成的，其中甚至包括中世纪遗留下来的法律文件——1215 年《自由大宪章》，其他诸如 1628 年的《权利请愿书》、1679 年的《人身保护法》、1689 年的《权利法案》、1701 年的《王位继承法》、1911 年和 1949 年的《国会法》、1918 年的《国民参政法》等，都是英国宪法规范的表现形式，成为英国宪法的组成部分。

此外，在有成文宪法典的国家，往往也颁布一些宪法性法律，作为对宪法典的补充。宪法性法律虽然不像宪法典那样内容广泛，有的只涉及某一个或某几个方面的问题，但它是宪法规定的基本原则的延伸和具体化。在我国，关于国家机构的组织法以及涉及公民宪法权利的法律，一般被视为宪法性法律。

3. 宪法惯例。宪法惯例是指在国家长期的政治生活中形成的、涉及国家根本问题、调整相应基本社会关系、为社会普遍承认和遵循的、具有连续性和稳定性的习惯和传统。虽然没有明文规定，但宪法惯例一般不会被破坏。宪法惯例在英国的宪政体制运作中尤显重要。英国宪法学家詹宁斯认为，如不了解宪法惯例就不能了解英国宪法的真谛。例如，英国国家权力的中心从国王转移到议会，再从议会转移到内阁，最终形成内阁制，这个过程并没有正式的法律文件予以规定，而是由宪法惯例来完成的。

在成文宪法制国家，宪法惯例也是存在且必不可少的。这是由于宪法的各项规定比较原则和概括，而且一般不能应时而变，而当把这些原则性和概括性的条款适用于复杂而变动的政治生活时，就需要宪法惯例来调节。可以说，宪法惯例是使宪法具有适应性的手段之一。如《美国宪法》实施200多年来，除其后制定的宪法修正案外，也逐步形成了一些宪法惯例，如实行两党制、最高法院解释宪法及审查法律的合宪性等。在我国，政协的全体会议在全国人大之前先行召开，政协委员列席全国人大会议等，也是多年形成的惯例。

4. 宪法解释。所谓宪法解释，是指由法定的机关对宪法条文的内容、词义以及适用范围所作的具有法律效力的说明。宪法解释是法律解释的一种形式，也是宪法规范渊源的一种。

宪法在实施过程中可能产生不同理解，为此，需要法定的有权机关对所出现的问题作出解释，这对于保证宪法的统一执行，维护宪法的根本法地位是必不可少的。宪法解释同时也是有关宪法保障制度的一项重要内容，关系到这一制度的能否实现。

宪法的解释权属于哪个机关，各国情况并不一致，大体分为三种形式。

（1）由议会解释宪法。即宪法的解释权由议会行使。实行这种制度是以“议会至上”的理论为根据的。这种理论认为，既然议会有权制定宪法，也就有权对宪法进行解释。在资本主义国家，英国是实行这种制度的代表。

在我国，宪法的解释权属于全国人大常委会。《宪法》第67条第1项规定，全国人大常委会有权“解释宪法，监督宪法的实施”。所以，我国解释宪法的权力是由最高国家权力机关的常设机关行使的，而且全国人大常委会解释宪法的权力与监督宪法实施的权力又是结合在一起的。全国人大常委会对宪法的解释同样具有最高的法律效力。

（2）由法院解释宪法。实行这种制度是以“三权分立”理论为基础的。法院解释制最初实行于美国。美国宪法对宪法解释问题并未作出过明确规定。法院有权解释宪法始于1803年所确立的惯例。1803年，美国联邦最高法院首席法官约翰·马歇尔在审理马伯里诉麦迪逊一案所作的判决中宣布：国会于1789年制定的《司法组织法》第13条是违反宪法的。他认为，联邦宪法是最高法律，依照权力分立的原则，法官根据自己的誓言及其地位的性质，应是宪法的捍卫者，所以其应有权解释宪法，并根据自己所确立的宪法含义判断法律的合宪性。马伯里诉麦迪逊案开创了美国联邦最高法院解释宪法的先例。其后，一些国家也都受其影响，确立了法院解释宪法的制度。

（3）由特定机关解释宪法。有些国家的宪法规定，解释宪法的权力归属于某一特定的机构。这些机构包括宪法法院、宪法委员会等。特定机关解释宪法的制度又分为以德国为代表的宪法法院解释宪法的制度和以法国为代表的宪法委员会解释宪法的制度。这是近代宪政实践的一个特点。据统计，当前世界上已有近百个国家专门设立了宪法法院或宪法委员会（如法国、意大利、德国、西班牙、奥地利、蒙古等）。

5. 宪法判例。在实行判例法的国家，根据“遵循先例”原则，法院的宪法判例，特别是最高法院的判例，对于下级法院具有规范的作用。在英国，如1670年确立的司法独立和1678年确立的法官的豁免权等宪法规范都是从法院的判例中推导出的。而在美国，宪法判例，尤其是联邦最高法院的判例更是占有重要的地位，正如有学者所指出的：“美国宪法为解释所发展，为判例所修饰，为惯例所扩展”（这也说明了宪法解释和宪法惯例在美国宪法规范中的作用）。

1－6　（2010年试卷一第62题）关于宪法表现形式的说法，下列哪些选项是正确的？

A. 宪法典是所有国家宪法结构体系的核心，均具有内容完整、逻辑严谨的特征

B. 宪法判例主要存在于普通法系国家，这些国家具有“遵从先例”的司法传统

C. 宪法判例在美国只能通过联邦最高法院新的宪法判例才能推翻

D. 宪法判例在英国有着调整英王、议会、内阁之间关系的决定性作用

——本题答案为BD。A选项的表述过于绝对，犯了以偏概全的错误。宪法判例主要存在于普通法系国家，这些实行判例法的国家，根据“遵循先例”原则，法院的宪法判例，特别是最高法院的判例，对于下级法院具有规范的作用，B选项正确。在美国，宪法判例不一定都是联邦最高法院的判决，联邦上诉法院和联邦法院也有可能通过新的宪法判例推翻宪法判例，C选项错误。英国以判例法为主，宪法判例在英国有着调整英王、议会、内阁之间关系的决定性作用，D选项正确。

二、宪法的结构

宪法的结构是指某个国家的宪法作为整体所包括的内容，以及这些内容编排的方式。世界各国的宪法都具有一定的结构，各国宪法的结构是基于对宪法规范进行合理、充分和有系统地表述而产生的，在一定程度上也反映了一个国家创制宪法的立宪技术特征。由于各国的具体国情有所不

同，加上立宪意图的差异，因此，在宪法典中安排宪法规范的方式就有区别，呈现出不同的结构特点。在一定意义上，宪法典的结构特征能够比较准确地反映一个国家中起主导作用的宪法思想的特点。

宪法的结构一般分为形式结构和内容结构两种。形式结构是指将宪法规范予以合理排列的顺序、方式，一般分为章、节、条、款、项和目，也有在章之上再分编或者是篇的。有的国家宪法对章、节、条、款、项的排列顺序仍然进行细化，如章下分章，节下分节，条、款、项下分小条、小款、小节或者是条之几、款之几和项之几等。宪法典形式结构的作用主要在于形式结构可以有利于识别宪法规范的所在位置，以方便在不同的宪法规范之间建立形式逻辑关系，简化宪法规范的表述方式。

内容结构是指将具有相同性质的宪法规范安排在宪法典中的某一部分，一般包括序言、总纲、正文、特殊规定和附则等。多数国家的宪法在正文之前有一个序言，但序言篇幅和内容都不完全一样，其内容一般包括制宪背景、制宪经过、规定宪法的最高效力以及宪法保障等内容；正文部分明确国家权力与公民权利的产生、存在和变更的条件、形式以及相互关系；特殊规定一般涉及到非常时期宪法的效力；附则一般确定宪法生效的期限等。宪法典的内容结构有利于全面地认识和掌握宪法规范的内容、宪法规范的性质以及宪法规范所调整的对象的范围。

1-7 （2008 年试卷一第 12 题）关于我国 1982 年宪法，下列哪一选项是正确的？

A. 这部宪法只有正文

B. 这部宪法由序言和正文构成

C. 这部宪法由序言、正文和附则构成

D. 国旗、国徽、国歌和首都都规定在这部宪法的附则中

——本题答案为 B。1982 年宪法由序言和正文构成，B 选项正确，A、C 选项错误。国旗、国徽、国歌和首都都规定宪法第四章，D 选项错误。

■ 第六节 宪法规范

一、宪法规范的含义

宪法作用于社会生活的基本形式是通过宪法规范的具体运用。宪法规范是指调整宪法关系、具有宪法效力的法律规范。宪法规范作为法律规范的一种，与其他法律规范在功能上是一致的，即是对某一类社会关系的调

整。宪法规范所调整的社会关系称为宪法关系。宪法关系就是国家机关之间、国家机关与公民之间的社会关系，它是一个国家最基本、最重要的社会关系。宪法规范通过对宪法关系的调整，可以对国家生活和社会生活产生决定性的影响。宪法规范在一切法律规范中处于基础性的地位，其他法律规范都要在宪法规范的基础上产生，并受它的制约。

二、宪法规范的特点

法律规范的结构，一般由假定、处理、制裁或保护组成。假定部分是确定行为规则的适用条件；处理部分是表明法律所允许、禁止或要求人们必须实行的某种行为，即指明行为规则的内容（主体的权利义务）；制裁或保护部分是指明不遵守行为规则时应受到的制裁，及对规范中的权利义务所进行的保护。宪法规范是法律规范的一部分，它是有关国家根本制度和国家政治生活中最基本的行为规则。宪法规范既具有一般法律规范的共同属性，又具有不同于一般法律规范的特点，包括如下方面：

1. 宪法规范是最高的法律规范。宪法规范的这一特点是由宪法的最高法律地位与效力决定的。在前面分析宪法的特点时曾提及，宪法是一般立法的依据，一般立法不得同宪法相抵触。这里所说的以宪法为依据，实际上就是以宪法的某一个或某些个规范为依据；不得同宪法相抵触，也是指不得同宪法的某个具体规范相抵触。我们不能由于宪法有根本性规范的存在，而把宪法规范的法律效力分为不同的等级。宪法的一切规范都是最高的法律规范。

2. 宪法规范的包容性和概括性。所谓宪法规范的包容性，是指宪法内容的范围十分广泛，它容纳了执政者以外各个阶层和群体的利益。就包容性的前一个含义而言，宪法内容的广泛性是由其调整的社会关系的特点所决定的。也就是说，宪法关系涉及领域广泛，它包括了国家生活和社会生活的各个方面，而不像其他法律规范那样，都有一定的范围可循，而且，随着社会的发展和时代的进步，宪法内容的领域还有不断扩大的趋势。这一特点是其他法律规范所不具有的，特别是在现代宪法中，其表现尤为突出。就包容性的后一个含义而言，各国宪法一般均为汇集众意而言，具有妥协容让的痕迹。制定者要使宪法符合他们所代表的阶级利益是理所当然的，然而，宪法规范涉及国计民生，与全体社会成员均有重大关系，比如，如果它不能兼顾、协调各个群体的政治要求和经济利益，便不能使它具有坚实的社会基础。这在各党派合作的情势之下，更是如此。

宪法规范的概括性特点是与宪法规范的包容性和原则性特点相联系的。宪法作为国家根本法，既然内容广泛，具有包容性的特点，更多为原则性的规定，因而简明扼要，具有概括性。这是宪法规范在表述上的特点。而宪法规范的原则性和概括性，又能使宪法在较大程度上适应客观形势的发展变化，从而保持宪法的相对稳定性。

3. 宪法规范的制裁性具有特殊的表现形式。与道德规范不同，制裁要素是法律规范的必要组成部分。对于宪法规范来说，这一点也是必须肯定的，否则，违反宪法而不招致任何法律后果，那宪法规范也就失去了存在的意义，宪法具有最高的、直接的法律效力也就成了空话。然而，同样必须肯定的是，宪法规范的制裁性又不同于普通的法律规范。普通法律规范的效力，一般多由法院的判决予以维持，如有违反，由法院给以相应的制裁，如判处刑罚、损害赔偿、行政处罚等，但宪法规范的制裁性则有自身的特点。主要表现为：①公民对政治过程的监督是宪法制裁的重要表现形式，构成宪法特有的制裁模式，如选举过程、罢免制度、规范性文件的审查等。②近代宪法大多对国家机关工作人员特别是领导人员的违宪行为规定了追究责任以至罢免的权力。③一些国家实行违宪立法审查制度，通过司法部门或特别机关，对违宪的法律、法规予以撤销或宣布无效。所以，宪法规范的制裁性具有特殊的表现形式，其特点是较为迂回曲折，因而维护宪法除需依靠法律手段外，更需依赖从政者政治道德观念和公民宪法意识的增强。

三、宪法规范与社会现实

（一）宪法规范对社会现实作用的条件

宪法规范作为现代社会一个国家法律规范体系中居于根本地位的规范，其基本功能是对特定类型社会关系的规范与调整，从而实现宪法约束国家权力与保障公民权利的终极价值。但是，仅有宪法并不当然地能够实现其功能。宪法规范功能的实现有赖于多方面条件的支持。

1. 宪法规范的科学性。所谓宪法规范的科学性，是指宪法的各项规定必须真实反映现实的社会关系，使宪法具有严密和完整的科学体系。宪法规范的科学性取决于宪法在指导思想上的正确性。宪法的指导思想就是宪法内容所依据的理论，及据此所形成的制定或修改宪法时所应遵循的原则。宪法的指导思想为宪法的内容规定了科学的轨道，它应能够集中地体现社会多数人的意志和根本利益。宪法规范的科学性还要求宪法要真实地反映并正确处理各种现实的社会关系，使之规范化、条文化。在我国，宪法规范必须正确处理的关系包括：宪法与现实经济、政治的关系，宪法与普通法律的关系，宪法与党的领导的关系，中央与地方的关系，国家、集体与个人的关系，公民的基本权利与义务的关系等。在这些关系的处理中，应力求保持宪法整体的和谐一致。宪法规范的科学性要求其必须概念清晰、涵义严谨、含义明确，以免在适用时发生疑义。在这方面，有些国家采取对宪法规范中容易发生歧义的概念、用语，设专节加以解释或在条文中作出明确的界定。

2. 宪法规范的完备性。所谓宪法规范的完备性，是指宪法必须对国家生活中的各种根本性问题作出比较完整的规定。这是衡量一个国家宪政制度是否完善的一个重要指标。由于世界各国宪政体制的不同，宪法规范的完备性不可能有一个适用于各国情况的统一标准。但一般来说，宪法的内容必须从本国的实际出发，满足国家生活和社会生活的实际需要。如果宪法内容残缺不全、支离破碎，就不能称为“完备的宪法”，就会使一些重大问题无章可循，造成国家权力在运行时的混乱，或者使公民权利无法得到充分的保障。

宪法内容虽应是全面的，但也不宜过于繁琐庞杂，更不能成为国家法律的汇编。宪法的基本功能在于调整国家与公民间的关系，因而一些应由普通法律确认的问题就不必规定到宪法中去。否则，就会使宪法成了法律大全，从而影响宪法作为国家根本法的地位和法律效力。当然，“宪法内容越原则、越抽象就越好”的思想倾向也是应该注意防止的，因为宪法毕竟不是政治宣言。

宪法规范的完备性受社会政治生活中诸多因素（宪法的指导思想、社会历史背景、经济文化的发展水平、各个国家的民族特点等）的影响，以至宪法篇幅的长短、条文和字数的多少，在某种程度上也会影响到宪法规范的完备性。但由于各国的宪制发展是一个历史过程，宪法完备性的客观尺度也是随着历史条件的变化而变化的。一般说来，各国在其初期制定的宪法都比较概括，随着各国政治、经济、文化发展水平的不断提高，政治局势的相对稳定，统治经验的逐步积累，以及立宪技术的逐步提高，法律规范也日益完备、周详。

3. 适宜的社会外部环境。包括三个方面的因素：①较发达的市场经济体制。市场经济所要求的私法自治、契约自由和主体平等暗含了宪法规范的价值理念。在一个高度计划经济体制下，国家权力对社会的高强度控制将导致国家权力失去界限，公民个人的自治空间被侵蚀，这与宪法规范所追求的限制政府权力和保障公民权利的理念是背道而驰的。②社会公众强烈的宪法意识。尊重宪法、自觉维护宪法的权威、认识到宪法对自我权利维护的基本功能是正确的宪法意识的基本内容。③有效的违宪审查制度。违宪审查制度虽然是宪法本身所确立的，属于宪法规范本身的完备性和科学性范畴，但违宪审查制度作为社会制度的一方面内容，在行宪中已超越宪法规范本身，而作为宪法运行的外部因素的一个组成部分对宪法规范功能的发挥起着重要的作用。

（二）宪法规范与社会现实的冲突及其解决

前述已指出，宪法规范的功能发挥有赖于多方位的条件支持。但在行宪实践中，由于某一因素的缺失导致宪法规范与社会现实发生冲突是难免的。所以，宪法与社会现实的适应是相对的，冲突则是绝对的。问题的关键不在于试图制定出一部与社会永久适应的宪法，而在于建立有效地调整宪法与社会现实冲突的机制。

宪法与社会现实冲突的根本原因在于具有静态和理性的规范与具有动态和不确定性的社会现实之间不可避免地出现矛盾。宪法规范所调整的社会现实本身是丰富多彩的，一直处于变化或变革之中。以流动性为特征的社会现实相对于以概括性和稳定性为特征的宪法规范而言，前者是具体的而复杂的，所以宪法规范不可能将所有应由宪法所调整的社会关系都涵盖进来。因而，必然产生宪法规范与社会现实的冲突。这种现象在那些正处于社会转型和法治重建中的国家尤为突出。由于规范体系的不完整和科学性不足，社会政治、经济的变化不可避免地脱离宪法已确定的原则和程序，单方面地追求变化的价值，而忽视宪法既有的规定。

在解决宪法规范和社会冲突时需要注意的是：应充分尊重宪法规范的价值。不能因为宪法规范与社会现实发生冲突，即简单地认为宪法规范已不适应社会发展的需要，而寻求宪法规范的改变。在社会变动的过程中，任何主体都可主张并追求自己的利益，但在宪法规范面前，应尊重宪法的最高价值，因为既有的宪法规范是按法定的程序对既存的社会利益格局作出的科学的界定，它符合社会的根本利益，这一利益格局不应轻易变动。应从规范价值和现实价值统一性的角度综合考虑两者的冲突，寻求两者的和谐。当社会现实的变化具有充分的合理性和正当性时，在选择化解宪法规范与社会现实冲突的机制中，首先应该选择宪法解释的方式，只有宪法规范的最大化解释仍然不能解决两者的冲突时，才可选择宪法修改或重新制宪的方式。

■ 第七节 宪法与宪政

一、宪政的概念与特征

宪政（constitutionalism）也称“立宪主义”，它是宪法发展史上的一个重要概念，也是一个歧义丛生的概念。早期中国人对宪政的理解是偏向于将其等同于民主。如毛泽东在《新民主主义宪政》一文中即指出：“宪政是什么呢？就是民主的政治。”“世界上历来的宪政，不论是英国、法国、美国，或者是前苏联，都是在革命成功有了民主事实之后，颁布一个根本大法，去承认它，这就是宪法。”学者们在这方面比较有代表性的观点有：“宪政的实质是民主政治，再加上形式要件，宪政应该是实施宪法的民主政治”；[1] “宪政就是由宪法确认和规范的民主政治制度及其设施”；[2] “宪政是指以宪法为中心的民主政治，是民主和法制的结合，构成政权的组织形式”。[3]

但是，将宪政等同于民主制度或民主政治只是对宪政的表层认知。人类建立民主制度是相信民主所蕴含的多数人决定这一规则优越于专制制度下少数人或皇帝个人的决定，因而它能够保证多数人的利益。但是，民主政治发展的历史告诉我们，民主并不是在任何时候都能够保证多数人的利益，甚至可能合法地侵害多数人的利益；即使在民主制度运作正常时也有可能侵犯少数人的利益。因为民主政治更多强调的是程序的合法化，而较难兼顾结果的正义。基于这样的认识，近年来，学者们的研究使得人们对宪政的认识在民主政治的基础上进一步深入，在对宪政进行说明时，逐渐开始关注宪政运作的具体因素，诸如人权、分权、限权等，这是宪政研究的深化。如有人认为“宪政是以宪法为前提，以民主政治为核心，以法治为基石，以保障人权为目的的政治形态或政治过程。宪法实施是建立宪政的基本途径，建立有限政府是宪政的基本精神，树立宪法的最高权威是宪政的集中表现，实行法治是宪政的基石”。[4] 有学者更为直接地指出：“所谓宪政简言之就是有限政府。它指向一套确立和维持对政治行为和政府活动有效控制的技术，旨在保障人的权利和自由。”[5]

根据上述学者们对宪政的认识，可以将宪政的特征概括为以下几个方面：

1. 宪政是一种实然的政治形态。宪政与宪法有别。宪法作为一个法律，是一个书面的、静止的存在。当然，人类制宪的目的在于实施。宪法作用于社会现实而形成的一种实然的政治形态即是宪政。当然，并非任何一部宪法作用于社会现实都能形成宪政的状态，宪政作为特定的一种政治形态具有自己独特的价值内涵。所以，宪政是社会治理的政治指标，是政治建设和政治发展追求的一种目标，并且，宪政相对于特定的治理过程、治理手段和治理因素而言，是一种结果，是经由政治建设和治理而达至的一种可以衡量的稳定结构和可以把握的有形成就。

2. 宪政的本质是限政。宪政的本质的确是而且必须是限政，立宪政体应是权力受到限制的政体，一切国家权力都必须根植于宪法当中，必须建

---

〔1〕 许崇德：“社会主义宪政的不平凡历程——新中国第一部宪法颁布40周年纪念”，载《中国法学》1994年第5期。

〔2〕 张庆福主编：《宪法学基本理论》（上），社会科学文献出版社1999年版，第56页。

〔3〕《宪法词典》，吉林人民出版社1988年版，第351页。

〔4〕 李龙：《宪法基础理论》，武汉大学出版社1999年版，第144页。

〔5〕 陈端洪：“宪政初论”，载《比较法研究》1992年第4期。

立有限政府。建立有限政府是宪政的首要精神，它具体表现为两个宪政原则：①国家权力是人民通过宪法授予的，不得行使宪法没有授予和禁止行使的权力；②国家权力不得侵犯宪法所规定的公民权利，而且有义务保障公民权利的实现。近代以来，宪政主义者们坚信，每个人周围有个不受公共权力干预的自治领域，它划定了免于政治权力（政府）干预的属于个人自治的私人事务的范围。在制度结构意义上而言，宪政导致审慎的决策和有活力的政府，造就权力受到限制且能保护个人自由与权利的政府。

3. 宪政以人权保障为终极目标。作为政府权力受到控制、公民权利受到保障的一项政治制度，限政当然是必需的，但却非终极目的，归根到底应体现对人的关怀、对人权的保障和尊重。对人权的充分保障体现了宪政的价值追求，宪政应当充分体现对人权的保障，一种没有充分体现对人的关怀的政治制度不应该被称作宪政，否则就没有必要来区分什么宪政与非宪政。在现实中，并非只要公共权力不去侵害公民权利，平等、自由、正义等就会自动、必然地得到实现，“限政”显然只是一方面。尽管现实中政府的某些方面的权力已是无限膨胀，但另一方面，某些法定的职权却没有发挥或没有充分发挥，所以宪政应该是严格限制权力消极的一面与充分保障和发挥权力积极的一面的结合。这也是宪政主义发展到现代以后必然要做的一种调整。简言之，在某种意义上，宪政主义关注的不应该仅仅是政府不能做什么，还应该关注政府应该做什么，甚至是政府必须做什么。

4. 宪政不仅确认和保障民主，更规范和约束民主。前文已指出，早期人们更多地从民主的角度来理解宪政，虽然现代社会人们对宪政的认识已不局限于民主的层次，但现代宪政并不排斥民主，而是不仅确认和保障民主，更规范和约束民主。

宪政主义者尽管承认主权在民的必要性，但却怀疑民主政府保护少数人和异己分子的权利的能力，也不相信民主政府有自我节制的能力。民主中多数决定的原则并不能保障被授予全权的当选者必然保护选民的利益，更不能确保少数派特别是不能确保少数种族、民族、宗教团体、政治上处于劣势的人们的公民权利，因此，必须通过宪政来保护那些少数人的利益。不受限制的民主制政府亦有较大的暴政倾向，历史上不乏通过民主程序而实施暴政或制造悲剧的例子。同时，宪政主义者虽然不否认民主程序及由其而来的合法性，但拒绝程序至上。就个人权利而言，法律和公共政策的合法性不仅取决于决策者是不是自由选举产生的，决策者是不是遵循了正当的程序，而且取决于法律和公共政策的实际内容。当然，宪政主义也有其局限和风险，即由于过多的限制，可能使政府瘫痪，以致出现无政府的状态。

虽然民主可能存在实质和程序上的缺陷，但现代宪政并不排斥民主本身的积极作用。所以，一方面给人民提供了广泛的政治参与、公平的政治交流和结合、定期的自由选举等权利和机会；另一方面又对政府设置了规则化、制度化的限制，尤其是通过违宪审查制度来约束和规范民主，防止民主可能产生的消极后果。

二、宪政的要素

宪政要素的实质是如欲使国家权力受到良好规范、公民权利受到良好保障，需要哪些条件。综合考察世界各国的宪政实践，宪政的要素应当有以下几个：

1. 宪法必须是良宪，即是科学且具有正当性的宪法。宪法的科学性表现在：①以保障人权为目标，宪法规范体现公认的宪法观念和宪法精神，即尊重人格，保护公民的权利；②宪法对国家权力结构的设计必须符合实施宪政的要求。宪法的正当性要求宪法必须是人民主权原则的产物。只有满足了上述条件而产生的宪法才可能成为宪政实践的基础，缺少正当性的宪法不仅不能实现宪政的目标，相反还会阻碍宪政实践的进行。

2. 以宪法和法律为最高权威。其实质在于真正确立宪法和法律至高无上的地位，奉行法治。现代的宪政主义是以法治的精神为基础的，因而特别强调宪法和法律的权威性与至上性。宪法没有权威就意味着宪法无法对国家权力起到规范和限制作用，国家权力将会违反宪法而得不到制裁，最终公民的权利受到国家权力的侵犯。

3. 以人权和人的自由为本位。宪政的终极目标是人权的保障，所以以人权和人的自由为本位是宪政最根本的原则。以人为本位，也就是以人的权利为出发点和归宿，以人为目的。因此，它是与任何形式的专制主义、权威主义、法西斯主义格格不入的。它不能容忍以任何形式出现的无视和践踏人权、剥夺人的财产和自由的行为。

4. 以违宪审查为保障。在立宪国家，只有建立适合本国实际的违宪审查机构和违宪审查程序，开展积极的富有成效的护宪工作，才能真正实现宪政，才能确保宪法的最高权威，才能使人权和人的自由得到切实保障。

三、宪法与宪政的关系

当今世界是清一色的宪法世界。几乎所有的国家都有一部保证要实施立宪政体的正式宪法，但是各国宪法实施的程度有别，公共权力受规范和约束的情况不一，公民权利受保障的深度不同。所以，宪法与宪政并非可以完全等同。当然，二者之间亦存在紧密联系。

1. 制宪的目的是为了实施宪政。在历史上，有些国家在某个特定的阶段制定宪法的目的，或者在于希望通过实施宪法实现国家富强，或者纯粹是专制者证明自己专制统治的合法性，这些宪法被制定出来的目的不在于实施宪政。但多数国家制定宪法是为了通过宪法限制和约束国家权力以保障公民权利，所以，在一般情况下，制宪的目的是为了实施宪政。

2. 宪政以宪法为前提。宪政以宪法为起点，没有宪法便谈不上宪政。宪法作为宪政前提的意义在于两个方面：从内容上看，宪法的内容直接决定宪政的内容，宪政的产生、存在、发展和变化都必须服从于使纸上的宪法成为现实的宪法的目的；从价值取向上看，宪法和宪政都以限制国家权力、保障公民权利为根本精神和价值取向。

3. 有宪法不一定有宪政。宪法的制定并不必然意味着国家权力受到约束和公民权利受到保障，即有宪法不一定有宪政。原因在于：①宪法有可能不是一部良好的宪法；②良好的宪法也可能无法得到充分地实施。

4. 宪政对宪法的反作用。宪政实践在宪法面前也不是完全被动的。融进人们对理想价值成分追求的宪政实践，可以通过反作用使纸上的宪法更加符合人们所追求的价值取向。从观念上讲，宪政可以先于宪法而存在，宪政的观念、宪政的思想对良宪的产生有重要的作用，其反作用的表现主要有：①通过宪法惯例、宪法解释的方式矫正宪法内容的偏差；②根据客观经济、政治、文化条件的变迁对宪法进行修改；③通过违宪审查制度保证宪法的正确实施。

第二章　国家的基本制度（上）

■　第一节　人民民主专政制度

一、国家性质的内涵

国家性质就是国家的本质。毛泽东在《新民主主义论》中把它称为“国体”。国家性质是国家制度的核心，它决定国家的政权组织形式和国家结构形式，是组织和管理国家生活和社会生活的基本依据。决定国家性质的因素主要有三个：

1. 国家政权的阶级本质，即毛泽东所说的“社会各阶级在国家中的地位”。这是决定国家性质的主要方面。社会各阶级在国家中的地位，也就是在一个国家中各种政治力量的对比关系，包括两个方面：①统治阶级与被统治阶级在国家中所处的地位，即哪个阶级是统治阶级，哪个阶级是被统治阶级；②统治阶级内部各阶级、阶层之间在国家中所处的地位。具体而言，决定国家性质的最主要的因素是第一个方面。宪法作为一国政治力量对比关系的集中表现，既要反映统治阶级与被统治阶级之间的关系，也要反映统治阶级内部的关系，从而协调它们之间的相互关系，但主要或者首先是确定统治关系。

从另一个角度理解，国家的阶段性质是在中国的语境下解决国家主权的归属问题，处于统治地位的阶级无疑就是国家权力的所有者。

2. 国家政权的经济基础。任何国家政权都是建立在一定经济基础之上的，所以，国家性质从根本上说是由一定的经济基础所决定的。特定的经济基础只能产生相应性质的国家政权。在经济基础发生变化之后，国家政权的性质也会发生相应的变化。

3. 社会的精神文明。精神文明是人类在改造客观世界的同时，对精神世界进行改造而获得的成果。它包括思想、文化、理论、意识、制度、道德等。在人类发展的不同阶段，精神文明的发展程度是有所不同的。精神文明的内容决定着一个国家活动的方向，对国家政策的制定起着巨大的作用，对国家性质的确定有着很大的影响。

二、国家阶级性质与宪法

（一）对国家阶级性质的规定是宪法的重要内容

人类社会自进入阶级社会，国家便已出现。但作为国家根本法的宪法则是社会发展到资本主义阶段的产物，它是伴随资产阶级革命的胜利并取得政权而出现于人类社会的。所以说宪法是近代民主政治的产物，是以民主政治的存在为前提的。在奴隶主和地主阶级的专制统治下的奴隶社会和封建社会是没有宪法可言的。所以这里讲的国家性质与宪法的关系只能是资本主义宪法或社会主义宪法与国家性质的关系。

无论是资本主义宪法还是社会主义宪法，对国家性质的规定都是宪法的重要内容，不论这种规定是采取明确的方式还是抽象的方式。这是由国家性质的重要性和宪法的根本法地位决定的。资产阶级思想家纷纷提出诸如天赋人权、主权在民、分权制衡、议会制度、选举制度等一系列民主与自由的主张，并且通过资产阶级推翻封建专制制度，建立自己的国家政权以将这些主张付诸实施。但是，如果没有法律的确认与保障，这种民主只能是不稳定的、没有保障的民主。宪法是近现代民主政治的产物，一个国家哪个阶级是民主的主体无疑是这个国家的根本制度，以根本法的形式确认民主的主体，并规定一系列的制度以实现民主，就会使民主有了稳定性和实现的保证，所以宪法是民主制度化、法律化的根本形式。资本主义宪法的分权制度、政党制度、议会制度、选举制度以及社会主义宪法的工人阶级政党领导制度、人民代表制度、民主集中制度、选举制度都是宪法所确认的保证民主实现的具体制度，它们也都从不同的角度体现了国家的阶级性质。

（二）世界各国宪法对国家阶级性质的规定

由于宪法性质的不同，世界各国宪法对国家阶级性质的规定采取了不同的方式。

1. 我国建国后历部宪法对国家性质的规定。我国宪法对国家性质规定的特点是以明确的语言揭示国家的阶级性质，在宪法序言或总纲中列明民主与专政的阶级范畴，确认社会主义国家是工人阶级领导的、以工农联盟为基础的人民民主专政的国家，突出保护广大劳动者的权利与利益。

1949 年中国人民政治协商会议通过的起临时宪法作用的《中国人民政治协商会议共同纲领》在宣言中宣布："中国人民民主专政是中国工人阶级、农民阶级、小资产阶级、民族资产阶级及其他爱国民主分子的人民民主统一战线的政权，而以工农联盟为基础，以工人阶级为领导"；第 1 条规定："中华人民共和国为新民主主义即人民民主主义的国家，实行工人阶级领导的、以工农联盟为基础的、团结各民主阶级和国内各民族的人民民主专政，反对帝国主义、封建主义和官僚资本主义，为中国的独立、民主、和平、统一和富强而奋斗”。1954 年《宪法》第 1 条规定：“中华人民共和国是工人阶级领导的、以工农联盟为基础的人民民主国家”；第 2 条规定：“中华人民共和国的一切权力属于人民”。刘少奇在第一届全国人民代表大会第一次全体会议上所作的《关于中华人民共和国宪法草案的报告》中指出：“工人阶级领导和以工农联盟为基础，标志着我们国家的根本性质。这就表明我们的国家是人民民主国家。”1975 年《宪法》是极“左”思潮的产物，而 1978 年《宪法》又是在极“左”思潮未得到全部清除的情况下通过的，因此这两部宪法都接受了无产阶级专政下继续革命的政治理论，表现在国家阶级性质的规定上就是提出无产阶级专政。1975 年《宪法》规定：“中华人民共和国是工人阶级领导的以工农联盟为基础的无产阶级专政的社会主义国家。”1978 年《宪法》重复了这一规定。1978 年底，中央召开了十一届三中全会，全面总结了建国后社会主义革命和建设的经验教训，彻底清算了极“左”思潮，在此基础上制定的 1982 年《宪法》对我国的国家性质作了明确而恰当的规定：首先，在《宪法》序言中分析了我国的阶级结构，指出：“在我国，剥削阶级作为阶级已经消灭，但阶级斗争将在一定范围内长期存在。”其次，规定了我国现阶段人民民主专政的阶级基础：“社会主义的建设事业必须依靠工人、农民和知识分子，团结一切可以团结的力量。在长期的革命与建设过程中，已经结成由中国共产党领导的，有各民主党派和各人民团体参加的，包括全体社会主义劳动者，拥护社会主义的爱国者和拥护祖国统一的爱国者的广泛的爱国统一战线，这个统一战线将继续巩固与发展。”在此基础上，规定了国家性质：“中华人民共和国是工人阶级领导的、以工农联盟为基础的人民民主专政的社会主义国家”、“中华人民共和国的一切权力属于人民”。

2. 西方国家宪法的规定。西方国家宪法多用“国民”、“国家主权属于人民”之类词句以抽象的“人民主权”原则来表明它们的阶级性质。美国联邦宪法序言称：“我们美国人民，为了建立一个更完美的联邦，树立正义，保证国内安宁，筹备公共防务，增进全民福利，并谋求我们自己和子孙后代永享自由和幸福起见，特为美利坚合众国规定和制定这部宪法。”1946 年《日本宪法》规定：“兹宣布主权属于国民，并确定本宪法。国政仰赖国民的严肃信托，其权威来自国民，其权力由国民代表行使，其福利由国民享受。”1949 年《联邦德国基本法》规定：“全部国家权力属于人民。”1958 年《法国宪法》规定：“共和国的原则是：民有、民治、民享的政府。”

针对两种不同性质的宪法对国家阶级性质的不同界定，有学者指出，这些规定具有如下特点：西方国家宪法的规定与实际相脱节，而社会主义国家宪法的规定表现了原则性与真实性的统一。[1]

三、人民民主专政是我国的国家性质

我国《宪法》第1条第1款规定："中华人民共和国是工人阶级领导的、以工农联盟为基础的人民民主专政的社会主义国家。"这一规定表明，我国的国家性质是人民民主专政。

人民民主专政是中国新的历史条件下的无产阶级专政。无产阶级专政理论是马克思主义国家学说的精髓。马克思主义认为，无产阶级为了实现消灭剥削和阶级、解放全人类的伟大历史使命，在武装夺取政权以后，必须建立无产阶级专政。1848年发表的《共产党宣言》即指出："工人革命的第一步，就是使无产阶级上升为统治阶级，夺得民主。"[2] 该论述包括了无产阶级专政的思想。1875年，马克思在《哥达纲领批判》一文中详细论述了无产阶级专政的思想。他指出：从资本主义社会向共产主义社会转型时期的国家，"只能是无产阶级的革命专政"。[3]

我国《宪法》序言指出："工人阶级领导的、以工农联盟为基础的人民民主专政，实质上即无产阶级专政。"人民民主专政是无产阶级专政在我国历史条件下的具体表现，实质上是无产阶级专政，因为人民民主专政和无产阶级专政在领导阶级、阶级基础、职能和历史使命等方面都是相同的：①两者的领导阶级都是工人阶级，工人阶级对国家政权的领导是通过工人阶级政党——共产党来实现的。②无产阶级专政和人民民主专政一样，都是以工农联盟为基础。③无产阶级专政和人民民主专政的国家职能是保卫社会主义制度，维护人民当家作主的权利，组织社会主义物质文明建设和精神文明建设。在对外职能方面，都是维护世界和平和促进人类进步事业。④在历史使命方面，两者都担负消灭剥削阶级和剥削制度、最终实现共产主义的任务。

我国的人民民主专政制度的建立是从我国的具体国情出发的。与无产阶级专政相比，它的不同在于：

1. 我国的人民民主专政经历了新民主主义革命和社会主义革命两个历史阶段。所以，它不仅要承担无产阶级专政的任务，还要担负民主革命的任务。同时，在社会主义革命的方法与步骤上也有自己的特点，即对大资产阶级实行剥夺政策，对民族资产阶级在建国后实行和平赎买的政策，对个体劳动者则引导他们走合作化的道路；在步骤上，由初级到高级，形式多样。同时，由于我国是在半殖民地半封建社会基础上进行新民主主义革

---

〔1〕 李龙：《宪法基础理论》，武汉大学出版社1999年版，第152页。

〔2〕《马克思恩格斯选集》第1卷，人民出版社1995年版，第293页。

〔3〕《马克思恩格斯选集》第3卷，人民出版社1995年版，第314页。

命，未经过彻底的资产阶级民主革命，因而我国的民主制度建设就显得尤为重要。

2. 人民民主专政有着广泛的阶级基础。在民主革命与社会主义革命时期，参加国家政权和社会事务管理的不仅有工人阶级、农民阶级，还有城市小资产阶级和民族资产阶级。具有两面性的民族资产阶级，在民主革命时期参加了革命，在社会主义革命时期作为一个剥削阶级当然应该被消灭，但共产党对他们采取的是和平赎买的政策，在政治上把他们改造成为人民的一分子，而不是国家政权专政的对象：他们享有宪法规定的各种民主权利，其中的一些代表还参加到国家政权机构里。在现阶段，民族资产阶级已被消灭，但我国除工人阶级、农民阶级以外，仍存在多种社会政治力量，尤其是随着经济体制改革的深入，社会分工越来越细，社会政治力量的分化更加深入。[1] 中国共产党领导的爱国统一战线能够有效地团结、组织这些社会和政治力量，使他们能更好地为国家政权服务。

3. 从人民民主专政的对象看，我国的人民民主专政的对象是反抗社会主义革命和敌视、破坏社会主义建设的社会势力和社会集团。其中包括盗窃犯、诈骗犯、杀人放火犯和严重破坏社会秩序的分子。对于专政对象，在专政方法上，除极少数罪大恶极、血债累累、民愤极大、必须立即判处死刑立即执行的犯罪分子以外，对其余的触犯刑法的犯罪分子则按照惩罚与思想改造相结合、劳动生产和政治教育相结合的原则，实行劳动改造，使他们改恶从善，在劳动中改造成为自食其力的新人；对于其他没有触犯国家法律的专政对象，主要是从经济上通过没收或赎买等方式，剥夺他们赖以剥削人民的生产资料，使他们自食其力地生活，在政治上大多给以出路；对于民族资产阶级中的优秀分子，还吸收到国家政权里来，以发挥他们的积极作用。

我国宪法对国家阶级性质的规定经历了一个曲折的过程。1954 年《宪法》规定我国是一个人民民主国家，肯定了国家的人民民主专政的阶级性质。但由于极“左”思潮的影响。1975 年和 1978 年的两部宪法都规定我国是无产阶级专政的社会主义国家。1982 年《宪法》重新恢复了“人民民主专政”的提法，这是在新的历史时期更加科学地表达了我国政权的内容、实质和特点，有利于调动一切积极因素，团结一切可以团结的人实现

---

〔1〕 有学者指出：改革开放以后，以职业为基础的社会分层逐渐取代了以身份为基础的社会分层的地位。传统的社会两大阶级　　工人阶级和农民阶级出现了分化。除此，还出现了包括个体经营者阶层、私人企业主阶层、自由职业者阶层和专业服务机构从业人员阶层等新出现的社会阶层。参见周罗庚等：《市场经济与当代中国社会结构》，上海三联书店 2002 年版，第 19 ~ 24 页。

社会主义初级阶段的基本路线。而且，这样表述更能确切地反映我国的国情和社会结构状况，更便于群众接受、理解和掌握，具有拨乱反正的巨大作用。同时，它也不是对1954年《宪法》确认的简单恢复，而是在社会结构和历史使命方面都有了很大的发展。

四、人民民主专政的阶级结构

（一）工人阶级是我国的领导阶级

工人阶级领导是我国人民民主专政国家政权的根本标志。工人阶级作为我国的领导阶级，有利于保证社会主义前进的方向，体现社会主义国家的阶级性质，保障改革开放和社会主义现代化建设的顺利发展。

工人阶级成为我国的领导阶级是由它的阶级本质和所担负的历史使命决定的。工人阶级是近代机器工业的产物，是先进生产力的代表，代表着社会前进的方向。同时大工业的机器生产活动也培养、锻炼了他们的组织性与纪律性，所以只有他们才能肩负起消灭阶级、消除剥削、解放全人类，最终实现共产主义的伟大历史使命。此外，由于中国的工人阶级产生于19世纪40、50年代，正值中国逐步沦为半殖民地之际，他们受到的压迫最为深重，受到帝国主义、封建主义和官僚资本主义的三重压迫，因而他们的革命性也最坚定、最坚决。而且，自承担起领导新民主主义革命任务的第一天起，便有了以马克思主义武装起来的政党——中国共产党的领导。由于历史的原因，中国工人阶级同占中国人口绝大多数的农民有着天然的联系，这样有利于结成巩固的工农联盟，并以此为基础团结一切爱国者振兴中华。

但是，以前工人阶级的领导地位只是简单地、形式化地体现在宪法中，体现在所有制中。事实上，工人群众的领导地位问题，执政党、政府同工人组织、工人群众的关系问题，是属于政治体制和政治过程范畴的具体制度问题，并不是随着社会主义基本制度的建立在一朝一夕就能得到解决的。工人阶级如何实现自己的领导作用，具体制度和运作措施却很少。另一方面，随着经济体制改革的深入，工人阶级虽获得了一定的物质实惠，但也承受了一定的失落感，工人阶级在社会中的地位、声望以及政治待遇都较以前有了明显的下降。再加上工人阶级有相当一部分自身政治素质不高，政治主体意识不强，中国工人阶级的领导地位在很大程度上仍停留在形式上。因此，要实现工人阶级在国家和企业中的法定地位，就必须以适当的方式实现早已规定下来的工人群众同政权的关系、工人群众同生产资料的关系：①在国家生活中，要健全人民代表大会制度以及其他具体、实在的民主途径，使工人阶级由身份上的主人变为现实中的主人；②在企业中，工人的主人翁地位要以集体方式来实现，不应仅表现为个体行为；③在解决工人阶级与生产资料的关系上，不应仅停留在“工人是企业的主人”的抽象表述，可以通过股份制改革等方式，使劳动者拥有企业的部分产权，同生产资料直接结合，并以股东身份参与企业决策，使工人由抽象的“法律所有者”变为具体的“经济所有者”。只有当工人真正成为生产资料的主人，才能真正成为自身的主人，在此基础上，才能谈得上落实工人阶级的领导作用。

（二）工农联盟是我国政权的阶级基础

工农联盟思想是马克思主义关于无产阶级专政学说的基础，是无产阶级专政的最高原则。马克思主义普遍原理和各国无产阶级的革命斗争实践表明，无产阶级在推翻剥削制度的斗争中，必须同广大农民群众结成坚强的联盟，农民阶级也只有在工人阶级的领导下能获得彻底解放。我国是个农业人口占多数的国家，因此，无论是在民主革命时期还是在社会主义革命和建设时期，农民问题始终是一个关系革命成败和国家前途的至关重要的问题。

在新民主主义革命时期，工人阶级依靠和农民阶级结成的阶级联盟，推翻了帝国主义、封建主义和官僚资本主义在我国的统治，建立了人民民主专政的国家政权。在社会主义革命和建设时期，工农联盟也是坚持和巩固人民民主专政，把我国建设成为富强、民主、文明的社会主义现代化国家的基本力量。以工农联盟为基础，可以将全国各民族、各民主党派、各社会团体，所有的工人、农民、知识分子团结起来，共同投身于建设有中国特色社会主义的伟大事业中来。在制定国家法律和政策方面，农民问题是出发点和归宿。工农联盟是使国家政策和法律得以贯彻和执行的可靠保证。为更好地推动工农联盟向前发展，不断巩固工农联盟，必须大力发展农业，切实减轻农民负担，全面贯彻落实党和国家在农村的方针政策、法律法规，使工农联盟的物质基础更加强大。

（三）知识分子是国家的依靠力量

我国《宪法》序言规定：“社会主义的建设事业必须依靠工人、农民和知识分子，团结一切可以团结的力量。”知识分子是脑力劳动者，是我国工人阶级的一部分，是我国社会主义事业的依靠力量。

在新民主主义革命时期，知识分子绝大部分是爱国的，他们积极参与中国人民为国家独立、民族解放、人民的民主自由而进行的斗争中。在建设有中国特色社会主义事业过程中，知识分子也起到了越来越重要的作用：①建设有中国特色社会主义面临很多新情况、新问题，这就需要知识分子从实际出发，研究新问题，总结新经验，对人民的实践进行理论概括，掌握社会主义现代化建设的客观规律，从而为领导决策提供科学保证。②在科学技术迅速发展的当今时代，不论从决定生产力发展水平的技术要素来看，还是从劳动者要素、管理水平要素看，知识分子都对社会的物质文明建设起决定性作用，代表着社会生产力的发展方向。因此，知识分子应以极大的努力来掌握、推广和运用现代化科学知识，提高劳动生产率。③知识分子作为人类科学文化知识的重要继承者和传播者，作为先进科学技术的开拓者，作为美好精神产品的创造者，在精神文明建设中是一支极为重要的力量。④在中国社会主义民主和法制建设中，必须加强民主和法制建设的理论研究；完善民主制度，制定各方面的法律、法规；宣传、普及民主知识和法律知识；提高全民族的民主素质和法制观念。为完成这些任务，需要知识分子艰苦的探索和不懈努力。所以，知识分子亦是建设我国政治文明的一支重要力量。正因为如此，我国《宪法》第23条规定："国家培养为社会主义服务的各种专业人才，扩大知识分子队伍，创造条件，充分发挥他们在社会主义现代化建设中的作用。"

五、我国人民民主专政的主要特色

（一）共产党领导的多党合作

1. 宪法中关于政党制度的内容。1982年《宪法》对我国的政党制度作了比较完善的规定。具体内容包括：①确立了中国共产党的领导地位。《宪法》序言指出："中国新民主主义革命的胜利和社会主义事业的成就，是中国共产党领导中国各族人民，在马克思列宁主义、毛泽东思想的指引下，坚持真理，修正错误，战胜许多艰难险阻而取得的。"②规定了以坚持中国共产党的领导为核心的四项基本原则，这些内容明确了中国共产党在中国革命和建设事业中的领导地位。③确认中国共产党领导的多党合作和政治协商制度。多党合作和政治协商制度是我国政党制度的一个重要特征。1993年第八届全国人民代表大会第一次会议根据我国政治生活的实际情况和形势发展的需要，在《宪法修正案》第4条中增加了"中国共产党领导的多党合作和政治协商制度将长期存在和发展"。此外，我国《宪法》序言还肯定我国"由中国共产党领导的，有各民主党派和各人民团体参加的，包括全体社会主义劳动者、拥护社会主义的爱国者统一战线，这个统一战线将继续巩固和发展"。④规定了包括中国共产党在内的所有政党必须在宪法和法律的范围内活动。现行《宪法》序言中规定："本宪法以法律的形式确认了中国各族人民奋斗的成果，规定了国家的根本制度和根本任务，是国家的根本法，具有最高的法律效力。全国各族人民、一切国家机关和武装力量、各政党和各社会团体、各企业事业组织，都必须以宪法为根本的活动准则，并且负有维护宪法尊严、保证宪法实施的职责。"《宪法》第5条还规定，各政党和各社会团体都必须遵守宪法和法律。一切违反宪法和法律的行为，必须予以追究。

2. 多党合作的基本内容。中国共产党领导的多党合作和政治协商制度包括以下几个方面的基本内容：

（1）我国的多党合作以承认和接受中国共产党的领导为前提。承认和接受中国共产党的领导，是我国各族人民包括各民主党派作出的历史选择。在长期的革命实践中，各民主党派逐渐团结到共产党的旗帜下，接受共产党的领导，形成同共产党亲密合作的关系。早在建国前夕各民主党派就公开宣布接受共产党领导的这一政治原则。各民主党派的党章、会章、盟章、社章中都写有这一条。不论是老一辈民主人士还是新一代民主党派成员，都拥护四项基本原则，拥护共产党的领导。共产党是多党合作的核心，是多党合作的首要前提。离开了共产党的领导，多党合作就不复存在。

（2）中国共产党和各民主党派在组织上是相互独立关系。我国各民主党派虽然在政治上接受共产党的领导，但在组织上共产党和各民主党派都是相互独立的，不存在谁领导谁的问题。各民主党派的内部事务由它们自己管理，共产党不予干预，反之亦然。共产党和各民主党派都是平等的政治组织，不能认为民主党派接受共产党领导必然意味着与共产党是上下级组织领导关系。正确的相互关系是依照宪法的原则，民主党派接受共产党政治上的领导，在组织上相互独立，在国家政治生活中长期共存、互相合作、互相监督。

（3）中国共产党和各民主党派在法律地位上是平等关系。中国共产党和各民主党派在法律地位上的平等关系表现为：①共产党和各民主党派都必须在宪法和法律范围内活动。在我国，不允许任何政党和社会团体违背我国宪法确认的社会主义制度，不允许违背以宪法形式确认的坚持四项基本原则的规定。任何组织或个人，无论是共产党还是民主党派，都不得有超越宪法和法律的特权。如果从事违法活动，必须追究其法律责任，以维护宪法的尊严。②共产党和各民主党派都必须以宪法为根本的活动准则。各政党的政纲、章程及其政治主张、政治活动都不得与宪法相抵触。但各政党可以在宪法允许的范围内，根据本党派的不同特点，制定各具特色的党组、党章及其工作纲领。③共产党和各民主党派都平等地享有宪法和法律规定的权利，都必须履行宪法和法律规定的义务。任何一个政党都不能非法剥夺其他政党应该享有的宪法和法律规定的权利。同样，任何一个政党都必须履行宪法和法律规定的义务，不允许有不受宪法和法律约束的特殊政党，也不允许只享有权利而不履行义务的政党。

（4）在国家政权中共产党与各民主党派是合作共事的关系。我国的各民主党派不以谋求政权、上台执政为其政党活动准则，不以控制政府作为自己的政治目标，也不以竞选国家和政府首脑作为自己的政治活动任务。它们的政治活动主要目的是为社会主义服务、参政议政、实行民主监督。因此，在共产党和各民主党派之间不是执政党与在野党、在朝党与反对党的关系，而是在国家政权中共同参与政务活动，共同管理国家事务。民主党派参政的基本途径包括五个方面：①参加国家政权；②参与国家大政方针和国家领导人选的协商；③参与国家事务的管理，包括各民主党派负责人参加重大国事活动；④参与国家方针、政策、法律、法规的制定和执行；⑤互相监督。

3. 多党合作的基本方针。为完善发展共产党领导的多党合作制，中国共产党与各民主党派必须共同遵循“长期共存、互相监督、肝胆相照、荣辱与共”的基本合作方针。这一方针是随着我国多党合作与政治协商制度的发展而形成的，通常称为“十六字方针”。是由“长期共存、互相监督”的方针发展而来的。1956 年，针对各民主党派原来联系的民族资产阶级、城市小资产阶级已经改造成为社会主义劳动者的事实，人们对民主党派在社会主义时期能否继续存在提出种种疑问，毛泽东在《论十大关系》中提出了中国共产党与各民主党派“长期共存、互相监督”的方针。在中共“八大”上，党中央把“长期共存、互相监督”作为党对民主党派的基本工作方针确定下来。十一届三中全会以后，根据我国阶级状况发生根本变化，各民主党派已成为各自所联系的一部分社会主义劳动者和一部分拥护社会主义爱国者的政治联盟的情况，党中央于 1982 年将最初的八字方针发展成为“长期共存、互相监督、肝胆相照、荣辱与共”这“十六字方针”。其基本含义是：

“长期共存”表明中国共产党和各民主党派、无党派人士在长期合作中共存。各民主党派作为联系一部分阶层和社会集团利益的代表，将长期存在，并反映它们所联系的那一部分社会成员的正当利益和意见。允许和保证民主党派长期存在，能发挥民主党派所代表的社会阶层在社会主义现代化建设和祖国和平统一大业中应有的作用。

“互相监督”是指共产党和民主党派要相互监督，且着重强调民主党派对中国共产党的监督。这是由于共产党处于执政地位，需要来自不同方面社会力量的监督，倾听各种不同的意见和批评。各民主党派是反映人民意见，发挥监督作用的一条重要渠道。中国共产党要在坚持四项基本原则的基础上，发扬民主、广开言路，鼓励和支持民主党派与无党派人士对党和国家的方针政策及各项工作提出意见、批评和建议。

“肝胆相照、荣辱与共”表明中国共产党和各民主党派之间的彼此信任、真诚合作的关系。它要求各党合作中彼此坦诚相见：一方面，民主党派作为共产党的诤友要如实、客观地反映情况和意见；另一方面，共产党要对民主党派充分信任，认真对待民主党派的批评和建议，支持他们参政议政，发挥民主监督作用，促进共产党的自我完善。

（二）爱国统一战线扩大了国家政权的社会基础

统一战线、武装斗争、党的建设是中国共产党在中国革命中克敌制胜的三大法宝。统一战线是中国共产党在领导我国人民进行革命斗争和社会主义建设事业中，以马克思主义为指导创造出来的法宝。我国《宪法》序言规定：“在长期的革命和建设过程中，已经结成由中国共产党领导的，有各民主党派和各人民团体参加的，包括全体社会主义劳动者、社会主义事业的建设者、拥护社会主义的爱国者和拥护祖国统一的爱国者的广泛的爱国统一战线，这个统一战线将继续巩固和发展。”其中，“社会主义事业的建设者”作为爱国统一战线的对象是2004年全国人大对宪法进行修改时新增加的，这是适应我国改革开放后随着非公有制经济迅速发展所引发的社会阶层结构新变化的客观现实而作出的重要修改，标志着我国统一战线的重要发展，对于组织、调动和凝聚一切积极因素，推进经济建设并进而实现中华民族的最终复兴具有重要意义。

“社会主义事业的建设者”是指包括非公有制经济的广大从业人员在内的社会阶层。据统计，到2002年末，我国个体经济的从业人员约为4 743万人，私营经济的从业人员为3 409万人，外商投资企业的从业人员为2 350万人。这些人员及其他一些人员构成了我国新的社会阶层。他们所从业的经济活动为社会创造了巨大财富。2002年，个体经济和私营经济的生产总值超过了20 000亿元，在社会主义现代化建设中发挥了不可替代的作用。在政治上，他们大都接受党的领导，拥护党的路线方针政策，热爱社会主义祖国。所以，将他们纳入爱国统一战线的范围是社会发展的需要，对于扩大我国国家权力的社会基础有重要意义。

统一战线经过了抗日民族民主统一战线、人民民主统一战线以及现在的爱国统一战线三大历史发展时期。在新时期，邓小平同志指出：“统一战线仍然是一个重要法宝，不是可以削弱，而是应该加强，不是可以缩小，而是应该扩大。”之所以应该予以加强与扩大，就是因为爱国统一战线发展成为全体社会主义劳动者、拥护社会主义的爱国者和拥护祖国统一的爱国者的最广泛的联盟。这个联盟的范围比工农联盟更为广泛。依靠它，可以团结一切可以团结的力量，调动一切积极因素，化解消极因素，为社会主义现代化建设事业服务。

新时期爱国统一战线的基本任务是：高举爱国主义、社会主义的旗帜，团结一切可以团结的力量，调动一切积极因素，同心同德，群策群力，坚定不移地贯彻执行党的“一个中心、两个基本点”的基本路线，为维护安定团结的政治局面服务，为推进改革开放和社会主义现代化建设服务，为健全社会主义民主和法制服务，为推进“一国两制”、和平统一祖国而服务。

通过爱国统一战线，可以广泛团结、凝聚人心，这是完成新时期总任务的根本保证。建设有中国特色的社会主义是一项宏伟而艰巨的历史使命，又是一个复杂的社会系统工程，需要社会各方的共同努力。爱国统一战线可以将他们全部联合起来，形成最广泛的联盟。这样，建设社会主义就会获得取之不尽、用之不竭的力量源泉。通过爱国统一战线，还可以体察民情，反映民意，密切党同群众的关系，从而化解矛盾、维护社会的稳定。在社会主义初级阶段，由于多种经济成分和分配方式并存，多民族、多党派、“一国两制”都将长期存在，各民主党派、各人民团体联系不同群众并代表他们的利益。他们之间不可避免地存在矛盾和利益冲突。通过统一战线，可以及时将各种信息反馈回来，协调各方面关系，沟通思想，理顺情绪，有效地消除各种不稳定的因素，从而密切党和各方面的关系。通过爱国统一战线，可以更好地促进祖国和平统一大业的实现。和平统一，在一定意义上说，就是用统一战线的方式，发挥统一战线的联系面广的优势，依靠大团结、大联合的力量来统一祖国。

为加强、巩固和发展爱国统一战线，要做到以下几点：①要坚持党对统一战线的领导，巩固和发展党同爱国各界的统一战线，认真做好非公有制经济代表人士工作，认真做好党外知识分子工作，团结港、澳、台同胞和海外侨胞以及一切热爱中华民族的人们。②在爱国主义的旗帜下，实行最广泛的团结，只要有利于社会主义建设、祖国统一、民族团结，不论哪一个阶级、阶层，哪一个党派，哪一个人都要团结。团结越广泛，对我们越有利。③巩固和发展爱国统一战线的两个方面的联盟：一是以爱国主义和社会主义为政治基础的团结全体劳动者和爱国者的联盟；二是以拥护祖国统一为政治基础，团结台湾同胞、港澳同胞和海外侨胞的联盟。

■ 第二节 国家的基本经济制度

一、经济制度与宪法

（一）经济制度的概念

决定国家性质的第二个因素是国家政权的经济基础。一国的经济基础通过宪法、法律的确认与调整而形成该国经济制度。生产资料所有制形式是经济制度的核心，它决定着经济制度的其他方面，是经济制度的基础。我国目前处于社会主义的初级阶段，这个阶段的基本经济制度是以生产资料公有制为主体、多种所有制经济共同发展，体现劳动者在生产过程中的主体地位和他们之间的平等、互助合作关系，并且按照劳动的数量和质量分配社会产品的各项制度的总和。这一制度的确立，是由社会主义性质和初级阶段国情决定的：①我国是社会主义国家，必须坚持公有制作为社会主义经济制度的基础。②我国处在社会主义初级阶段，需要在公有制为主体的条件下发展多种所有制经济。③一切符合“三个有利于”的所有制形式都可以而且应该用来为社会主义服务。其中，生产资料的社会主义公有制决定了社会主义经济制度的性质。公有制的主体地位主要体现在：公有资产在社会总资产中占优势；国有经济控制国民经济命脉，对经济发展起主导作用。

（二）经济制度与宪法

宪法与经济制度有着紧密的联系，经济制度是宪法的基础，而宪法的主要任务之一就是确认和保护有利于主权者的经济制度。近代宪法对经济的制定较为简单，主要是确认作为私有制基础的私有财产权，保障自由资本主义的发展。所以，近代宪法主要是从公民权利角度间接反映国家的基本经济制度，而极少直接规定国家发展经济的方针和政策。这是由于近代资本主义国家信奉“管得越少的政府是越好的政府”的信念，遵循“自由放任”的原则。而现代宪法则比较全面系统地规定了经济制度的各个方面。

1. 宪法赖以生存的经济基础。一定的经济制度是宪法赖以产生和生存的基础。近代宪法产生于商品经济的确立。商品经济是为交换而生产的经济形式。在商品经济条件下，价值规律是最基本的经济规律，等价交换和自由竞争是商品经济的基本要求。但等价交换不仅取决于商品本身的等价，更重要的是取决于交换者的社会地位的平等性，一切特权、等级制度都与此不相符合。另一方面，商品经济的自由竞争必须导致自由观念的产生。只有在较为发达的商品经济条件下，自由平等的观念才能被社会普遍接受。商品经济制度孕育了平等自由的政治理念，它激励着人们去推翻与之相悖的维护等级特权的封建专制制度，并最终通过制宪来维护这些理念。所以，商品经济的产生与发达是宪法生存的经济基础。

2. 宪法对经济制度的规范。经济制度是一国法律化与制度化的经济基础。自宪法产生以来，经济制度便被纳入宪法规范的视野。从宪法发展史角度而言，经济制度的各方面内容都曾经或当下正成为宪法规范的对象。但不同时期和受不同理念指导的宪法对经济制度的规范有相当大的差异。在现代宪法产生以前，私有财产神圣不可侵犯是各国宪法的一项重要原则，这一规定确立了资本主义制度下的私人所有制。但需注意的是，维护私有财产是被当作公民的一项基本权利来看待的，其初衷并非是为了国家干涉具体经济生活。

以1919年德国《魏玛宪法》的诞生为标志，现代宪法产生。在现代宪法的生成年代，由于社会生活和经济活动的复杂化，国家对经济的干预不断扩张，在宪法上的体现就是经济政策成为宪法规范的重要内容，由此开启了所谓“经济立宪”的时代。[1] 宪法中经济规范的内容之多甚至导致了宪法结构的变化。一些新的有关经济的词汇频繁出现于各国的宪法典中。有学者统计，在142部宪法中，共有84部宪法中规定了“经济组织”、“经济体制”、“经济结构”、“经济制度”、“经济秩序”等概念，涉及公共利益规定的有96部，涉及产权保护的有118部。[2] 在亚洲的一些后发达国家，“立宪主义基本的功能在于促进经济的发展，即在经济领域中以宪法特有功能创造财富，逐步消灭贫困”，“经济问题已出现宪法化趋势”。[3] 自1919年德国《魏玛宪法》以来，现代宪法中的经济规范主要包括如下内容：私有财产权神圣不可侵犯的理念遭到摒弃，财产权应受限制并附随义务；国家有关经济方面的立法权和行政权得到扩张；国家对经济生活可具体干预，以保障公民的社会权利，如劳动权等。

1918年第一部社会主义类型的宪法诞生，开创了宪法经济规范的新的体例。随后出现的社会主义国家，在制宪时普遍采用了苏俄的体例，明显不同于西方宪法。这些宪法宣布消除资本主义制度赖以建立的经济基础，实行自然资源及基本生产资料的公有化，建立社会主义的公有制；实行各尽所能、按劳分配的原则等。

二、我国宪法确立的经济制度

（一）所有制形式

1. 社会主义公有制。社会主义公有制，是指生产资料属于全体人民或者劳动者集体所有的形式。我国社会主义公有制是在生产资料私有制的社会主义改造基本完成以后建立起来的，它主要包括国有经济和集体经济，还包括混合所有制经济中的国有成分和集体成分。现行《宪法》第6条第1款会主义公有制，即全民所有制和劳动群众集体所有制……”

（1）社会主义全民所有制。社会主义全民所有制，又称“社会主义国家所有制”，是指由代表人民利益的国家占有生产资料的一种所有制形式。我国社会主义全民所有制是通过没收官僚资本为国家所有、取消帝国主义的一切特权、对民族资本主义实行赎买及国家大力投资兴建各种企业等途径建立起来的。

依宪法的规定，除国有经济属于全民所有制经济以外，矿藏、水流、森林、山岭、草原、荒地、滩涂等自然资源都属于国家所有，即全民所

---

〔1〕 李龙：《宪法基础理论》，武汉大学出版社1999年版，第283页。

〔2〕［荷］亨利·范·马尔赛文、格尔·范·德·唐：《成文宪法的比较研究》，陈云生译，华夏出版社1987年版，第70页。

〔3〕 韩大元：《亚洲立宪主义研究》，中国人民公安大学出版社1996年版，第146、152页。

有；由法律规定属于集体所有的森林、山岭、草原、荒地、滩涂除外。此外，城市的土地、由法律规定属于国家所有的农村和城市郊区的土地，以及国家依法征收的土地都属于国家所有。但宪法规定，国家为了公共利益对土地实行征收或征用时，必须依法进行并给予补偿。现行《宪法》第7条规定："国有经济，即社会主义全民所有制经济，是国民经济中的主导力量。国家保障国有经济的巩固和发展。"国有经济是社会主义经济基础的重要组成部分。以全民所有制为基础的国有经济掌握和控制着国家的经济命脉及对国民经济发展具有极其重要意义的资源，在关系国民经济命脉的行业和关键领域占支配地位，在整个国民经济中居于主导地位。国有经济拥有现代化的大工业和先进技术，可以提供大量的机械设备、燃料、动力等，促进国家经济各部门的技术更新和改造；可以为农业提供各种机械、运输工具、化肥、农业等，直接促进农业集体经济的发展；可以提供日用工业生活必需品，满足城乡人民需要；可以为国家经济建设、文化建设和国防建设积累大量资金。因此，国有经济发展对于满足人民群众生活的需要、进行社会主义现代化建设和巩固人民政权具有极其重要的作用。

（2）劳动群众集体所有制经济。劳动群众集体所有制经济是指由集体单位内的劳动群众共同占有生产资料的一种公有制经济。集体所有制经济是在土地改革的基础上，通过对农业和手工业个体经济实行社会主义改造而建立起来的。

现行《宪法》规定，农村集体经济组织实行家庭联产承包经营为基础、统分结合的双层经营体制。农村中的生产、供销、信用、消费等各种形式的合作经济是劳动群众集体所有制经济；城镇中的手工业、工业、建筑业、运输业、商业、服务业等行业的各种形式的合作经济，也是劳动群众集体所有的经济；由法律规定属于集体所有制的森林、山岭、草原、荒地、滩涂，农村城市郊区的土地除由法律规定属于国家所有的以外，属于集体所有；宅基地和自留地、自留山，也属于集体所有。

集体所有制经济是公有制经济的重要组成部分。集体经济可以体现共同致富原则，可以广泛吸收社会分散资金，缓解就业压力，增加公共积累和国家税收，在国民经济中占有重要地位。集体所有制经济是农村的主要经济形式，是农村社会主义经济的重要力量。在大工业生产还不够发达的情况下，它们对社会主义经济的发展，起着全民所有制经济不可替代的积极作用。因此，《宪法》第8条规定："国家保护城乡集体经济组织的合法的权利和利益，鼓励、指导和帮助集体经济的发展。"

社会主义公共财产包括全民所有制经济的财产和集体所有制经济的财产，是我国社会主义经济制度的基础；是人民民主政权巩固、发展和建设四个现代化的物质基础；是我国经济发展和国防建设的物质源泉；是国家繁荣昌盛和人民群众物质文化生活的需要不断得以满足的物质前提和根本保障；也是我国人民享有种种权利和自由的物质保证。而保护社会主义公共财产是社会主义国家的重要职能，是人民民主专政的基本任务之一。现行《宪法》明确规定："社会主义的公共财产神圣不可侵犯。国家保护社会主义的公共财产。禁止任何组织或者个人用任何手段侵占或者破坏国家和集体的财产。"同时，宪法在公民基本义务部分也把爱护和保护公共财产规定为我国公民的基本义务之一。

2. 非公有制经济。

（1）劳动者个体经济。劳动者个体经济是指城乡劳动者个人占有少量生产资料和产品，从事不剥削他人的个体劳动，收益归己的经济形式。1982 年《宪法》规定："在法律规定范围内的城乡劳动者个体经济，是社会主义公有制经济的补充。"九届全国人大二次会议从我国社会主义初级阶段的基本国情出发，于 1999 年《宪法修正案》取消了这一规定，改为"在法律规定范围内的个体经济、私营经济等非公有制经济，是社会主义市场经济的重要组成部分。"个体经济具有以下特点：①生产资料和产品归个体劳动者所有；②以个体劳动为基础；③劳动所得归个体劳动者支配。因而，个体经济属于私有经济的形式之一。

在社会主义初级阶段，个体经济的存在和发展是必要的和有益的。它具有全民所有制经济和集体所有制经济不可代替的作用：①公有制经济资金有限，不可能兴办一切事业，需要个体经济协助。②个体经济具有点多、面广、小型多样、经营灵活的特点，可以弥补国有经济和集体经济的不足，发展生产，增加财富，活跃市场，方便群众。③个体经济的存在有利于广开就业门路。

（2）私营经济。私营经济是指以雇工经营为特征、存在雇佣劳动关系的经济形式。这种经济形式从其企业内部资本剥削、雇佣劳动的关系来看，属于资本主义性质。但在社会主义条件下，它必然同占优势的公有制经济相联系，并受公有制经济的巨大影响。在社会主义初期阶段，私营经济的发展对于促进生产、活跃市场、扩大就业、更好地满足人民多方面的生产需求、改善财政状况，无疑具有积极作用。私营企业是指企业资产属于私人所有、雇佣工人的营利性的经济组织。私营企业可以采用独资企业、合伙企业和有限责任公司等多种形式。农村村民，城镇人员，个体工商户经营者，辞职及退职人员，法律法规和政策允许的离休、退休人员和其他人员，均可申请开办私营企业。

在以公有制经济为主体的前提下，允许私营经济适当发展，不会损害社会主义公有制经济基础。我国现行《宪法》在制定时，未对私营经济的法律地位作出规定。1988 年七届全国人大一次会议以宪法修正案的方式，修改了《宪法》第11条，补充规定："国家允许私营经济在法律规定的范围内存在和发展。私营经济是社会主义公有制经济的补充。国家保护私营经济的合法的权利和利益，对私营经济实行引导、监督和管理。"九届全国人大二次会议从我国社会主义初级阶段的基本国情出发，于1999年通过《宪法修正案》取消了这一规定，改为"在法律规定范围内的个体经济、私营经济等非公有制经济，是社会主义市场经济的重要组成部分"。

对于包括个体经济和私营经济在内的非公有制经济，国家的政策是"国家保护个体经济、私营经济等非公有制经济的合法的权利和利益。国家鼓励、支持和引导非公有制经济的发展，并对非公有制经济依法进行监督和管理"。

（3）外商投资企业。现行《宪法》第18条第1款规定："中华人民共和国允许外国的企业和其他经济组织或者个人依照中华人民共和国法律的规定在中国投资，同中国的企业或者其他经济组织进行各种形式的经济合作。"外商投资企业就是依据宪法的规定，在无损于我国主权和经济独立的前提下，经过我国政府批准而兴办的。外商投资企业分为中外合资经营企业、中外合作经营企业和外商独资企业。外商投资企业在中国境内登记设立，是中国的企业或者法人。因此，它们受我国法律管辖，必须遵守我国的法律、法规，接受我国政府的管理监督，不得损害我国的社会公共利益，同时，其合法权益也受我国法律的保护。国家对合资企业和外资企业不实行国有化和征收，在特殊情况下，根据社会公共利益的需要，则可以依照法律程序对其实行征收，并给予相应的补偿。国家依据宪法制定了《中外合资经营企业法》、《中外合作经营企业法》和《外商独资企业法》及其实施细则。

除中外合资企业、中外合作企业和外商独资企业外，还有中外合作开采、来料加工、来样加工、补偿贸易、租赁等经济形式。这些外商投资企业是社会主义公有制经济与资本主义私有制经济在我国相结合的形式，是从属于社会主义全民所有制的国家资本主义经济。这种经济形式的存在，既有利于我国吸引外资，弥补资金的不足，也有利于引进技术、装备和科学管理方法，还有利于我国培养和提高技术人才和管理干部，最终提高我国的生产能力。

2－1 （2009年试卷一第22题）关于经济制度与宪法关系，下列哪一选项是错误的？

A. 自德国魏玛宪法以来，经济制度便成为现代宪法的重要内容之一

B. 宪法对经济关系特别是生产关系的确认与调整构成一国的基本经济制度

C. 我国宪法修正案第十六条规定，法律规范内的非公有制经济是社会主义市场经济的重要组成部分

D. 私有财产神圣不可侵犯是我国宪法的一项基本原则

——本题答案为D。以1919年德国《魏玛宪法》的诞生为标志，现代宪法产生。由于社会生活和经济活动日趋复杂化，自由放任的经济原则已经不再适应现代国家的发展，国家对经济的干预不断扩张。在宪法上就表现为经济政策成为宪法规范的重要内容。A选项正确。生产关系是人们在生产过程中所结成的社会关系，生产资料所有制是生产关系的基础。国家基本经济制度是通过生产资料所有制体现出来的，生产资料所有制构成了经济制度的基础。可以说宪法对经济关系特别是生产关系的确认与调整构成一国的基本经济制度，B选项正确。《宪法修正案》第16条规定，将宪法第11条修改为“在法律规定范围内的个体经济、私营经济等非公有制经济，是社会主义市场经济的重要组成部分。”C选项正确。《宪法》第12条第1款规定：“社会主义的公共财产神圣不可侵犯。”《宪法》第13条第1款规定：“公民的合法的私有财产不受侵犯。”我国保护公民合法的私有财产，但是私有财产神圣不可侵犯并非我国宪法的一项基本原则。

（二）分配原则

如前所述，公有制为主体、多种所有制经济共同发展是我国社会主义初级阶段的一项基本经济制度。与这一基本经济制度相适应，在分配原则上，《宪法》第6条规定：“……社会主义公有制消灭人剥削人的制度，实行各尽所能、按劳分配的原则……坚持按劳分配为主体、多种分配方式并存的分配制度”。

所谓“各尽所能”是指在社会主义制度下，每个有劳动能力的公民都应当在其分工的范围内尽自己的能力为社会贡献力量；所谓“按劳分配”是指在各尽所能的前提下，由代表人民的国家或者集体经济组织按照每个公民劳动的数量和质量分配给公民应得的劳动报酬。在社会主义条件下，消灭了资产阶级私有制，建立了社会主义公有制，劳动人民成为生产资料的主人，劳动成果完全归劳动者共同所有，用于发展社会生产和按照劳动的数量和质量支付劳动报酬。可见，按劳分配的原则是建立在生产资料公有制基础上的社会主义分配原则，它与社会主义阶段的具体情况相适应，有利于调动广大人民群众的积极性，有利于社会主义公有制的巩固，有利于改造生产管理和提高劳动生产率。因此，在社会主义初级阶段，只能实行按劳分配原则，而不能实行共产主义按需分配原则。

我国目前尚处于社会主义初级阶段，存在多种经济形式，在分配方式上就不可能是单一的。把按劳分配和按生产要素分配结合起来，坚持效率

优先、兼顾公平，有利于优化资源配置，促进经济发展，保持社会稳定。依法保护合法收入，允许和鼓励一部分人通过诚实劳动和合法经营先富起来，允许和鼓励资本、技术等生产要素参与收益分配。在我国除按劳分配这种主要分配方式外，还有：①企业发行债券筹集资金，由此出现凭债权取得的利息；②随股份经济的产生，股份分红相应出现；③企业经营者的收入中，包括部分风险补偿；④私营企业雇用一定数量的劳动力，企业主带来部分非劳动收入等。

三、关于我国宪法经济规范的评价

如前所述，我国宪法对经济制度作了详细的规定，这些规定对于保障我国社会主义经济的建立和发展提供了有力的根本法保障。但经济制度，尤其是具体的经济政策入宪一直是一个有争议的问题。一方面，宪法的根本功能在于调整公民与国家的关系，合理界定权力与权利之间的界限，从而有效地限制与规范国家权力，使权力的运行效果更好地维护公民权利，而不是侵犯公民权利。而具体的经济政策更多地体现了国家权力实际运行效果。另一方面，宪法规范由其原则性和适应性所决定，必须保持其稳定性。惟有如此，才能在社会中形成正确的宪法意识，树立应有的宪法权威。但经济制度和政策带有灵活多变的特征，尤其是我国目前正处于改革开放和社会转型时期，经济制度远未定型化。这样，宪法规范的稳定性与经济制度、经济政策的灵活性就存在着巨大的矛盾。当因改革需要而对经济制度与政策作出调整时，就必须要修宪。这样就造成了我国行宪实践中的频繁修宪。自我国现行《宪法》实施以来，在 1988 年、1993 年和 1999 年所进行的前三次修正所通过的 17 条《宪法修正案》中，有关经济制度与政策的修正就达 11 条，占绝大部分。在我国这样一个正在进行改革的国家里，对经济政策的详细规定必然会导致宪法的不稳定和频繁修宪，否则宪法就会成为改革的绊脚石。正如美国法哲学家 E. 博登海默所言：“如果一部宪法的规定极为详尽而且不易得到修正，那么在某些情况下就可能成为进步和改革的羁绊。”[1]

我国宪法经过修正，已表明我国的发展目标是“依法治国，建设社会主义法治国家”，这就需要宪法在国家生活、社会生活及协调国家与公民之间的利益等方面发挥积极的作用。维护宪法稳定，保证宪法权威是宪法功能实现的必要条件。所以，应选择一适当时机，删除一些具体的经济政策的规定，宪法中对经济的规定有以下几个原则就足矣：以公有制为主体的所有制形式；社会主义市场经济体制；以按劳分配为主的分配方式；在

〔1〕〔美〕E. 博登海默：《法理学——法哲学及其方法》，邓正来译，华夏出版社 1987 年版，第 389 页。

农村中实行家庭承包经营。

■ 第三节 “三个文明”的协调发展

2004年3月14日，十届全国人大二次会议通过的《宪法修正案》规定，国家要推动物质文明、政治文明和精神文明协调发展，把我国建设成为富强、民主、文明的社会主义国家。这是我国宪法第一次规定国家要推动政治文明的建设，实现“三个文明”的协调发展。

一、“三个文明”的含义及其相互关系

（一）文明的含义及其特征

对“文明”一词，不同历史时期的人们有着不同的理解。我国古人在《易经·贲卦》中有“文明以止，人文也”的说法；《尚书·舜典》中有“睿哲文明”的说法；《易经·乾卦》说“见龙在田，天下文明”；孔颖达对文明的解释是：“经纬天地曰文，照临四方曰明”。由上可以观之，在中国古代，文明和文化之间没有明确的界分，均为文治、教化的意思，其社会涵义并不突出。近代新文化的先驱陈独秀称：“文明者，异于蒙昧未开化者之称也。……世界各国，无东西古今，但有教化之国，即不得谓之无文明。”《中华大百科全书》将文明定义为：“文明是人类改造世界的物质成果和精神成果的总和；是社会进步和人类开化的进步状态的标志。”

在西方，法国著名政治家和历史学家基佐指出：“文明由两大事实组成：人类社会的发展及人自身的发展，一方面是政治和社会的发展，另一方面是人内在的和道德的发展”；历史学家汤因比在《历史研究》中提出，“文明乃是整体，它们的局部彼此相依为命……在这个整体里，经济的、政治的和文化的因素都保持着一种非常美好的平衡关系”；亨廷顿认为，一种文明就是一个文化实体，是人类最高的文化群体和最广泛的文化特点。文明的属性是由语言、历史、宗教、习俗和制度等客观因素以及人们主观上的自我认同界定的。文明是人们的最高文化凝聚物，人们所具有的最广义层面的文化身份是人有别于其他物种的标志。

从以上各类对文明的理解中，我们可以概括文明具有以下特征：①文明是关涉个人和社会的一种总体的、综合的进步状态；②文明是一个动态的范畴，处于不断发展的过程当中。

（二）文明的分类及其相互间的关系

依不同标准可以对文明作出不同的分类。汤因比把人类近6 000年历史发展过程中出现的文明形态概括为26种；而亨廷顿把世界上的文明实体分为八种：西方文明、儒家文明、日本文明、伊斯兰文明、印度文明、

斯拉夫—东正教文明、拉美文明和非洲文明。

在我国，1978 年党的十一届三中全会决定将经济建设作为中心工作，并决定实行改革开放政策，表明了党对物质文明建设的高度重视。1982 年党的十二大第一次提出了建设以共产主义思想为核心的高度精神文明。1986 年 9 月，十二届六中全会通过了《中共中央关于社会主义精神文明建设指导方针的决议》，决议根据马克思主义基本原理同中国实际相结合的原则，阐明了精神文明建设的战略地位、根本任务和基本指导方针。决议指出，我国社会主义现代化建设的总体布局是：以经济建设为中心，坚定不移地进行经济体制改革，坚定不移地进行政治体制改革，坚定不移地加强精神文明建设，并且使这几个方面互相配合，互相促进。1992 年 10 月，党的十四大提出我国经济体制改革的目标是建立社会主义市场经济体制。1996 年 10 月，十四届六中全会通过了《中共中央关于加强社会主义精神文明建设若干重要问题的决议》。决议分析了社会主义精神文明建设面临的形势，总结了经验和教训，提出要将精神文明建设的主要方向放在思想道德和文化建设方面。

由上可知，在党的十五大之前，我国对文明的理解主要限于物质文明和精神文明两个领域，对于政治文明还未涉及。1997 年后，政治文明开始出现在人们的视野中，并在理论上逐步成熟。

1997 年党的十五大强调依法治国，建设社会主义法治国家是党领导人民治理国家的基本方略。这标志着我国政治文明建设的起步。2001 年 1 月，在全国宣传部长会议上，江泽民同志在讲话中指出：“我们在建设有中国特色社会主义、发展社会主义市场经济的过程中，要坚持不懈地加强社会主义法制建设，依法治国，同时也要坚持不懈地加强社会主义道德建设，以德治国。对一个国家的治理来说，法治和德治，从来都是相辅相成、相互促进的。二者缺一不可，也不可偏废。法治属于政治建设、属于政治文明，德治属于思想建设、属于精神文明。二者范畴不同，但其地位和功能都是非常重要的。”由此，“政治文明”作为一个范畴开始进入人们的视野。2002 年 7 月，江泽民同志进一步提出：“建设有中国特色社会主义，应是我国经济、政治、文化全面发展的进程，是我国物质文明、政治文明、精神文明全面建设的进程。”2002 年 11 月，党的十六大报告把社会主义物质文明、政治文明、精神文明建设一起确立为社会主义现代化全面发展的三个基本目标，从而使中国特色社会主义理论和实践更加趋于成熟和完善。

在“三个文明”中，物质文明是指人类改造客观世界的物质成果。它表现为人们物质生产的进步和物质生活的改善，包括生产工具的改进和技术进步、物质财富的增长和人们生活水平的提高等。政治文明是人类社会政治生活的进步状态，主要包括政治法律思想、政治法律制度、政治法律设施和政治法律行为等内容，它是人类文明的一部分，是人类社会进步的重要标志。精神文明是指人类在改造客观世界的同时，对主观世界的改造、社会的精神生产和精神生活得到发展的成果，表现为教育、科学、文化知识等事业的发达和人们思想、政治、道德水平的提高。

在物质文明、政治文明和精神文明中，物质文明主要解决的是发展生产力的问题，政治文明主要解决国家权力运作中的规范和保障的问题，精神文明主要解决的是精神动力和智力支持的问题。具体而言，“三个文明”之间的关系是：

1. 物质文明为政治文明和精神文明提供物质基础。根据马克思主义学说，经济是基础，政治是经济的集中表现，文化是经济和政治的反映。因此，物质文明是社会存在和发展的起点和基础，对政治文明、精神文明的发展具有决定性的作用。物质文明的基础作用主要体现在三个方面：①物质文明决定和制约着政治文明和精神文明的发展。政治文明和精神文明都离不开一定的物质基础。②物质文明为政治文明、精神文明的发展提供动力。③物质文明构成政治文明、精神文明的检验标准。

2. 政治文明为物质文明、精神文明提供制度保障。政治文明因其与国家政权直接联系而在社会中占主导地位，并决定着物质文明的方向和精神文明的性质，在一定程度上也影响甚至决定物质文明、精神文明的发展进程。政治文明的作用主要体现在四个方面：①政治文明具有统帅作用。政治属于上层建筑，它以经济为基础，又居于经济基础之上，具有统揽全局的作用。②政治文明为物质文明、精神文明确定价值取向和发展方向。③政治文明为物质文明、精神文明建设创造安定团结的政治环境。④政治文明在一定的历史条件下影响甚至决定着物质文明、精神文明的发展进程。

3. 精神文明为物质文明、政治文明提供精神动力和智力支持。物质文明决定并制约着政治文明、精神文明的发展，同时政治文明、精神文明又不是完全被动的，它们反过来可以对物质文明产生大的反作用，既可能推动、也可能阻碍甚至破坏物质文明的发展。

精神文明的作用主要体现在三个方面：①精神文明的高度发展为物质文明、政治文明提供强大的精神动力。②精神文明为物质文明、政治文明建设提供思想引导。精神文明建设的一个重要内容是思想道德建设，通过思想道德教育，使广大人民群众坚定理想信念，树立正确的世界观、人生观和价值观，从思想上引导人们自觉地投身于物质文明、政治文明建设。③精神文明为物质文明、政治文明建设提供智力支持。科学、教育、文化是精神文明建设的又一重要内容，也是物质文明、政治文明发展的重要条件。

（三）推动“三个文明”的协调发展

物质文明、政治文明和精神文明是人类文明的三个有机组成部分，在推动人类社会发展时，只有“三个文明”协调发展，才可以避免出现大的波折，才不会走向歧途，从而给人民生活带来更多的繁荣和稳定。而要实现“三个文明”协调发展，就必须做到以下几点：

1. 树立全面、协调和可持续的科学发展观。

（1）确立人在发展中的主体地位。人的全面发展是人类社会文明发展的最高目标，是“三个文明”建设的出发点和落脚点。人的发展是社会存在和发展的前提，也是社会发展的目的。因此，在社会发展的问题上，人具有双重作用：首先，人是社会发展的主体，离开了人，社会发展就失去了推动者；其次，人的发展又是社会发展的目标，离开了人的全面发展，社会发展就会失去意义。过去，我们更多地注意从政治意识形态、经济增长、道德素养等方面来评价社会的发展和进步，没有充分注意社会发展的本质是人的全面发展。按照宪法规定的“三个文明”协调发展的要求，建设中国特色社会主义的根本目的，在于以人为本，实现人的全面发展。

（2）注重经济、政治、文化的协调发展。衡量社会发展水平，不仅要看经济增长指标，还要看人文指标、资源指标、环境指标、社会指标等。我国在改革开放后的相当长时间内，因片面追求经济快速增长，生态环境的破坏和自然资源的浪费所造成的严重后果日益显现。所以，应充分认识到，经济增长并不意味着社会的发展，社会发展应是经济、政治、文化协调发展。也就是说，只有“三个文明”同时建设，经济、政治、文化协调发展和全面发展，才是中国特色社会主义。

（3）坚持可持续发展道路。可持续发展就是要统筹兼顾当前发展和未来发展的需要，不能以牺牲后代人的利益为代价来满足当代人的利益。其基本要求是：控制人口数量，提高人的素质，珍惜并合理利用自然资源，保护生态环境，实现经济、社会和人口、资源的协调发展，促进人与自然的协调与和谐。

2. 正确处理改革发展稳定的关系。促进“三个文明”协调发展，必须正确处理改革、发展和稳定之间的关系。发展是党执政兴国的第一要务，只有发展，才能全面提高人民的生活水平，给人民带来富裕安康的幸福生活。这里所说的发展，是全面的发展，就是要发展社会主义市场经济，建设物质文明；发展社会主义民主政治，建设政治文明；发展社会主义先进文化，建设精神文明。这就必然要求继续深化经济体制改革、政治体制改革和文化体制改革。为了发展和改革，必须保持社会稳定。要将改革的力度、发展的速度和社会可承受的程度统一起来，在社会稳定中推进改革、发展，通过改革、发展促进社会稳定使“三个文明”协调一致地发展。

3. 推动“三个文明”建设。

(1) 推进物质文明的建设，坚持以经济建设为中心，集中力量把经济搞上去。我国正处于并将长期处于社会主义初级阶段，建设惠及全国所有人的小康社会，到21世纪中叶基本实现现代化，必须走“三个文明”协调发展、全面推进之路。“三个文明”中，物质文明处于基础和中心地位。所以，必须始终抓住经济建设不放松，创造出更多更好的物质文明成果，不断提高人民的生活水平和质量，为政治文明、精神文明建设奠定物质基础。

(2) 建设社会主义精神文明，不仅是满足和提高人民群众精神文化生活水平的客观要求，也是一个国家综合国力的重要组成部分，可以提高人们的思想道德素质、科学文化素质，促进人的全面发展，为物质文明、政治文明提供动力和智力支持。

(3) 着力推进社会主义政治文明建设。政治文明是社会文明不可缺少的重要组成部分，在很大程度上决定着社会文明的方向。通过政治文明的建设，使社会主义民主更加完善、法制更加健全，依法治国基本方略得到全面落实，人民的政治、经济、文化权益得到切实尊重和保障，从制度上、法律上促进“三个文明”协调发展。

二、建设社会主义政治文明

社会主义政治文明的建设内容包括以下几个方面：

1. 养成正确的国家权力观念。国家权力是政治文明理论的核心范畴。关于国家权力观念，要解决的问题是：①关于国家权力的来源问题。现代的民主理论认为，人民是国家的权源，即国家权力来自于人民的授权，属于人民，而不是来自于上天的授权从而仅属于君王个人。此即人民主权理论。它科学地说明了权力的合法来源，使得权力成为大家所共同享有的资源，而不是被少数人所掌控。②权力本身有一定的界限，其运作要实现法治化，使权力成为理性的权力。把权力的运作予以规范，使其在一定的范围里存在并发挥作用，这是现代国家的共同选择。③权力的转移应以和平与规范的方式进行。权力的转移问题一直是困扰人类的一个重大难题，权力转移的过程往往是蕴涵着巨大危险和需要惨痛的代价的过程。只有建立合理的国家机关和国家机关领导人的任期制度和完善的选举制度，才能使权力的转移以和平与规范的方式进行。

2. 将坚持党的领导、人民当家作主与依法治国有机统一起来。坚持党的领导、人民当家作主和依法治国的统一性，是我国社会主义民主政治建设最根本的特征。党的领导是人民当家作主和依法治国的根本保证。社会主义政治文明建设和民主进程的推进，都必须坚持中国共产党的领导。人民当家作主是社会主义民主政治的本质要求。政治文明的核心内容就是民主与法制建设，公民享有政治权利的广度和深度是政治文明的最集中表现。建设社会主义政治文明，要始终把人民当家作主作为出发点和落脚点。人民当家作主，才能充分调动广大群众参与社会主义建设的积极性、主动性和创造性，为推进物质文明、精神文明建设提供政治动力和政治保障。依法治国是党领导人民治理国家的基本方略。依法治国，首先要依宪治国，树立宪法的最高权威；其次，要坚持法律面前人人平等，任何组织和个人都不得有超越宪法和法律之上的特权。

3. 加强制度建设和制度创新。这是推进政治文明建设的根本之道。邓小平同志曾经指出，制度问题更带有根本性、全局性、稳定性和长期性。推进社会主义政治文明建设，应当着重加强制度建设。其内容包括：坚持和完善人民代表大会制度、共产党领导的多党合作与政治协商制度、民族区域自治制度；强化依法行政，实现行政管理的规范化、制度化、法制化；通过制度的完善和创新，保证人民充分行使民主选举、决策、管理、监督的权利；完善权力制约机制、监督机制和党内民主制度建设等。在制度创新方面，党的十六大指出，围绕发展社会主义民主政治、建设社会主义政治文明的目标，要坚持和完善社会主义民主制度，加强社会主义法制建设，改革和改善党的领导方式和执政方式，改革和完善决策机制，深化行政管理体制改革，推进司法体制改革，深化干部人事制度改革，加强对权力的制约和监督，维护社会稳定。

三、建设社会主义精神文明

（一）宪法与精神文明

1. 宪法是人类精神文明发展的成果。宪法本身是精神文明发展到一定阶段的产物，是一种文化现象。[1] 作为人类发展史上的重要成果——近代资本主义思想家所创造的宪政思想理论是宪法产生和发展的思想基础。天赋人权、人民主权、权力分立与制衡、法治等理论直接指导了近代各国人民的制宪和行宪实践。而且，在宪法变迁史上，不同国家、不同时期的制宪和行宪实践之所以以不同模式显现出来，也是不同类型人类文明对宪法影响的结果。[2]

2. 精神文明是现代宪法规定的重要内容。法律是人类文明的产物，也是人类文明的重要标志。从一般意义上讲，法律与国家是同时产生的。但

---

〔1〕 韩大元："试论宪法文化"，载张庆福主编：《宪政论丛》第2卷，法律出版社1999年版，第15页。

〔2〕 韩大元："试论宪法文化"，载张庆福主编：《宪政论丛》第2卷，法律出版社1999年版，第19页。

作为国家根本法的宪法是社会发展到资本主义初期才开始产生的。宪法是资产阶级革命以后在资本主义国家出现的，是资产阶级把反封建的胜利成果即资产阶级民主事实法律化的结果。列宁曾把资产阶级统治的欧洲称为“技术十分发达、文化丰富、宪法完备的文明先进的欧洲”。可见，列宁是把资产阶级宪法同资本主义社会发达的技术、丰富的文化一起看成是资产阶级文明的重要标志。建立在生产资料公有制基础上，以马列主义为指导，体现工人阶级领导的广大劳动人民意志的社会主义宪法，是人类文明发展到新的更高阶段的产物，即社会主义文明的产物。同时，它又是社会主义文明的重要标志。

宪法对精神文明的规定，主要有三个方面的内容：①国家的基本文化政策。如前捷克斯洛伐克《宪法》第16条规定：“捷克斯洛伐克的全部文化政策、教育和科学的发展都是以科学的世界观——马克思列宁主义的精神为指导，并同人民的生活和劳动紧密结合。”②发展教育、科学、文学艺术事业。《菲律宾宪法》第14章第4条规定：“一切教育机构应受国家合理的监督与管理”；《意大利宪法》规定：“共和国鼓励文化、科学和技术研究的发展”。③发展卫生、体育事业，保护文物等历史文化遗产。

宪法对精神文明的规定，大致可以分为三个阶段：

第一阶段为宪法的初创时期。这个时期宪法的主要内容是规定国家政权机关的组织、权限、相互关系以及公民的基本权利和义务。世界上最早的成文宪法——1787年《美国宪法》没有关于精神文明的专门规定，欧洲第一部成文宪法——1791年《法国宪法》虽然规定“应当设立和组织为全体公民所公有的公共教育”，但这一规定主要是针对宗教对教育制度的干预和把受教育视为特权的社会现实而规定的。

第二阶段是社会主义宪法产生的时期。1918年前《苏俄宪法》是世界上第一部社会主义类型的宪法，这部宪法第一次明确规定了苏俄的社会制度，其中包括为工农提供免费教育等条款。但这部宪法尚未能够全面提出和规定精神文明建设的内容。1919年德国《魏玛宪法》是由自由资本主义向垄断资本主义过渡的标志，这部宪法对公民的受教育权等作了规定，但对精神文明也未作出系统的规定。

第三阶段是我国现行《宪法》。现行《宪法》继承了共同纲领和1954年《宪法》关于社会主义文化、教育和社会公德的规定，总结了十一届三中全会以来的实践经验，从文化建设和思想建设两个方面全面系统地规定了社会主义精神文明建设的内容。

（二）我国精神文明建设的主要内容

社会主义精神文明建设包括的内容主要是：①文化建设，即发展社会主义教育事业、科学事业、文学艺术、新闻出版、广播电视等各项文化事业及卫生体育事业；提高人民群众的文化知识水平，广泛开展健康、愉快、生动活泼、丰富多彩的群众性娱乐活动。它是建设社会主义物质文明的重要条件，也是提高人民群众思想觉悟和道德水平的重要条件。②思想建设，它的主要内容是：提倡和发扬爱祖国、爱人民、爱劳动、爱科学、爱社会主义的公德，在人民中进行爱国主义、集体主义和国际主义、共产主义的教育，进行辩证唯物主义和历史唯物主义的教育，反对资本主义的、封建主义的和其他的腐朽思想。它决定着社会主义精神文明的性质。

1. 文化建设。文化建设是社会主义精神文明建设的重要内容，因为：①文化建设是物质文明建设的重要条件。在科学技术高速发展的今天，文化事业的发达程度对物质文明发展的广度、深度和速度具有重要意义。②文化建设是提高人民群众民主知识、法制观念、思想道德觉悟水平的重要条件。③文化建设是推动历史进步的一种力量，也是一个民族文明水平的重要标志。实现社会主义现代化建设必须大力发展教育科学文化事业，发扬尊重科学和追求知识的精神，努力在全民族范围内组织教育科学文化的普及和提高。文化建设的基本内容包括：

（1）发展社会主义教育事业。社会主义教育事业是实现社会主义现代化建设的基础，是整个精神文明建设中的基本建设，也是整个文化建设事业中最重要的内容。《宪法》规定："国家举办各种学校，普及初等义务教育，发展中等教育、职业教育和高等教育，并且发展学前教育"；"国家发展各种教育设施，扫除文盲，对工人、农民、国家工作人员和其他劳动者进行政治、文化、科学、技术、业务的教育，鼓励自学成才"；"国家鼓励集体经济组织、国家企业事业组织和其他社会力量依照法律规定举办各种教育事业"；"国家推广全国通用的普通话"。现行宪法从大力发展正规学校教育、大力开展社会教育、鼓励社会力量举办各种教育事业、推广全国通用的普通话四个方面，比较全面地规定了发展我国社会主义教育事业的方针政策。国家先后制定了教育法、义务教育法、教师法、高等教育法、民办教育促进法等法律，系统地规定了教育领域的基本问题。

（2）发展科学事业。科学包括自然科学和社会科学两大类。自然科学在发展生产力中的巨大作用已为人们所认识。实践证明，社会科学的发展对于巩固和发展社会主义制度，推动历史的前进和人的全面发展具有极其重要的意义。因此，《宪法》规定："国家发展自然科学和社会科学事业。"为了加速我国科学事业的发展，《宪法》还规定：国家要"普及科学和技术知识，奖励科学研究成果和技术发明创造。"

（3）发展医疗卫生体育事业。医疗卫生事业和体育事业的发展，是建设社会主义精神文明的重要组成部分。它是一国文明状况的重要标志之一。建国以来，我国的医疗和体育事业得到了很大发展，一些传统的烈性传染病和地方病已被消灭，人民的健康水平日益提高，人口平均寿命比解放前提高了1倍以上，体育事业取得了举世瞩目的发展，摘掉了“东亚病夫”的帽子。《宪法》规定：国家发展医疗卫生事业，发展现代医药和我国传统医药，鼓励和支持农村集体经济组织、国家企业事业组织和街道举办各种医疗卫生设施，开展群众性的卫生活动，保护人民健康。国家发展体育事业，开展群众性的体育活动，增强人民体质。

（4）发展文化事业。文学艺术是人民群众精神生活中不可缺少的重要部分，它在陶冶情操、培养健康的情趣、提高艺术鉴赏力和审美水平、树立崇高思想、坚定社会主义信念等方面都具有独到作用。新闻、广播、电视事业，出版发行事业，图书馆、博物馆和文化馆事业是宣传党和国家的政策、法律，传播科学文化知识，进行精神文明建设的重要途径。健康、愉快、生动活泼、丰富多彩的群众性娱乐活动，可以使人们在紧张劳动之余，得到有高尚趣味的精神享受。名胜古迹、珍贵文物和其他重要历史文化遗产是我国的国宝，是我国人民千百年来劳动和智慧的结晶，反映了各个时代的物质文明和精神文明，对于吸收民族文化、继承传统和发展旅游事业，都有重要作用。因此，《宪法》规定：“国家发展为人民服务、为社会主义服务的文学艺术事业、新闻广播电视事业、出版发行事业、图书馆、博物馆、文化馆和其他文化事业，开展群众性的文化活动。国家保护名胜古迹、珍贵文物和其他重要历史文化遗产。”

2. 思想道德建设。思想道德建设决定着精神文明建设的社会主义性质，保证着整个社会主义现代化建设的方向。现行《宪法》在序言中把马列主义、毛泽东思想作为思想道德建设的指导方针，而在第24条中提出了社会主义思想道德建设的基本要求，即爱祖国、爱人民、爱劳动、爱科学、爱社会主义，并使“五爱”在社会生活的各个方面体现出来，在全国各民族之间，工人、农民和知识分子之间，军民之间，干部群众之间，家庭内部和邻里之间以及人民内部一切相互关系上，建立和发展平等、团结、友爱、互助的社会主义新型关系。

我国还处在社会主义初期阶段，在全民范围内应当肯定分配方面的合理差别，同时鼓励人们发扬国家利益、集体利益、个人利益相结合的社会主义集体主义精神，发扬顾全大局、诚实守信、互助友爱和扶贫济困的精神。要把先进性和广泛性结合起来，把长期性和阶段性的要求结合起来。依据宪法规定，思想道德建设的基本内容包括：

（1）培养“四有”公民。《宪法》规定：“国家通过普及理想教育、道德教育、文化教育、纪律和法制教育，通过在城乡不同范围的群众中制定和执行各种守则、公约，加强社会主义精神文明建设。”理想教育的内容包括共同理想和最高理想，现阶段我国各族人民的共同理想是建设有中国特色的社会主义，把我国建设成为文明、民主、富强的社会主义现代化国家；最高理想是建立各尽所能、按需分配的共产主义社会。道德教育的内容包括社会主义道德和共产主义道德。文化教育的内容包括普及历史教育、自然科学及社会科学知识。法制教育的内容是要求人们遵守法律，学会运用法律维护自己的合法权利和利益。各种形式的守则和公约是人民群众自治性的行为准则。因此，宪法规定的基本精神是使全体公民都成为有理想、有道德、有文化、守纪律的公民。

（2）提倡“五爱”的社会公德。现行《宪法》发展了共同纲领中关于国民“五爱”的要求，明确提出：“国家提倡爱祖国、爱人民、爱劳动、爱科学、爱社会主义的公德。”这一规定反映了我国在进入社会主义社会之后，广大人民为实现社会主义现代化的宏伟目标而奋斗的共同要求。

（3）进行马克思主义教育。宪法规定，要在全国人民中进行“共产主义的教育、进行辩证唯物主义和历史唯物主义的教育”。进行共产主义教育就是使全国人民逐步认识到共产主义的社会制度是人类社会的发展方向和为之奋斗的最终目标，从而更加积极地投入到共产主义实践活动中。

第三章 国家的基本制度（下）

■ 第一节 国家政权组织形式

一、政权组织形式概述

政权组织形式也称为政体，是指为实现国家职能而建立的各类机关以及各机关之间的相互关系，因而它实际上是指国家机关的组织体系，亦是国家机构的内部构成形式。可以看出，政体是与国体相对应的概念，二者关系密切。国体解决的是国家的内容，或者说是国家权力的归属，而政体解决的是国家的形式问题，即拥有国家权力归属的主权者如何实现国家权力的问题，所以它是关系国家权力的组织与配置问题。国体决定政体，政体为国体服务，它们是内容与形式的关系。

任何国家都存在权力的组织与配置问题，因而政体问题是伴随国家权力出现而出现的问题。奴隶制、封建制国家的政体基本可归结为君主制和贵族制两种基本的形式，在一些国家某个特殊历史时期亦出现过民主制的政体。现代社会资本主义国家的政体有君主制和共和制两种基本形式；社会主义国家则表现为政体的单一化，所有社会主义国家的政体都是共和政体。

与奴隶制、封建制国家的君主政体不同，在资本主义国家的君主政体中，君主的权力通常受到宪法和议会的限制，国家权力不再像奴隶社会、封建社会那样集中于君主一人之手，而是分别由不同的国家机关所掌握。根据君主权力所受限制的程度不同，君主政体又可分为二元君主立宪制和议会君主立宪制两种政体。

在二元君主立宪体制下，君主的权力受到宪法和议会的限制，但这种限制不是特别严格，君主仍然掌握着较大的权力，如议会中的部分议员由君主任命，议会制定的法律须经君主同意才能生效，内阁只是君主的咨询机构，并对君主负责等。所以，国家权力的中心仍然是君主，由君主在国家机关体系中发挥主导作用。现代国家中，只有尼泊尔、约旦等极少数国家实行这类政体。议会君主立宪制的主要特征则在于：君主的权力受到宪法和议会的严格限制，以至于君主行使的只是一些形式上的或者礼仪性的职权，君主对议会、内阁、法院都没有实际控制能力，国家权力实际分属于议会、内阁和法院。当今世界保留君主的国家大多实行这种体制，较为典型的如英国、西班牙、荷兰、比利时、泰国和日本等国。

共和政体是多数资本主义国家采用的政体。由于各国具体历史条件的差异，在这种政体下也产生了许多各有特点的政权组织形式，主要包括总统制、议会共和制、委员会制和半总统制等四种。

在总统制国家中，总统既是国家元首，又是政府首脑；总统由选民选举产生，因而总统和议会各自具有自己的民意基础，总统不对议会负责，议会不能通过对总统的不信任案而迫使总统辞职，总统也无权解散议会，总统和议会各自有自己固定的任期。美国是典型的总统制国家。议会共和制的主要特征在于：议员由选民选举产生，政府由获得议会下院多数席位的政党或构成多数席位的几个政党联合组成；议会与政府相互渗透，政府成员一般由议员兼任，政府的继续任职以议会的信任为前提，议会可以通过不信任案迫使政府辞职，政府首脑也可以提请国家元首解散议会。德国是典型的议会共和制国家。委员会制的主要特征是最高国家行政机关为委员会，委员会成员由众议院选举产生，总统（行政首长）由委员会成员轮流担任，任期1年，不得连任；众议院不能对委员会提出不信任案，委员会也无权解散议会。实行这种政体的国家较少，一般认为瑞士是一个典型。半总统制的主要特征在于：总统是国家元首，拥有任免总理、主持内阁会议、颁布法律、统帅武装部队等大权；总理是政府首脑，对议会就政府的施政纲领或政府的总政策承担责任，议会可通过对政府的不信任案，或不同意政府的施政纲领和总政策，迫使总理向总统提出政府辞职。这种政体是由1958年《法国宪法》所创立的，后来影响到其他国家，如俄罗斯、韩国等。

社会主义国家的政体一般是人民代表制。其特征在于，由选民选举代表组成行使国家权力的人民代表机关，各级国家行政机关和其他国家机关由同级人民代表机关产生，对它负责，受它监督；人民代表机关在整个国家机关体系中居于最高地位，因而不可能与其他国家机关存在分权与制衡关系。然而，由于各社会主义国家的历史传统、现实状况、民族因素等方面存在差异，人民代表制在具体运用过程中亦存在较为明显的差异。在权力机关的名称上，有的称苏维埃，有的称议会，有的称人民代表会议，有的称人民代表大会。在组织结构上，有的采一院制，有的采两院制；在权力机关的常设机构的职权上，有的没有立法权，有的可以行使部分的立法权。

二、人民代表大会制度

我国《宪法》第2条规定，国家的一切权力属于人民，人民行使国家权力的机关是全国人民代表大会和地方各级人民代表大会。这表明人民代表大会制度是我国的政体。人民代表大会制度的内涵可以从四个方面分析：

1. 国家的一切权力属于人民是人民代表大会制度的逻辑起点。国家的一切权力属于人民既是人民代表大会制与资产阶级议会制的根本区别，也是人民代表大会制得以建立和运行的逻辑起点，因而是人民代表大会制度概念中最重要的环节。

权力属于人民的国家政权本质，决定了建立一套使人民能够形成统一意志，集中统一地行使国家权力，从而既有民主又有集中的政治制度极为必要。在我国，人民代表大会制度就是这样的政治制度。

2. 选民民主选举代表是人民代表大会制度的前提。人民行使国家权力的机关是全国人民代表大会和地方各级人民代表大会。由选民通过民主选举程序选举产生人大代表，由他们代表人民，组成各级人民代表大会，行使国家权力，也就构成了人民代表大会制度的前提和基础。

3. 以人民代表大会为基础建立全部国家机构是人民代表大会制度的核心。我国人民通过人民代表大会行使国家权力主要通过两大途径来实现：①由人民代表大会直接行使宪法和法律赋予各级人民代表大会的职权，这些职权在国家政治生活中具有决定性的意义；②由人民代表大会选举产生国家行政机关、审判机关和检察机关，这些国家机关行使宪法和法律赋予的职权，并对人民代表大会负责，受人民代表大会监督。

4. 对人民负责、受人民监督是人民代表大会制度的关键。全国人民代表大会和地方各级人民代表大会都由选民选举产生，对人民负责，受人民监督。对人民负责、受人民监督是最为关键的环节。

根据上面的分析，我们可以把人民代表大会制度的概念归纳为：人民代表大会制度是指拥有国家权力的我国人民根据民主集中制原则，通过民主选举组成全国人民代表大会和地方各级人民代表大会，并以人民代表大会为基础，建立全部国家机构，对人民负责，受人民监督，以实现人民当家作主的政治制度。

同时，人民代表大会制度还是我国的根本政治制度。因为人民代表大会制度直接、全面地表现了我国的阶级本质，是我国国家机构得以建立、健全和国家政治生活得以全面开展的基础，是其他政治制度的核心，而且反映了我国政治生活的全貌。

三、人民代表大会制度是实现社会主义民主的基本形式

我国是人民民主专政的社会主义国家，人民是国家的主人。国家的一切权力属于人民，人民依照法律规定通过各种途径和形式管理国家事务、管理经济文化事业、管理社会事务。公民享有广泛的权利和自由，城乡人民享有基层社会生活方面的自治权利等。因此，在我国，人民行使权力的方式有多种，但其中，人民代表大会制度是最基本的，即人民代表大会制度是我国实现社会主义民主的基本形式。

1. 社会主义民主就其本质来说是国家的一切权力属于人民，人民当家作主，这种民主需要通过一定的形式才能实现，人民代表大会制度就是实现这种民主的形式。

(1) 从人民代表大会的组成来说，各级人民代表大会都由人民代表组成，而人民代表又是由人民通过民主选举方式选举产生的。而最广大的人民普遍享有选举权和被选举权。虽然各级人民代表大会代表的产生，有选民直接选举和选举单位间接选举的差别，但所有的人大代表都是根据人民的意志选举出来的。

(2) 从人民代表大会的职权来说，人民代表大会代表人民行使国家权力。全国人民代表大会对国家的一切重大事务享有最高决定权。凡属应当由最高国家权力机关行使的职权，它都有权行使。地方各级人民代表大会有权在宪法和法律规定的职权范围内决定本地区的重大事务。所以，全国人民代表大会和地方各级人民代表大会的权力都带有全权性。

(3) 从人民代表大会的责任来说，它要向人民负责，接受人民的监督。各级人大代表在整个任期之内和行使职权的过程中，始终要同选民和选举单位保持密切联系，选民或选举单位有权依照法律规定的程序罢免由他们选出的代表。

总而言之，人民代表大会的代表来自人民，人民代表大会的权力来自人民，人民代表大会须对人民负责，受人民监督。因此，人民代表大会制度的确是我国人民行使当家作主的权力、实现社会主义民主的一种形式。

2. 在各种实现社会主义民主的形式中，人民代表大会制度居于最重要的地位。在所有实现社会主义民主的形式中，除人民代表大会制度以外，其他一切形式都存在一定的限制。这种限制表现在以下几个方面：就享受民主的主体来说，其他民主形式通常总以某一部分人为限；就享受民主的范围来说，其他民主形式通常局限于国家政治、经济、文化、社会生活的某一方面或者某几个方面。它的范围主要是经济生活方面。就享受民主的效能来说，其他民主形式也有一定限度。而人民代表大会制度则全面地、全权地保障人民实现当家作主的权利。所以，人民代表大会制度的确是实现社会主义民主的基本形式。

四、坚持和完善人民代表大会制度

(一) 人民代表大会制度的适宜性

1. 人民代表大会制度是在中国具体的历史条件上由人民群众自己创造的，因而是适合中国国情的，具有很强的生命力。

人民代表大会制度经历了20世纪20年代的萌芽形态，30年代的苏维埃制度，40 年代的参议会制度，以及后来的人民代表会议制度，走过了从不成熟到成熟，并不断得以完善的过程。因而它是在中国的历史条件下形成的，是马克思主义政权建设理论在中国的具体运用，因此最适合中国的国情，也最有生命力。

2. 人民代表大会制度便于人民参加国家管理。根据《宪法》和《人民代表大会组织法》的规定，我国各级人大代表都由选民通过直接或者间接选举的方式产生；各级人大代表必须对选民或者原选举单位负责，受选民或者原选举单位的监督，选民或者原选举单位有权依法撤换自己选出的代表；人大代表必须深入选民中了解他们的意愿，及时向选民或者原选举单位报告自己的工作，听取他们对自己工作的意见和要求；人大代表有权根据民主集中制的原则，讨论和决定国家生活中的重大问题。这就从制度上保证了我国人民行使当家作主、管理国家的权利。

3. 人民代表大会制度便于集中统一地行使国家权力。我国宪法规定，国家的一切权力属于人民。人民行使国家权力的机关是全国人民代表大会和地方各级人民代表大会。这一规定表明，人民代表大会制度体现了国家权力与人民权力的统一。同时，各级国家行政机关、审判机关和检察机关都由同级人民代表大会选举产生，对它负责，受它监督。这充分表明各级人民代表大会作为国家权力机关，在国家权力的行使和实现过程中处于主导支配地位。因此，人民代表大会制度最便于集中统一地行使国家权力。

（二）人民代表大会制度的完善

人民代表大会制度是我国实现社会主义民主的基本形式，是适合我国国情的根本政治制度。但在实践中，人民代表大会制度的实施情况并不尽如人意，其突出表现是各级人民代表大会及其常务委员会往往权力不实、威信不高，宪法和法律规定的国家权力机关，在实际政治生活中往往演化为“二线机关”。因此，为更好地坚持人民代表大会制度，就必须不断完善和健全人民代表大会制度，切实加强人民代表大会制度建设，从而充分发挥人民代表大会制度的实际作用。

1. 合理界定各级人大及其常委会与其他国家机关、组织的关系。在宪法上，各级人大及其常委会与其他组织的关系应是明确的，但实践中由于各种原因，各级权力机关与同级其他机关、组织的关系并不十分通畅，因而妨碍了各级人大及其常委会有效地行使职权。这些组织机关主要包括党组织以及由权力机关产生的行政、审判和检察等机关。

（1）权力机关与党组织的关系。中国共产党是我国的惟一执政党，任何国家机关都要接受党的领导，权力机关作为人民行使权力的机关当然亦不例外。但党的领导主要是政治领导、组织领导和思想领导，而不是具体工作的包办代替。因为党组织与国家政权机关在性质、职能、权限等方面都存在诸多区别，它们分别属于两套不同的系统。各级人大及其常委会依法行使职权也就坚持和实现了党的领导，因为各级权力机关是依据宪法在行使权力，而宪法是在党的领导下制定的。所以，合理界定各级人大及其常委会与党组织的关系是完善人民代表大会制度中的一个重要内容。

（2）合理界定各级人大及其常委会与同级国家行政机关的关系。根据宪法和法律的规定，国家行政机关是人大的执行机关，由人大产生，向人大负责并报告工作。因此，各级人大及其常委会与同级国家行政机关是决定与执行、监督与被监督的关系。但在实践中，各级人大及其常委会对行政机关的监督并不理想，相反行政机关较之于权力机关更有优势。近年来，各级人大及其常委会在审议决定重大问题和对政府的监督方面作了很多改革与尝试，并且有一些制度化的成果出现，但总体上，权力机关相对于行政机关的弱势地位并没有完全改变，因此有必要进一步落实宪法的规定，加强权力机关对行政机关的监督。

（3）合理界定各级人大及其常委会与同级人民法院、人民检察院的关系。根据宪法，人民法院、人民检察院都由人大选举产生，对它负责，受它监督。同时宪法规定人民法院、人民检察院分别依照法律规定独立行使审判权和检察权。所以，合理界定各级人大及其常委会与同级人民法院、人民检察院的关系问题，在人大监督与司法独立之间寻求一个恰当的平衡点，要做到既要明确人大及其常委会监督的范围和内容，又要有明确的监督程序和方式，从而既达到人大及其常委会的监督目的，又保证人民法院、人民检察院依法独立行使职权，以此作为标准，来判断我国一些地方出现的诸如个案监督、错案追究等制度的合宪性。

2. 加强人民代表大会的自身建设。合理界定各级人大及其常委会与其他机关组织的关系是从外部完善人民代表大会制度，除此而外，还须从人民代表大会自身进行完善。从人民代表大会制度运行中的问题观察，人民代表大会在自身建设方面主要应该抓好以下工作：

（1）组织机构建设。根据各级人大及其常委会的现状，首先是要使已有的工作机构充分、有效地运转起来，特别是各级人大常委会和各专门委员会应该发挥其应有作用；其次，在结合现实情况的基础上，根据客观需要加强机构建设和组织建设。如专门委员会的设置及职权的完善等。

（2）制度建设。各级人大及其常委会依法行使职权，必然要采取一定的方式、方法，也要遵循一定的工作程序。为了提高各级人大及其常委会的工作效率，就必须将这方面的内容法律化、制度化。首先要进一步完善权力机关的议事规则。目前，我国已制定了《全国人大议事规则》和《全国人大常委会议事规则》，这为建立、健全有关制度提供了法律依据。由于议事规则中的诸多规定的原则性较强而操作性不足，因而有必要进一步具体化；同时，有必要制定一些专门事项的议事规则，如《质询条例》、《罢免条例》等；其次要建立起完善的人大常委会与代表的联系制度以及代表与选民的联系制度。

（3）提高人大代表的素质和意识，充分发挥代表的职能。人大代表是人民代表大会的组成人员，人大代表的素质如何直接影响到各级人民代表大会行使职权的能力。总体而言，我国人大代表素质和代表意识方面都有待进一步加强，并逐步加强和完善我国人民代表的选举制度。

■ 第二节 选举制度

一、选举制度概述

（一）选举制度的概念

选举制度是法律规定的关于选举国家代议机关代表与国家公职人员的原则、程序与方法等各项制度的总称。选举制度的含义分为广义与狭义两种。广义的选举制度包括选举代议机关代表与特定公职人员的制度，选举主体与范围比较广泛。狭义的选举制度是指选民依据选举法的规定选举代议机关代表的制度，选举对象仅限于代议机关的代表。我国选举法调整的对象仅限于全国人大与地方各级人大代表的选举，因而此处的选举制度仅指狭义选举的制度，即选举法所规定的我国人大代表选举时的选民资格、选区划分、选民登记、投票程序、选举诉讼等具体制度。

现代意义上的选举制度产生于近代资产阶级革命后，是近现代民主制度的重要组成部分，构成了民主制度的基石，它既是资产阶级学者所主张的天赋人权学说、人民主权学说在政治实践中的产物，也是资产阶级反对封建社会世袭制、等级制的结果。它的特点在于：①被选举者往往是代议机关的代表。②采用普选制，即选举权的主体较为广泛，而且直接选举成为基本的选举方式。③选举法律制度较为完善，选举受到了良好的法律规范。

（二）我国选举制度的产生和发展

我国是社会主义国家，宪法规定国家一切权力属于人民，人民行使国家权力的机关是全国人大和地方各级人大。所以人大代表经由人民选举产生是我国社会主义制度的本质要求。新中国成立后，我国一直重视选举法律的制定和实施。1953 年《选举法》对全国与地方各级人大代表的选举原则与程序作了具体规定。《选举法》的基本原则是，实行选举权的普遍性原则；扩大了选民的范围；实行直接选举与间接选举并用的原则，体现了选举制度的民主性；根据当时的实际情况，采取无记名投票与举手表决并用的原则等。虽然囿于时代的局限，1953 年《选举法》也有一些不完善之处，但作为新中国的第一部选举法，该法在发展社会主义民主方面起到了积极作用。1979 年 7 月，第五届全国人大二次会议通过了《全国人大与地方各级人大选举法》，相对于 1953 年《选举法》，1979 年《选举法》在选举制度方面的主要发展是：①进一步扩大选举权享有的范围，除依法被剥夺政治权利的人以外，年满 18 周岁的公民都有选举权与被选举权。②扩大直接选举的范围，将直接选举扩大到县一级。③实行差额选举，规定候选人名额应多于应选人名额。④调整选区划分方法，根据便于选民投票选举的原则，规定按居住状况、生产单位、事业单位与工作单位划分选区。⑤改变推荐代表候选人的方法。⑥规定了对代表的监督与罢免制度等。1979 年《选举法》总结了我国民主政治发展的客观事实，推动了选举制度的民主化、科学化。1982 年《宪法》颁布后，根据国家政治生活的变化，全国人大或者全国人大常委会曾先后对《选举法》进行了 5 次修改。1982 年 12 月，第五届全国人民代表大会第五次会议作出了《关于修改选举法若干规定的决议》，1986 年 12 月第六届全国人大常委会第十八次会议对 1979 年《选举法》进行了第二次修改，1995 年八届全国人大常委会第二次会议对《选举法》进行了第三次修改。为适应新时期的变化，2004 年十届全国人大常委会对《选举法》进行了第四次修改，其主要内容有：①增加规定在直接选举中的预选制度。②规定选举委员会可以组织代表候选人与选民见面，回答选民的问题。③规定对于县级人民代表大会代表原选区选民 50 人以上联名可以提出罢免案。④加强对贿选的制裁，规定为获得选票以金钱或者其他财物贿赂选民或者代表的行为为贿选，要依法给予行政处罚，构成犯罪的，依法追究刑事责任。为了贯彻党在十七大报告中提出的逐步实行城乡按相同人口比例选举人大代表这一重要要求，2010 年 3 月 14 日，十一届全国人大三次会议经表决，通过了《全国人民代表大会关于修改 < 中华人民共和国全国人民代表大会和地方各级人民代表大会选举法 > 的决定》，对《选举法》进行了第五次修改，其主要内容有：①实行城乡按相同人口比例选举人大代表，这是本次选举法修改的最大亮点之一。②为确保代表的广泛性，规定应当有适当数量的基层代表，特别是工人、农民和知识分子的代表。③规定公民不得同时担任两个无隶属关系行政区域的人民代表大会的代表。④为保护公民自由表达，规定选举时应设有秘密投票处。⑤规定选举委员会根据选民的要求，应当组织代表候选人与选民见面，由代表候选人介绍本人情况，回答选民的问题。⑥为保障依法选举，特别规定选举应当严格依照法定程序进行，并接受监督。任何组织和个人都不得以任何方式干预选民或者代表自由行使选举权。⑦增设“选举机构”专章，对选举委员会的产生、回避、职责和工作要求等分别作出具体规定。⑧对代表辞职程序作出明确规定：常委会接受代表辞职，须经常委会组成人员的过半数通过。接受辞职的决议，须报送上一级人大常委会备案、公告。同时还明确，县级的人民代表大会常务委员会接受辞职，须经常务委员会组成人员的过半数通过。乡级的人民代表大会接受辞职，须经人民代表大会过半数的代表通过。接受辞职的，应当予以公告。

二、我国选举制度的基本原则

根据我国宪法和选举法的规定，我国选举制度的基本原则主要有以下几项：

（一）选举权的普遍性原则

选举权的普遍性是就享有选举权的主体范围而言的，是指一国公民中能够享有选举权的广泛程度。凡年满18周岁的中华人民共和国公民，除依法被剥夺政治权利的人以外，不分民族、种族、性别、职业、家庭出身、宗教信仰、教育程度、财产状况和居住期限，都享有选举权和被选举权。由此可见，在我国享有选举权的基本条件有三：①具有中国国籍，是中华人民共和国公民。②年满18周岁。③依法享有政治权利。根据1983年全国人大常委会《关于县级以下人民代表大会代表直接选举的若干规定》，对被判处有期徒刑、拘役、管制而没有附加剥夺政治权利的人，对被羁押，正在受侦查、起诉、审判，人民检察院或者人民法院没有决定停止行使选举权利的人，均准予其行使选举权。

根据《选举法》的规定，无法行使选举权和被选举权的精神病患者不列入选民名单。但精神病患者不同于被剥夺政治权利的人，他们没有被剥夺选举权，而只是由于他们没有控制和辨认自己行为的能力，因而暂时不能行使选举权。待其精神恢复健康以后，在选举中仍然应被列入选民名单。

（二）选举权的平等性原则

选举权的平等性是指每个选民在每次选举中只能在一个地方享有一个投票权，不承认也不允许任何选民因民族、种族、职业、财产状况、家庭出身、居住期限的不同而在选举中享有特权，更不允许非法限制或者歧视任何选民对选举权的行使。

选举权的平等性不仅应该包括上述所谓选民的机会平等，而且应该包括选民投票的结果平等。然而，选举权的平等性则着重于实质上的平等，而不单纯是形式上的规定。在我国，各级人民代表大会代表的名额都以一定的人口数为基础，但在2010年之前，城乡每一代表所代表的人口比例却不相同，即每一农村代表所代表的人口数，是城市每一代表所代表的人口数的4倍。这种规定是在我国社会经济还不发达时所采取的措施，2010

年，全国人民代表大会对法律进行修改，城乡按相同人口比例选举人大代表，实现了我国选民选举权真正意义上的平等。

当然，选举权的平等原则并不排除对于某些特定人群合理的差别待遇，这种合理的差别待遇并不违反选举权的平等原则。选举法规定，全国人大中，每个少数民族都应有自己的代表，人口特少的民族至少应有一名代表，各少数民族的代表名额由全国人大常委会参照各少数民族的人口和分布等情况分配给省级人大选举产生。在地方各级人大代表的选举中，在少数民族聚居的地方，每一聚居的少数民族都应有代表参加当地的人民代表大会。

3－1　（2009年试卷一第19题）关于全国人大代表和省、自治区人大代表的名额，按照农村每一代表所代表的人口数四倍于城市每一代表所代表的人口数的原则分配的规定，下列哪一说法是错误的?

A. 我国选举权的平等原则既着重于机会平等，也重视实质平等

B. 我国选举法自颁布以来进行了四次修改，每一次都依据当时城乡人口变化情况对城乡代表名额的分配比例进行了调整

C. “实行城乡按相同人口比例选举人大代表”是我国选举制度发展的方向

D. 我国选举法的修改反映了城镇化发展的客观趋势

——本题答案为B。1953年我国第一部《选举法》明确规定了城乡人大代表可以代表不同的选民数，选举全国人大代表，城乡比例是8:1，选举省、县人大代表城乡比例是5:1和4:1，此后《选举法》分别在1982年、1986年、1995年和2004年进行了四次修订，但只有1982年和1995年的修订对城乡代表名额的分配比例作了修改，B选项错误。值得注意的是，2010年对《选举法》进行了第五次修改，经过这次修改，《选举法》实行城乡按相同人口比例选举人大代表。

（三）直接选举和间接选举并用的原则

直接选举是指由选民直接投票选举国家代表机关代表和国家公职人员的选举。间接选举则是指由下一级国家代表机关，或者由选民投票选出的代表（或选举人）选举上一级国家代表机关代表和国家公职人员的选举。

在我国，不设区的市、市辖区、县、自治县、乡、民族乡、镇的人民代表大会代表，由选民直接选出；全国人民代表大会代表，省、自治区、直辖市、设区的市、自治州的人民代表大会代表，由下一级人民代表大会选出。所以，我国在选举中采取的是直接选举和间接选举并用的原则。

在理论上，直接选举无疑是比间接选举更为民主的选举方式。在直接

选举制度下，选民能够直接选择那些自己了解和信任的人作为自己的代表来行使国家权力，也便于代表联系选民，了解选民的愿望和要求。1979 年《选举法》将直接选举的范围扩大到县级人大代表的选举，这有利于加强基层政权的民主基础。但总体上，我国直接选举的范围仍过于狭窄。虽然我国地域辽阔、人口众多，选民整体文化素质不高，这些都是推行直接选举的不利因素，但随着经济的快速发展、人口素质的不断提高、交通和通讯条件的不断改善，扩大直接选举范围的条件已经具备，因而有必要结合我国的民主政治建设，逐步扩大直接选举的范围，进一步加强我国各级政权的民意基础。

（四）秘密投票原则

秘密投票亦称无记名投票，指选民不署自己的姓名，亲自书写选票并投入密封票箱的一种投票方法。我国选举法规定，我国全国和地方各级人民代表大会代表的选举，一律采用无记名投票的方法；选民如果是文盲或者因残疾不能写选票的，可以委托他信任的人代写。秘密投票为民主选举提供了自由表示意愿的重要保障，使选民在不受外力的影响下，能完全按照自己的意愿挑选他所信任的人进入国家权力机关。

三、我国选举的组织和程序

在我国，选举程序主要包括以下几方面：

（一）选举的组织

我国主持选举工作的组织有两种：间接选举时，由该级的人大常委会主持本级人大代表的选举工作；直接选举时，设选举委员会主持本级人大代表的选举。具体而言，全国人大常委会主持全国人大代表的选举，省、自治区、直辖市、设区的市和自治州的人大常委会主持本级人大代表的选举。在选民直接选举人大代表时，由于选区划分、选民登记、候选人的提出以及主持投票和统计选举结果等工作繁多，需要设立专门的选举委员会主持选举。所以，县级和乡级人大代表选举时需要设立选举委员会，其中县级选举委员会受该县级人大常委会领导，其成员由本级人大常委会任命，乡级选举委员会受其所属的县级选举委员会领导，其成员由县级人大常委会任命。选举委员会下设办事机构，办理选举的具体事务。

（二）划分选区和选民登记

选区是指以一定数量的人口为基础进行直接选举，产生人大代表的区域，也是人大代表联系选民开展活动的基本单位。在我国直接选举的地方，人大代表的名额分配到各个选区，由选民按选区直接投票选举。

在划分选区过程中，遵循便于选民行使权利、便于代表联系选民和接受选民监督的原则，可以按居住状况划分，也可以按生产单位、事业单位、工作单位划分；按每一选区 1 ~ 3 名代表划分。

选民登记是对选民资格的法律认可。凡年满18周岁、没有被剥夺政治权利的我国公民都应列入选民名单。

3-2 （2009年试卷一第21题）根据《宪法》和《选举法》规定，下列哪一选项是正确的？

A. 选民登记按选区进行，每次选举前选民资格都要进行重新登记

B. 选民名单应在选举日的15日以前公布

C. 对于公布的选民名单有不同意见的，可以向选举委员会申诉或者直接向法院起诉

D. 法院对于选民名单意见的起诉应在选举日以前作出判决

——本题答案为D。根据《选举法》第26条规定，经登记确认的选民资格长期有效，A选项错误。根据《选举法》第27条规定，选民名单应在选举日的20日以前公布，B选项错误。根据《选举法》第28条规定，对公布的选民名单有不同意见的，应先向选举委员会提出申诉，对选举委员会的处理决定不服的，才可以向人民法院起诉，C选项错误。D选项是《选举法》第28条的规定，为正确选项。

（三）代表候选人的提出

全国和地方各级人大的候选人，按照选区或者选举单位提名产生；选民或者代表10人以上联名可以推荐代表候选人，各政党、各人民团体可以联合或者单独推荐代表候选人。

各级人民代表大会代表的选举，均实行差额选举。选举委员会或者人大主席团，应向选民或者代表介绍代表候选人的情况。推荐代表候选人的政党、人民团体和选民、代表，也可以在选民小组或者小组会议上介绍所推荐的代表候选人的情况，但在选举日须停止介绍。

（四）投票选举

投票是选民或代表行使选举权的最后环节。直接选举时，由选举委员会主持投票选举工作，并可通过召开选举大会、设立投票和流动票箱的方式进行投票。县以上地方各级人民代表大会在选举上一级人民代表大会代表时，由该级人民代表大会主席团主持。每次选举所投的票数，多于投票人数的无效，等于或少于投票人数的有效；每一选票所选的人数，多于规定应选代表人数的作废，少于规定应选代表人数的有效。同时，在实行直接选举的地方，选区全体选民的过半数参加投票选举有效，代表候选人获得参加投票的选民过半数的选票即为当选。在实行间接选举的地方，代表候选人必须获得全体代表过半数的选票才能当选。

（五）对代表的罢免和补选

罢免直接选举所产生的代表，须经原选区过半数的选民通过；罢免间接选举产生的代表，须经原选举单位过半数的代表通过，在代表大会闭会期间，须经各该级人大常委会组成人员的过半数通过。被罢免的代表可以出席上述会议或者提出书面申诉意见。罢免决议须报上一级人大常委会备案。同时，人民代表因故在任期内出缺，由原选区或原选举单位补选。全国人大代表，省、自治区、直辖市、设区的市、自治州的人大代表，均可向选举他的人大常委会提出辞职。

四、选举的物质保障和法律保障

在物质上，全国人民代表大会和地方各级人民代表大会的选举经费由国库开支。在法律上，一方面，我国选举法和其他有关选举的法律文件规定了我国选举的原则、组织、程序和方法，使我国选举制度得以法律化、条文化，因而不仅对选举权的剥夺、选民资格争议的申诉及破坏选举行为的诉讼与制裁等一系列重要问题作出了规定，而且还规定各省、自治区、直辖市的人大常委会可以根据选举法的规定，结合本地区的实际，制定有关选举的实施细则；另一方面，我国选举法以专章规定，对有下列违法行为的，应当给予行政处分或者刑事处分：①用暴力、威胁、欺骗、贿赂等非法手段破坏选举或者妨碍选民自由行使选举权和被选举权的。②伪造选举文件，虚报选举票数或者有其他违法行为的。③对于控告、检举选举中违法行为的人，或者对于提出要求罢免代表的人压制、报复的。

第三节 国家结构形式

一、国家结构形式概述

（一）国家结构形式的概念和种类

国家结构形式是指特定国家的统治阶级根据一定原则采取的调整国家整体与部分、中央与地方相互关系的形式。政体或者说政权组织形式是从横向角度表现国家政权体系，国家结构形式则是从纵向角度表现国家政权体系。

现代国家的国家结构形式主要有单一制和联邦制两大类。

单一制是指国家由若干普通行政单位或者自治单位组成，这些组成单位都是国家不可分割的一部分的国家结构形式。单一制的特征主要有：国家只有一部宪法；只有一个中央国家机关体系（包括立法机关、行政机关和司法机关）；地方政府的权力由中央政府授予；每个公民只有一个统一的国籍；国家整体是代表国家进行国际交往的惟一主体。

联邦制是指国家由两个或者两个以上的成员单位（如邦、州、共和国等）组成的国家结构形式。联邦成员单位原本拥有独立主权，只是为了某个共同目的，而与其他成员单位组成联盟国家或者加入到联盟国家之中。联邦制的特征主要有：除联邦宪法外，各成员国还有自己的宪法；除设有联邦立法机关、行政机关和司法系统外，各成员国还有自己的立法机关、行政机关和司法系统；联邦与各成员单位的权力界限由宪法规定；公民既有联邦的国籍，又有成员国的国籍；联邦是对外交往的国际法主体，有的联邦国家允许成员单位同外国签订某方面的协定。

（二）决定国家结构形式的因素

特定国家究竟采取何种结构形式取决于很多因素，但最主要并起决定作用的则是统治阶级的政治需要，其他因素主要包括历史因素和民族因素。历史因素是指一个国家形成和发展的历史传统，民族因素则是指一个国家的民族构成、分布状况、民族关系、民族经济的发展等要素。

二、我国是单一制的社会主义国家

我国《宪法》序言规定："中华人民共和国是全国各族人民共同缔造的统一的多民族国家"，它表明，单一制是我国的国家结构形式。

（一）我国采取单一制国家结构形式的原因

1. 历史原因。我国自秦朝以来建立的就是统一的中央集权制国家。尽管也曾有过分裂割据的状态，但时间较短，国家统一的局面则一直居于主导地位。长期的历史传统决定了我们必须建立单一制的国家结构形式。

2. 民族原因。我国是一个多民族国家，各民族的历史状况和民族关系决定了在我国的具体条件下，不适宜采取联邦制，而应该采取单一制的国家结构形式。表现在：①我国民族关系的历史发展状况，决定了建立单一制是各族人民的共同心愿。②我国的民族成分和民族分布状况，决定了建立单一制有利于民族团结。③我国自然资源分布和经济发展不平衡的状况，决定了建立单一制有利于各民族的共同繁荣。④我国所处的国际环境和国际斗争形势，决定了建立单一制有利于国家的统一和各民族的团结。

（二）我国单一制国家结构形式的主要特点

1. 通过建立民族区域自治制度解决单一制下的民族问题。我国是多民族国家，实行民族区域自治，赋予民族自治地方的自治机关以自治权，是妥善处理单一制国家的民族关系，充分尊重各少数民族自身特点的基本途径。

2. 通过建立特别行政区制度解决历史遗留问题。香港、澳门回归祖国后，我国政府依法在香港、澳门建立了特别行政区，允许特别行政区实行与国家其他地区不同的政治、经济、社会制度，保留原有的资本主义制度和生活方式不变。

（三）我国的行政区域划分制度

行政区域划分简称“行政区划”，是指国家为便于有效管理，根据地理条件、历史传统、经济形态和民族分布等因素，把国家领土分成层次不同、大小不等的若干区域的制度。

我国的行政区域划分遵循以下原则：①有利于国家管理与建设，既要照顾地理环境，又要照顾自然资源和经济发展状况，使行政区划与经济区划、国土规划尽可能地协调统一。②有利于民族团结和国家统一，考虑各民族的要求、利益及特点，保证民族区域自治的实施。③参考历史状况。

现行《宪法》第30条规定，我国的行政区域划分如下：①全国分为省、自治区、直辖市。②省、自治区分为自治州、县、自治县、市。③县、自治县分为乡、民族乡、镇。直辖市和较大的市分为区、县。自治州分为县、自治县、市。自治区、自治州和自治县是民族自治地方。《宪法》第31条还规定，国家在必要时得设立特别行政区。在特别行政区内实行的制度按照具体情况由全国人大以法律规定。所以，我国存在三种不同的行政单位：一般行政单位、民族自治地方、特别行政区。行政区划基本上是三级，即省（自治区、直辖市）、县（自治县、县级市）、乡（民族乡、镇），在有自治州和中心城市管县（地级市）的情况下，则为四级。

依据宪法和有关法律的规定，行政区域划分和变更的权限和程序是：省、自治区和直辖市的建置由全国人大批准；省、自治区、直辖市的区域划分，自治州、县、自治县、市的建置和区域划分，由国务院批准；乡、民族乡、镇的建置和区域划分，由省、直辖市的人民政府决定；民族自治地方的界线需要变动时，由上级机关的有关部门和民族自治地方的自治机关充分协商拟定，报国务院批准。

■ 第四节 民族区域自治制度

从世界各国的历史发展来看，民族问题往往是一个国家决定采取何种国家结构形式的首位要素。在我国这样的单一制国家，为了解决民族问题，宪法规定了民族区域自治制度。

一、民族区域自治制度的概念

民族区域自治制度是指在国家的统一领导下，以少数民族聚居区为基础，建立相应的自治地方，设立自治机关，行使自治权，使实行区域自治的民族的人民自主地管理本民族地方性事务的制度。

民族区域自治制度包括以下主要内容：①各民族自治地方都是中华人民共和国不可分离的部分，各民族自治地方的自治机关都是中央统一领导下的地方政权机关。②民族区域自治必须以少数民族聚居区为基础，是民族自治与区域自治的结合。③在民族自治地方设立自治机关，民族自治机关除行使宪法规定的地方国家政权机关的职权外，还可以依法行使广泛的自治权。

二、民族自治地方的自治机关

民族自治地方是指实行民族区域自治的行政区域。民族自治地方包括自治区、自治州和自治县。民族乡不是民族自治地方。民族自治地方的自治机关是自治区、自治州和自治县的人民代表大会和人民政府，自治地方的人民法院和人民检察院不是自治机关。

自治区、自治州、自治县的人民代表大会常务委员会中应当有实行区域自治的民族的公民担任主任或副主任。自治区主席、自治州州长、自治县县长由实行区域自治的民族的公民担任。人民政府的其他组成人员以及自治机关所属工作部门的工作人员，也要尽量配备实行区域自治的民族和其他少数民族的人员。

三、民族自治地方的自治权

民族自治地方的自治权是指民族自治地方的自治机关根据宪法、民族区域自治法和其他法律的规定，自主地管理本地方、本民族内部事务的权利，主要有以下几方面：

1. 制定自治条例和单行条例。自治条例是指民族自治地方的人民代表大会根据宪法和法律的规定，并结合当地民族政治、经济和文化特点制定的有关管理自治地方事务的综合性法规。单行条例是指民族自治地方的人民代表大会及其常务委员会在自治权范围内，依法根据当地民族的特点，针对某一方面具体问题而制定的地方法规。

根据《宪法》第116条的规定，自治区制定的自治条例和单行条例须报全国人大常委会批准后才能生效；自治州、自治县制定的自治条例和单行条例，须报省或者自治区的人大常委会批准后生效，并报全国人大常委会备案。

根据《立法法》第66条的规定，自治条例和单行条例可以对法律和行政法规作出变通规定，但不得违背法律或行政法规的基本原则，不得对宪法和民族区域自治法的规定以及其他有关法律、行政法规就专门就民族自治地方所作的规定作出变通规定。

2. 根据当地民族的实际情况，贯彻执行国家的法律和政策。如上级国家机关的决议、命令不适合本民族自治地方的实际情况，经上级国家机关批准，自治机关可以变通或者停止执行。

3. 自主地管理地方财政。民族自治地方的财政是一级地方财政，自治机关有权管理本自治地方的财政。凡依照国家财政体制属于民族自治地方的财政收入，都应当由自治机关自主地安排使用。

3-3 （2009年试卷一第63题）关于民族自治地方财政的说法，下列哪些选项符合《民族区域自治法》规定？

A. 国家财政体制下属于民族自治地方的财政收入，由自治机关自主安排使用

B. 民族自治地方的财政预算支出，按国家规定设机动资金，但预备费在预算中不得高于一般地区

C. 自治机关对本地方的各项开支标准、定员、定额，按照国家规定的原则，结合本地方的实际情况，可以制定补充规定和具体办法，并须分别报国务院、省、自治区、直辖市批准

D. 民族自治地方在全国统一的财政体制下，通过国家实行的规范的财政支付制度，享受上级财政的照顾

——本题答案为AD。根据《民族区域自治法》第32条的规定，国家财政体制下属于民族自治地方的财政收入，由自治机关自主安排使用；民族自治地方在全国统一的财政体制下，通过国家实行的规范的财政支付制度，享受上级财政的照顾，A、D选项正确。民族自治地方的财政预算支出，按国家规定设机动资金，但预备费在预算中高于一般地区，B选项错误。根据《民族区域自治法》第33条的规定，自治区制定的补充规定和具体办法，报国务院备案而不是批准，C选项错误。

4. 自主地管理地方性经济建设。
5. 自主地管理教育、科学、文化、卫生、体育事业。
6. 经国务院批准，组织维护社会治安的公安部队。
7. 使用本民族的语言文字。

3-4 （2010年试卷一第63题）关于民族自治地方的自治权，下列哪些说法是正确的？

A. 民族自治地方有权自主管理地方财政

B. 自治州人大有权制定自治条例和单行条例

C. 自治县政府有权自主安排本县经济建设事业

D. 自治区政府有权保护和整理民族的文化遗产

——本题答案为ABCD。根据《宪法》第117条规定，民族自治地方的自治机关有管理地方财政的自治权，A选项正确。根据《宪法》第116条规定，民族自治地方的人民代表大会有权依照当地民族的政治、经济和文化的特点，制定自治条例和单行条例，B选项正确。根据《宪法》第

118 条规定，民族自治地方的自治机关在国家计划的指导下，自主地安排和管理地方性的经济建设事业，C 选项正确。根据《宪法》第 119 条规定，民族自治地方的自治机关自主地管理本地方的教育、科学、文化、卫生、体育事业，保护和整理民族的文化遗产，发展和繁荣民族文化。D 选项正确。

■ 第五节 特别行政区制度

一、“一国两制”是设立特别行政区的基本指导方针

“一国两制”即“一个国家，两种制度”，是指在统一的社会主义国家内，在中央的统一领导下，经全国人大决定，局部地区由于历史的原因而不实行社会主义的政策，依法保存不同于全国制度的特殊制度。“一国两制”是我国为解决历史遗留问题、和平实现祖国统一的一项重大方针，也是设立特别行政区的基本指导方针。其主要意义表现在：①有利于实现祖国统一，保持国家主权与领土的完整。②有利于运用和平方式解决历史遗留问题，保持台、港、澳地区的稳定与繁荣，促进国家的社会主义现代化建设。③为和平解决国际争端提供了范例，具有世界历史意义。④丰富和发展了建设具有中国特色社会主义的理论，是对马克思主义国家学说的重大发展。

二、特别行政区的概念和特点

《宪法》第 31 条规定，国家在必要时得设立特别行政区。在特别行政区内实行的制度按照具体情况由全国人民代表大会以法律规定。特别行政区是指在我国版图内，根据我国宪法和法律规定设立的，具有特殊的法律地位，实行特别的政治、经济制度的行政区域。特别行政区是相对于一般行政区而言的。尽管特别行政区与一般行政区一样，都是中华人民共和国不可分离的一部分，都是中华人民共和国的地方行政区域单位，但特别行政区有其自身的特殊性。主要表现在：

1. 特别行政区享有高度的自治权。自治权包括：①行政管理权。除国防、外交以及其他根据基本法应当由中央人民政府处理的行政事务外，特别行政区有权依照基本法的规定，自行处理有关经济、财政、金融、贸易、工商业、土地、教育、文化等方面的行政事务。②立法权。特别行政区享有立法权。特区立法会制定的法律须报全国人大常委会备案，但备案并不影响法律的生效。③独立的司法权和终审权。特别行政区法院独立进行审判，不受任何干涉；特别行政区的终审法院为最高审级，该终审法院

的判决为最终判决。④自行处理有关对外事务的权力。中央人民政府可授权特别行政区依照基本法自行处理有关对外事务。

2. 特别行政区保持原有资本主义制度和生活方式50年不变。《香港基本法》和《澳门基本法》都规定，在特别行政区不实行社会主义制度和政策，保持原有的资本主义制度和生活方式50年不变。这一规定充分体现了"一国两制"的基本方针。

3. 特别行政区的行政机关和立法机关由该区永久性居民依照基本法的有关规定组成。永久性居民是指在特别行政区享有居留权和有资格依照特别行政区法律取得载明其居留权和永久性居民身份证的居民。

4. 特别行政区原有的法律基本不变。特区的原有法律除同基本法相抵触或经特别行政区立法机关作出修改者外，原有法律予以保留。

三、中央与特别行政区的关系

特别行政区是中华人民共和国享有高度自治权的地方行政区域，直辖于中央人民政府。因此，中央与特别行政区的关系，是一个主权国家内中央与地方的关系，它的核心在于中央与特别行政区的权力划分和行使。特别行政区的高度自治权已于前述。中央对特别行政区行使的权力主要有：中央人民政府负责管理与特别行政区有关的外交事务；中央人民政府负责管理特别行政区的防务；中央人民政府任命特别行政区行政长官和行政机关的主要官员；全国人大常委会有权决定特别行政区进入紧急状态；全国人大常委会享有对特别行政区基本法的解释权；全国人大对特别行政区基本法享有修改权等。

四、特别行政区的政治体制

特别行政区的国家机关主要包括特别行政区的行政长官、行政机关、立法机关和司法机关等。

1. 特别行政区行政长官。特别行政区行政长官是特别行政区的首长，代表特别行政区，对中央人民政府和特别行政区负责。特别行政区行政长官由年满40周岁，在香港特别行政区通常居住连续满20年并在外国无居留权的香港特别行政区永久性居民中的中国公民，以及在澳门特别行政区通常居住连续满20年的澳门特别行政区永久性居民中的中国公民担任。行政长官在当地通过选举或协商产生，由中央人民政府任命。

3-5 （2008年试卷一第16题）香港特别行政区的下列哪一项职务可以由特区非永久性居民担任？

A. 行政长官

B. 政府主要官员

C. 立法会议员

D. 法院法官

——本题答案为D。根据《基本法》第88条，香港特别行政区终审法院和高等法院的首席法官必须是特区永久性居民，对其他法官没有要求，D选项正确。

2. 特别行政区行政机关。特别行政区行政机关即特别行政区的政府。特别行政区行政长官为特别行政区政府首长。特别行政区政府下设政务司、财政司、律政司和各局、厅、处、署等。特别行政区政府依基本法规定行使职权，并对立法会负责；执行立法会通过并已生效的法律；定期向立法会作施政报告；答复立法会议员的质询。

3. 特别行政区立法机关。特别行政区立法会是特别行政区的立法机关，行使立法权。其职权包括：根据基本法的规定依法制定、修改和废除法律；审核、通过政府的财政预算；根据政府提案决定税收和公共开支；听取行政长官的施政报告并进行辩论；对政府工作提出质询。

4. 特别行政区司法机关。香港特别行政区的司法机关是香港特别行政区的各级法院，包括终审法院、高等法院、区域法院、裁判署法庭和其他专门法庭。在香港，主管刑事检察工作的部门是律政司。澳门特别行政区的司法机关是澳门特别行政区法院和检察院，包括初级法院、中级法院和终审法院，检察院独立行使法律赋予的检察职能。

五、特别行政区的法律制度

香港、澳门特别行政区的法律制度不仅自成体系，而且在总体上不属于社会主义性质。特别行政区法律制度的构成要素主要有：

1. 特别行政区基本法。特别行政区基本法是根据我国宪法规定，由全国人大制定的一部基本法律，是社会主义性质的法律。基本法既是我国社会主义法律体系的组成部分，同时又是特别行政区法律体系的组成部分。在我国社会主义法律体系中，其地位仅低于宪法，但在特别行政区法律体系中，基本法又处于最高的法律地位。

2. 予以保留的原有法律。香港特别行政区原有法律，即普通法、衡平法、条例、附属立法和习惯法，除同本法相抵触或经香港特别行政区的立法机关作出修改者以外，予以保留（《香港基本法》第8条）。澳门基本法也作了类似规定。但原有法律予以保留必须具备一定条件，即不与基本法相抵触，或者未经特别行政区的立法机关作出修改。凡属殖民统治性质或者带有殖民主义色彩、有损我国主权的法律，都应废止或者修改。

3. 特别行政区立法机关制定的法律。特别行政区享有立法权，除有关国防、外交和其他根据基本法的有关规定不属于特别行政区自治范围的法律之外，立法会可以制定任何它有权制定的法律，只要制定的法律符合基本法，符合法定程序，就可以在特别行政区生效适用。

4. 适用于特别行政区的全国性法律。全国性法律是全国人大及其常委会制定的法律。由于特别行政区将保持其原有的法律制度，因而全国性法律一般不在特别行政区实施。但特别行政区作为中华人民共和国不可分离的一部分，有些体现国家主权和统一的全国性法律又有必要在那里实施。根据《香港特别行政区基本法》附件三的规定，这些全国性法律具体包括《关于中华人民共和国国都、纪年、国歌、国旗的决议》、《关于中华人民共和国国庆日的决议》、《中央人民政府公布中华人民共和国国徽的命令》、《中华人民共和国政府关于领海的声明》、《中华人民共和国国籍法》和《中华人民共和国外交特权与豁免条例》。

3-6 （2010 年试卷一第 65 题）关于特别行政区制度，下列哪些说法是不正确的？

A. 香港特别行政区行政长官任职须年满 45 周岁

B. 香港特别行政区司法机关由其法院和检察院组成

C. 香港和澳门特别行政区的各级法院都有权解释本特别行政区基本法

D. 国务院有权对香港和澳门特别行政区的部分地区宣布进入紧急状态

——本题答案为 ABD。根据香港《基本法》第 44 条规定，行政长官任职须年满 40 周岁，A 选项错误。根据香港《基本法》第 80 条和 63 条规定，香港特别行政区的各级法院是特区司法机关，律政司主管刑事检察工作，B 选项错误。根据香港《基本法》第 158 条规定，全国人大常委会授权香港特别行政区法院解释基本法，C 选项正确。根据香港《基本法》第 18 条规定，决定港澳进入紧急状态的权力属于全国人大常委会，并没有规定国务院可以决定港澳进入紧急状态，D 选项错误。

■ 第六节 基层群众性自治组织

一、基层群众性自治组织概述

（一）基层群众性自治组织的概念

基层群众性自治组织是指依照有关法律规定，以城乡居民（村民）一定的居住地为纽带和范围设立，并由居民（村民）选举产生的成员组成的，实行自我管理、自我教育、自我服务的社会组织。基层群众性自治组织这一概念出自于1982 年制定的现行《宪法》。现行《宪法》第 111 条第

1 款规定："城市和农村按照居民居住地区设立的居民委员会或者村民委员会是基层群众性自治组织……"然而，作为基层群众自治组织的一种形式，居民委员会早在 20 世纪 50 年代就已经存在了。1954 年制定的《城市居民委员会组织条例》规定："为了加强城市中街道居民的组织和工作，增进居民的公共福利，在市辖区、不设区的市人民委员会或者它的派出机关指导下，可以按照居住地区成立居民委员会。居民委员会是群众自治性的居民组织。"现行《城市居民委员会组织法》第 2 条规定："居民委员会是自我管理、自我教育、自我服务的基层群众性自治组织。不设区的市、市辖区的人民政府或者它的派出机关对居民委员会的工作给予指导、支持和帮助。居民委员会协助不设区的市、市辖区的人民政府或者它的派出机关开展工作。

（二）基层群众性自治组织的特点

1. 基层群众性自治组织是群众性的社会组织，不同于国家政权组织和其他政治、经济等社会组织。国家政治组织是以一定行政区划为基础设立的，以实现国家职能为目的的社会组织。其他政治、经济组织是基于特定的政治、经济目的而建立的社会组织。基层群众性自治组织是以居民和村民的居住地为基础，基于一定范围的居民和村民社会生活需要而建立的，其目的是解决居住地范围内的公共事务和公益事业方面的社会问题。它不是以行政区划为基础设立的，也不具有特殊的政治经济目的。所以它是群众性的社会组织。它也区别于按性别、年龄、职业、专业等组织起来的群众团体。

2. 基层群众性自治组织是一个具有自治性质的社会组织。自治是其最大的特性。这种自治性主要表现在以下三个方面：①基层群众性自治组织不从属于基层行政区域内的国家机关，不是它们的下属或下级组织。②就基层群众自治组织的内部关系来说，它是在居民和村民自愿的基础上，通过自我管理、自我教育、自我服务等途径来实现自治的组织形式，其主体是居民和村民。③从自治的内容上看，基层群众性自治组织是在居住地社区范围内全方位的、综合的自治。

3. 基层群众性自治组织具有基层性的特点。这种特点主要体现在两个方面：①从组织系统上看，无论是村民委员会还是居民委员会，都没有上级组织，更没有地区性的或全国性的统一组织，不像工会、妇联等群众团体，除有基层组织以外，还有上级的地区性的和全国性的组织。②从内容上看，基层群众性自治组织所从事的工作，都是居民和村民范围内的社区的公共事务和公益事业。

（三）基层群众性自治组织和基层人民政府的关系

《城市居民委员会组织法》和《村民委员会组织法》分别对基层群众

性自治组织和基层人民政府的关系作了规定。《城市居民委员会组织法》第2条规定："不设区的市、市辖区的人民政府或者它的派出机关对居民委员会的工作给予指导、支持和帮助。居民委员会协助不设区的市、市辖区的人民政府或者它的派出机关开展工作。"第20条规定："市、市辖区的人民政府的有关部门，需要居民委员会或者它的下属委员会协助进行工作，应当经市、市辖区的人民政府或者它的派出机关同意并统一安排。市、市辖区的人民政府的有关部门，可以对居民委员会有关的下属委员会进行业务指导。"《村民委员会组织》第5条规定："乡、民族乡、镇的人民政府对村民委员会的工作给予指导、支持和帮助，但是不得干预依法属于村民自治范围内的事项"，"村民委员会协助乡、民族乡、镇的人民政府开展工作"。从这些规定可以看出，基层群众自治组织和基层人民政府的关系包括两个方面：①基层人民政府对基层群众性自治组织的指导关系；②基层群众性自治组织对基层人民政府的协助关系。二者之间的指导和协助关系保证了基层群众性自治组织在与基层人民政府的关系中保持了自己的独立性。它表明：基层群众性自治组织不是隶属于基层人民政府的下级行政机关，基层人民政府不可对其采取直接的行政命令；基层人民政府对基层群众性自治组织的工作进行指导，但这种指导不具有法律上的约束力，基层群众性自治组织可以根据需要决定是否采纳；基层群众性自治组织有义务协助基层人民政府或其派出机关或其有关部门进行工作，但应与其自治性相适应。在实践中这种指导与协助关系能否顺利实现是基层群众性自治组织能否成为真正的群众性自治组织的关键。

二、居民委员会

（一）居民委员会的设置

《城市居民委员会组织法》规定，居民委员会根据居民居住状况便于居民自治的原则设置。自治是居民委员会的本质，居民委员会的设置必须以便于居民自治为目的，它包括：便于居民参与管理居住地的公共事务；便于居民加强与居民委员会的联系；便于居民享受居住地的公共服务。根据这一原则，居民委员会的范围为100～600户。居民委员会的设立、撤销、规模调整，由不设区的市、市辖区的人民政府决定。

（二）居民委员会的组织

居民委员会由主任、副主任和委员5～9人组成。在多民族居住地区，居民委员会中应当有人数较少的民族的成员。居民委员会的成员由选举产生。年满18周岁的没有被剥夺政治权利的本居住地区的居民享有居民委员会组成人员的选举权和被选举权。居民委员会的组成人员既可以由本居住地区全体有选举权和被选举权的居民选举产生，也可以由每户派代表选举产生。居民委员会每届任期为3年，其成员可以连选连任。

居民委员会根据需要可以设立人民调解、治安保卫、公共卫生等委员会。居民委员会成员可以兼任上述下属委员会的成员。居民较少的居民委员会可以不设下属委员会，由居民委员会的成员分工负责有关工作。居民委员会还可以分设若干居民小组。

（三）居民会议

居民会议是由居民委员会辖区范围内18周岁以上的居民组成的居民自治的权力机构。居民会议由居民委员会召集和主持，有1/5以上的18周岁以上的居民、1/5以上的户或者1/3以上的居民小组提议，应当召集居民会议。居民委员会向居民会议负责并报告工作。凡涉及全体居民利益的重大事项，居民委员会必须提交居民大会讨论决定。居民会议有权撤销居民委员会成员的职务。

（四）居民委员会的任务

根据宪法的规定，居民委员会的任务是办理本居住地区的公共事务和公益事业、调解民间纠纷、协助维护社会治安，并且向人民政府反映群众的意见、要求和提出建议。居民委员会组织法将居民委员会的任务具体归纳为以下几个方面：①宣传宪法、法律、法规和国家政策，维护居民的合法权益，教育居民履行依法应尽的义务，爱护公共财产，开展多种形式的社会主义精神文明建设活动。②办理本地区的公共事务和公益事业，调解民间纠纷，协助维持社会治安。③协助人民政府或者它的派出机关做好与居民利益有关的公共卫生、计划生育、优抚救济、青少年教育等项工作。④向人民政府或者它的派出机关反映居民的意见、要求和提出建议。

三、村民委员会

（一）村民委员会的设置

村民委员会组织法规定，村民委员会根据村民居住状况、人口多少，按照便于村民自治的原则设置。村民委员会的设立、撤销、范围调整，由乡、民族乡、镇的人民政府提出，经村民会议讨论同意后，报县级人民政府批准。自治是村民委员会的本质，村民委员会的设置必须以便于居民自治为目的，它包括：便于村民参与管理居住地的公共事务；便于村民加强与村民委员会的联系；便于村民享受居住地的公共服务。

（二）村民委员会的组织

村民委员会由主任、副主任和委员3～7人组成，妇女应当有适当的名额。在多民族居住地区，村民委员会中应当有人数较少的民族的成员。

村民委员会的成员由选举产生，任何组织或者个人不得指定、委派或者撤换村民委员会成员。年满18周岁的没有被剥夺政治权利的本居住地区的村民享有村民委员会组成人员的选举权和被选举权。有选举权和被选举权的村民名单，应当在选举日的20日以前公布。选举由村民选举委员会主持，选举委员会由村民会议或村民小组推选产生。村民委员会组成人员的候选人由本村有选举权的村民直接提名，候选人的名额应多于应选名额。选举时，设立秘密写票处，实行无记名投票、公开计票的方法。选举结果应当场公布。有选举权的村民的过半数投票，选举有效；候选人获得参加投票的村民的过半数选票始得当选。以威胁、贿赂、伪造选票等不正当手段当选的无效。选举中的违法行为由乡级人大、人民政府或县级人大常委会、人民政府处理。

有 1/5 以上的有选举权的村民或者 1/3 以上的村民代表联名，可以要求罢免村民委员会成员。罢免要求应当提出罢免理由。被提出罢免的村民委员会成员有权提出申辩意见。村民委员会应当及时召开村民会议，投票表决罢免要求。有选举权的村民过半数投票赞成的，罢免案通过。

村民委员会每届任期为 3 年，届满应当及时举行换届选举。其成员可以连选连任。

村民委员会根据需要可以设立人民调解、治安保卫、公共卫生等委员会。村民委员会成员可以兼任上述下属委员会的成员。村民较少的村民委员会可以不设下属委员会，由村民委员会的成员分工负责有关工作。村民委员会还可以分设若干村民小组。

（三）村民会议

村民会议是由村民委员会辖区范围内 18 周岁以上的村民组成的村民自治的权力机构。村民会议由村民委员会召集和主持，有 1/10 以上满 18 周岁的村民或者 1/3 的村民代表提议，应当召集村民会议。村民会议应当有本村满 18 周岁以上村民的过半数或有本村的 2/3 以上的户的代表参加方可召开。村民委员会向村民会议负责并报告工作。凡涉及全体村民利益的下列事项，村民委员会必须提交村民大会讨论决定，方可办理：①本村享受误工补贴的人数及补贴标准；②从村集体经济所得收益的使用；③本村公益事业的兴办和筹资筹劳方案及建设承包方案；④土地；⑤村集体经济项目的立项、承包方案；⑥宅基地的使用方案；⑦征地补偿费的使用、分配方案；⑧以借贷、租赁或者其他方式处分村集体财产；⑨村民会议认为应当由村民会议讨论决定的涉及村民利益的其他事项。

（四）村民委员会的财务公开制度

为了使村民委员会真正成为村民的自治性组织，防止村民委员会的组成人员利用职权侵占村民的集体财产，村民委员会组织法规定，村民委员会实行村务公开制度。

村民委员会应当及时公布下列事项，接受村民的监督：①本法第 23 条、第 24 条规定的由村民会议、村民代表会议讨论决定的事项及其实施情况；②国家计划生育政策的落实方案；③政府拨付和接受社会捐赠的救灾救助、补贴补助等资金、物资的管理使用情况；④村民委员会协助人民政府开展工作的情况；⑤涉及本村村民利益，村民普遍关心的其他事项。上述事项中，一般事项至少每季度公布一次；集体财务往来较多的，财务收支情况应当每月公布一次；涉及村民利益的重大事项应当随时公布。村民委员会应当保证所公布事项的真实性，并接受村民的查询。

村民委员会不及时公布应当公布的事项或者公布的事项不真实的，村民有权向乡、民族乡、镇人民政府或者县级人民政府及其有关主管部门反映，有关政府机关应当负责调查核实，责令依法公布；经查证确有违法行为的，有关人员应当依法承担责任。

（五）村民委员会的任务

根据《宪法》和《村民委员会组织法》的规定，村民委员会的任务是办理本居住地区的公共事务和公益事业、调解民间纠纷、协助维护社会治安，并且向人民政府反映群众的意见、要求和提出建议。《村民委员会组织法》将村民委员会的任务具体归纳为以下几个方面：①宣传宪法、法律、法规和国家政策，维护村民的合法权益，教育村民履行依法应尽的义务，爱护公共财产，维护村民的合法的权利和利益，发展文化教育，普及科学知识，促进村与村之间的团结和互助，开展多种形式的社会主义精神文明建设活动。②办理本地区的公共事务和公益事业，调解民间纠纷，协助维持社会治安。③协助人民政府或者它的派出机关做好与村民利益有关的公共卫生、计划生育、优抚救济、青少年教育等项工作。④向人民政府或者它的派出机关反映村民的意见、要求和提出建议。⑤尊重集体经济组织依法独立进行经济活动的自主权，维护以家庭联产承包经营为基础、统分结合的双层经营体制。支持和组织村民依法发展各种形式的合作经济和其他经济，承担本村生产的服务和协调工作，促进农村生产建设和社会主义市场经济的发展。⑥管理本村属于村民集体所有的土地和其他财产，教育村民合理利用自然资源，保护和改善生态环境。

3－7　（2010 年试卷一第 21 题）关于村民委员会，下列哪一说法是正确的？

A. 村民委员会实行村务公开制度，涉及财务的事项至少每一年公布一次

B. 村民委员会决定问题，采取村民委员会主任负责制

C. 村民委员会根据需要设人民调解、治安保卫、公共卫生委员会

D. 村民委员会由主任、副主任和村民小组长若干人组成

——本题答案为 C。根据 2010 年修改后的《村民委员会组织法》第 30 条规定，村委会对涉及财务的事项至少每季度公布一次，集体财务往来

较多的，财务收支情况应当每月公布一次，涉及村民利益的重大事项应当随时颁。A 选项错误。根据《村民委员会组织法》第 29 条规定，村委会决定问题采取少数服从多数的原则，而不是主任负责制，B 选项错误。根据《村民委员会组织法》第 6 条第 1 款规定，村委会由主任、副主任和委员共 3 ~7 人组成，D 选项错误。C 选项是《村民委员会组织法》第 7 条的规定，为正确选项。

第四章　公民的基本权利与义务

■　第一节　公民的基本权利与义务概述

一、公民与国籍

（一）公民

1. 公民的概念。公民，通常是指具有某个国家国籍的自然人。

我国《宪法》第33条第1款明确规定：“凡具有中华人民共和国国籍的人都是中华人民共和国公民。”因此，公民与国籍密切相关。在我国，凡具有中华人民共和国国籍的人都是中华人民共和国的公民，都将成为宪法规定的基本权利的主体，不受民族、职业、家庭出身、宗教信仰、教育程度、财产状况等诸因素的影响和限制。

公民是自近代以来广泛使用的一个法律概念，是随着国家法律的产生而出现的。“公民”一词最早出现在古希腊、古罗马奴隶制共和政体中。当时的公民专指社会成员中的奴隶主、自由职业者和外来居民中享有特权的少数自由民，奴隶、妇女、外邦人以及其他未成年人均不属于公民范围。封建专制社会里没有公民概念，隶属或臣服于君主的不同等级身份的人称臣民。到资产阶级革命时期，与资产阶级思想家提出的“主权在民”、“天赋人权”以及“法律面前人人平等”的民主思想紧密相连，公民的概念才得以广泛使用，将公民的范围扩展到一国所有的人，普遍适用于社会全体成员。资产阶级掌握国家政权后，公民的概念为资产阶级国家宪法所确认，进而被普遍地用于资产阶级的宪法和其他宪法性法律文件之中。

2. 公民与人民。公民的概念随着历史的发展以及各国国情的不同，使用情况也不尽一致。在西方，公民往往是国民、人民的同义词，通常指一国的全体成员，在宪法中亦可交错使用，如美国、意大利、法国等。在我国，历史上有过国民、人民、公民的不同提法，建国初期“国民”、“公民”曾经作为同义语使用，直到1953年，我国在颁布第一部《中华人民共和国全国人民代表大会和地方各级人民代表大会选举法》时，首次使用了公民的概念。从此，在我国的宪法和法律中，凡涉及个人的法律地位时，均一律使用公民的概念，而不再使用国民的概念。

建国初期的《中国人民政治协商会议共同纲领》中曾经使用过“人

民”和“国民”两个概念，但“公民”和“人民”作为两个不同的概念却一直沿用至今，二者亦有一定的区别：①范畴不同。人民是政治概念，是与专政对象相对立的，与特定人的政治态度和政治倾向有关。随着我国革命性质和革命内容的变化，人民的内涵也在不断变化，现阶段，我国的人民应包括全体社会主义劳动者、社会主义事业的建设者及一切拥护社会主义的爱国者和拥护祖国统一的爱国者。公民则属于法律概念，是与外国人（包括无国籍人）相对应的，公民资格是由国籍来确定的。在我国，凡具有中华人民共和国国籍的人都是我国公民。②范围不同。人民的范围是依据阶级界限来划分的，与公民相比，其范围要小得多，而且通常指某个集合体；而公民的确定则以法律为依据，其范围不仅包括人民，而且还包括被专政的对象和依法被剥夺政治权利的人，人民应是公民中的绝大多数，通常指单个的自然人。③后果不同，人民享有宪法和法律规定的全部权利并履行全部义务；而公民当中依法被剥夺政治权利的人和被专政的对象则不能享有公民依法享有的全部权利，也不能履行公民的某些光荣义务。

4-1 在我国，“公民”和“人民”是两个不同的概念。它们的区别主要有：

A. 性质不同。公民是与外国人相对应的法律概念；人民是与敌人相对应的政治概念

B. 范围不同。公民的范围比人民的范围更加广泛，公民中除包括人民外，还包括敌人

C. 后果不同。所有的人民都享有宪法和法律规定的权利并履行相应的义务；但并非所有的公民都能享有宪法和法律规定的权利并履行相应的义务

D. 公民所表达的一般是个体概念，人民所表达的一般是群体概念

——本题答案为ABCD。本题所考知识点为公民的概念。主要考查理论问题，依靠对公民概念的理解记忆。

（二）国籍

1. 国籍的概念。国籍，是指一个人作为某一特定国家的成员而隶属于该国的一种法律上的身份或资格。它是区别一个自然人是本国人还是外国人的惟一标准。国籍意味着个人与国家的某种固定的法律联系，是国家实行外交保护的法律依据，一个人一旦拥有某个国家的国籍，通常就被认为是这个国家的公民，因此而享有该国宪法和法律规定的权利，并履行该国宪法和法律规定的相应的义务。

世界各国一般都将国籍作为获得本国公民资格的法律条件。在我国，国籍是确定公民资格的惟一条件，即凡是依据《中华人民共和国国籍法》取得中华人民共和国国籍的人，都是中华人民共和国公民；凡是中华人民共和国公民，都享有中华人民共和国宪法和法律规定的权利，亦应履行中华人民共和国宪法和法律规定的相应的义务。由此可见，国籍问题是一个自然人能否成为某国公民，能否享有该国宪法和法律所赋予的权利并承担相应义务的一个前提条件，所以，对自然人而言，国籍的取得或丧失显得尤为重要。

2. 国籍的取得。各国一般依据其国籍法确定公民的国籍。根据各国国籍立法和实践，国籍的取得通常有两种方式：

（1）出生国籍，即因出生而取得国籍。世界各国对于确定出生国籍的原则规定不尽相同，主要有：①血统主义原则，即确定一个人的国籍以他出生时父母的国籍为准，而不问他的出生地为何国。②出生地主义原则，即确定一个人的国籍以他出生地所属的国家为准，而不问他的父母属于何国国籍。③血统主义和出生地主义相结合原则，其中有的以血统主义为主，出生地主义为辅。出于各自国家和公民的利益，当今世界大多数国家都采用血统主义和出生地主义相结合的原则来解决国籍问题。我国亦不例外。根据我国国籍法的规定，父母双方或一方为中国公民，本人出生在中国的，具有中国国籍；父母双方或一方为中国公民，本人出生在外国的，具有中国国籍。但父母双方或一方为中国公民并定居在国外，本人出生时而具有外国国籍的，则不具有中国国籍。父母无国籍或国籍不明，定居在中国，本人出生在中国，具有中国国籍。

（2）继有国籍，即因加入而取得国籍。继有国籍，是指根据个人的意思表示，或者根据一定的法定事实的出现，依法定程序由入籍国批准而取得的国籍。这种入籍方式包括个人申请及由于婚姻关系、收养关系、领土转移等而取得的国籍。对于继有国籍，我国国籍法规定，外国人或无国籍人申请加入中国国籍，必须具备两个前提并满足相应的法定条件。两个前提为：①申请人必须愿意遵守中华人民共和国的宪法和法律；②申请必须是出于本人的自愿。法定条件为：①申请人为中国公民的近亲属，近亲属包括夫、妻、父、母、子、女、同胞兄弟姐妹。被中国公民收养的外国人、无国籍人，自愿申请加入中国国籍，也视为符合此项规定条件。②申请人定居在中国。③有其他正当理由。具备上述两个前提及法定条件之一的申请人，履行一定的法律程序后即可获得中国国籍。需要指出的是，经批准加入中国国籍的公民，不再保留外国国籍；而中国公民自愿加入或取得外国国籍的，则自动丧失中国国籍。这体现了我国国籍法不赞成双重国籍的精神。

在我国，管理国籍的机关是申请人居住地的县、市公安机关，在国外是中国外交代表机关和领事机关，但这些机关只负责接受申请和审查申请人是否符合法律规定，最终的审批权限属于中华人民共和国公安部。经公安部批准申请后，由有关公安机关发给证书，申请人就具有了中国国籍，取得了中华人民共和国公民资格，成为中华人民共和国公民。

3. 国籍的丧失。国籍的丧失，是指一个人失去作为某一特定国家公民的身份或资格。国籍的丧失可分为自愿丧失和非自愿丧失两种：①自愿丧失国籍，指以当事人的本意为基础，如申请人主动向主管机关声明放弃国籍或者申请解除国籍。②非自愿丧失国籍，指非以当事人的本意为转移，而是法律规定的结果或主管机关依法剥夺的结果，如已取得外国国籍的自然人当然丧失原有国籍。此外，对某些重罪犯如叛国罪、危害国家安全罪的犯人，有些国家的法律规定可以剥夺其国籍。

4-2 （2002年试卷一不定项选择第87题）根据我国现行宪法和法律，下列哪些人可以具有中国国籍？

A. 赵某，出生于中国大陆，父亲为美国公民，母亲为中国公民

B. 钱某，出生于法国，父亲为中国公民，母亲为日本公民

C. 孙某，出生于柏林，父母双方均为中国公民，1980年移民德国，定居柏林（德国采用出生地主义的国籍原则）

D. 李某，出生于中国，父亲为无国籍人，母亲也国籍不明

——本题答案为ABD。本题所考知识点为国籍，题目及选项涉及《国籍法》第4、5、6条规定的内容。《国籍法》第4条规定，父母双方或一方为中国公民，本人出生在中国，具有中国国籍。第5条规定，父母双方或一方为中国公民，本人出生在外国，具有中国国籍；但父母双方或一方为中国公民并定居在国外，本人出生时就具有外国国籍的，不具有中国国籍。第6条规定，父母无国籍或国籍不明，定居在中国，本人出生在中国，具有中国国籍。据以上规定，可以确定A、B、D选项中的赵某、钱某及李某具有中国国籍；在C选项的情形下，孙某，出生于德国柏林，出生时就取得了德国国籍，依据《国籍法》第5条规定，孙某不再具有中国国籍。

关于国籍这一知识点，在宪法、国际法、国际私法中都有所涉及，只是角度不同。本题要注意排除B、C这两项的干扰性，必须注意C项中括号交代的信息，这一交待的信息已很说明问题；而B项没有交代法国、日本采用什么样的国籍原则，所以，考虑该选项时，就假定钱某出生时没有取得法国国籍、日本国籍，依我国国籍法，可以认为具有中国国籍。

4. 香港和澳门特别行政区居民的国籍。我国不承认双重国籍，但香港、澳门回归祖国，依法成为香港特别行政区、澳门特别行政区后，我国的国籍法也适用于香港特别行政区和澳门特别行政区的中国公民。同时，鉴于香港和澳门特别行政区居民的特殊情况，我国政府采取了灵活宽松的方式解决香港、澳门特别行政区居民的国籍问题，除香港、澳门两特别行政区因本身特殊情况所形成的特殊问题外，两个特别行政区居民国籍问题的处理均一致适用我国国籍法所确定的基本原则，据此，全国人大常委会分别通过了《〈中华人民共和国国籍法〉在香港特区实施的几个问题的解释》及《〈中华人民共和国国籍法〉在澳门特区实施的几个问题的解释》。依据该解释的规定，凡具有中国血统的香港、澳门居民，本人出生在中国领土（含香港、澳门）者，以及其他符合《中华人民共和国国籍法》规定的具有中国国籍的条件者，都是中国公民。

在香港特别行政区，由中央人民政府授权香港特别行政区政府指定其入境事务处为香港特别行政区受理国籍申请的机关，香港特别行政区入境事务处根据《中华人民共和国国籍法》和相关解释对所有国籍申请事宜作出处理。在澳门特别行政区，由中央人民政府授权澳门特别行政区政府指定机构根据《中华人民共和国国籍法》和相关解释处理有关国籍申请的事宜。

二、公民基本权利与义务的概念和特点

（一）公民基本权利与义务的概念

公民在国家中的地位及与国家间的相互关系，反映在法律上，就表现为公民依法享有权利并履行义务。公民的权利与义务名目繁多，范围广泛，可以分为一般权利与义务和基本权利与义务。

公民的一般权利是指公民在宪法和法律规定的范围内，有可作某种行为以及要求国家或其他公民作或不作某种行为的资格。公民的权利是国家宪法和法律所赋予的，受宪法和法律保护。权利包括作为与不作为两个方面，公民有权依宪法和法律自己去实现某种行为，也有权要求其他公民或国家机关、社会团体、企事业单位作或不作某种行为，以使本人得到某种利益或实现某一愿望，得到国家法律的保护。只要在宪法和法律规定的范围内，公民权利的行使具有极大的选择性和自主性，公民既可以行使权利，也可以放弃权利，还可以转让某些权利，这完全取决于公民个人的意愿。公民行使自己的权利，他人不得妨碍，国家亦应依法保障公民权利的实现。

公民的一般义务是指国家宪法和法律规定的公民必须遵守和应尽的某种责任。它表现为公民必须为某种行为或不为某种行为，否则就会受到相应的法律制裁。公民义务是由国家宪法和法律所确定的，并与一定的法律

后果相联系，因而，公民对义务的履行不具有选择性，不得取舍，国家以强制力保障公民对国家、社会及他人履行自己的义务。公民如果不履行法定义务，就要承担相应的法律责任。

公民基本权利与义务即公民的宪法权利、义务，是指宪法所规定的，可以表明公民在国家生活基本领域中所处法律地位的、那些首要的、根本的、具有决定性意义的权利与义务。公民基本权利与义务共同反映并决定着公民在国家中的政治和法律地位，构成了普通法律规定的公民权利和义务的基础和原则。

（二）公民基本权利与义务的特点

宪法所确认的公民基本权利与义务有一个发展过程。现阶段，公民基本权利与义务与公民一般的权利与义务相比，具备以下特点：

1. 公民基本权利与义务是由国家宪法所确认的，其范围和内容亦由宪法规定。宪法所固有的国家根本法的地位，决定了公民的基本权利与义务既不能随意中止，也不能另行产生。对于公民的基本权利，任何组织和个人都不得随意限制和剥夺；对于公民的基本义务，任何人不能以任何借口不予履行。因而，公民基本权利与义务是每个公民的正常生活中不可缺少的，具有稳定性和排他性。

2. 公民基本权利与义务是公民最主要的，也是必不可少的权利与义务，具有根本性和母体性，是普通法律规定公民一般权利与义务的基础和依据。宪法所规定的公民基本权利与义务只是公民在社会生活中所享有或承担的最根本的、那些“不证自明”的权利和义务，不是公民权利与义务的全部，它能够派生出公民的一般权利和义务，公民的一般权利和义务是其他部门法律对公民基本权利与义务的进一步具体化。

3. 宪法所确定的公民基本权利与义务主要反映了国家机关和公民间的基本关系。凡宪法确定为公民应享有的基本权利，就意味着是国家机关应当履行的义务。国家机关必须通过政治、经济、组织及法律等手段切实予以保障，国家机关不能超越宪法而任意剥夺和侵害，也不能允许其他组织和个人任意剥夺和侵害；凡宪法确定为公民基本义务的，就意味着是国家应享有的基本权利，国家机关就有权要求、甚至强制公民去履行这种基本义务。

公民是否真正享有宪法和法律规定的所有权利，是否完全平等地承担各项义务，能够最直接、最明显地反映出公民在国家生活中的地位。因而，公民权利与义务就具有鲜明的阶级性，其本质取决于国家的阶级本质。

（三）公民权与人权的关系

人权，是近代资产阶级启蒙思想家英国的洛克和法国的卢梭等人针对封建特权和中世纪的“神权”统治提出来的，其理论依据就是资产阶级启蒙思想家的近代自然法思想和社会契约论理论。英国的洛克在他的《政府论》强调：“人类天生都是自由、平等和独立的”，“任何人都不能侵害他人的生命、健康、自由或财产”。他认为人有天赋的权利，这种权利既不能变更，更不可否认。法国的卢梭在他的《社会契约论》中也提到：“每个人都生而自由、平等”，“放弃自己的自由，就是放弃做人的资格，就是放弃人类的权利”。洛克和卢梭的观点构成了资产阶级人权观点的基本内容。具体而言，资产阶级启蒙思想家所讲的“人权”具有两种形态：应然权利和实然权利，也就是说，人权不仅是指人作为人而应该享有的权利，还包括一个国家在宪法和法律上规定的公民实际能够享受的法定权利，而资产阶级启蒙思想家所阐述的人权一般是前种意义上的人权，是抽象的、天赋的、普遍的，是超阶级、超地域、绝对的，同时又是不能被剥夺也不能让与的，其内容包括了生命权、健康权、自由权和财产权等。

我们通常所提及的“人权”，是指作为自然的和社会的人所固有的权利，尤其是指一个国家宪法和法律上规定的公民实际能够享受的法定权利，在资产阶级宪法中通常规定为“基本权利”或者“基本人权”，它包括生存权以及国家所赋予的政治、经济、文化各方面的权利和自由。人权最初是作为公民基本权利规定于各资本主义国家的宪法之中的。世界上第一个把人权提到纲领性文件和根本法地位的是1776年美国《独立宣言》。1789年通过的法国《人权宣言》，以法律形式肯定了资产阶级的人权概念，为人权成为各资产阶级国家宪法的核心内容奠定了基础。

资产阶级的人权概念是为资产阶级政治、经济的建立和发展服务的，在资产阶级国家的历史上具有进步性和革命性，但同时也具有阶级的局限性和虚伪性。人权只不过是资产阶级的特权，正像马克思所指出的：“人权本身就是特权，而私有制就是垄断”。人权不是天赋的，是人类社会生产力发展到一定阶段的产物。而阶级社会的人权是有阶级性的，在阶级社会里，没有抽象的、超阶级的、普遍的人权。

人权在法律上称之为公民权，可以说公民权是全部或部分人权的法定化。广义的公民权应包含政治、经济、文化、社会以及生活等诸方面的权利，从这个角度分析，近代人权就应是由各国国内法和政策所体现和保障的公民权。在资本主义国家，人权和公民权可以通称为人权；而在我国，宪法上的“公民的基本权利”的含义和公民权的含义基本上是一致的，只不过公民权不仅包括宪法规定的公民的基本权利，还包括公民其他的法定权利，其范围要广得多。

由于世界各国的历史背景、社会制度、文化传统以及经济发展状况的差异，对人权的认识往往也并不一致，对人权的实施更有不同。中华人民共和国建立以后，我国的人权状况有了根本改善。我国现行宪法及其他法律规定了我国公民享有广泛的政治、经济、文化和社会方面的权利，为我国人权的真正实现提供了可靠的法律保障。但由于我国目前还处在社会主义初级阶段，人权的发展和完善受到国家经济、政治、科学和文化发展水平的制约，同时也受到人们的民主意识、权利意识、法律意识以及科学文化水平的制约，因此，继续促进人权的发展，努力达到中国社会主义所要求的实现充分人权的崇高目标，仍然是中国人民和政府的一项长期的历史任务。

（四）公民基本权利与义务的历史及新发展

从宪法形成的历史渊源看，宪法颁布之初即含有公民权利的保障书之意义。如：在世界上最早出现的英国宪法中，那些属于成文部分的宪法性文件基本上都是保护人身权利的民权法案。18 世纪的法国宪法和美国宪法亦是如此。实际上，公民权利自资产阶级宪法产生以来就被作为宪法的核心内容，被看作其立宪制度的价值所在。社会主义宪法也不例外。十月革命胜利后，《被剥削劳动人民权利宣言》是苏俄制定的第一部社会主义宪法性文件，以根本法的形式宣布了劳动者所享有的各项权利及国家给予实现这些权利的物质保障，体现出社会主义国家通过宪法确定公民基本权利与义务的一般特点。公民基本权利与义务从产生到发展，经历了漫长的历史过程。随着社会政治、经济、文化和民主生活的不断发展，公民基本权利与义务的范围和内容也有了较大变化，各国宪法中关于公民基本权利与义务的项目逐步增多，社会经济、文化方面的权利与受教育权利普遍受到重视，同时，公民在享有政治权利上的限制逐步减少，也出现了诸如和平生存权、了解权、安乐死权等新的基本权利要求。

我国公民的基本权利和义务也是由国家宪法来全面规定的。建国初期起临时宪法作用的《中国人民政治协商会议共同纲领》及 1954 年、1975 年、1978 年、1982 年《宪法》都规定了我国公民的基本权利与义务。其中，1954 年《宪法》作为我国第一部社会主义宪法，比较全面地规定了公民的基本权利与义务，为发展社会主义民主、健全社会主义法制奠定了良好的基础。1975 年和 1978 年《宪法》由于受“文化大革命”和“四人帮”极左思潮的影响，对公民基本权利与义务的规定也大大缩减，不仅影响了公民对基本权利和自由的享有，也阻碍了社会主义民主的发展。

现行宪法以 1954 年《宪法》为基础，在总结建国以来制宪和行宪过程中正反两方面的经验教训的基础上，依据我国国情并吸取世界各国宪法之精华，对我国公民基本权利与义务体系作了较大调整，对我国公民基本权利与义务的保障体系进行了充实和发展，建立起符合中国实际的公民基本权利与义务的保障体系。主要表现在：

1. 在结构体系上，现行《宪法》为突出表现公民基本权利在宪法中的重要地位，将“公民的基本权利和义务”一章由原来的第3章提前为第2章，列在“国家机构”之前，与总纲联结起来，充分体现了公民基本权利和义务是总纲的延伸和继续，以及与国家制度和社会制度的紧密联系，反映出国家对公民基本权利与义务的高度重视，同时也合理地处理了公民权利与国家权力之间的协调关系，恰当地表明了政治秩序中基本权利应具有的价值和普遍约束力。

2. 条文数量增加，内容更加充实、具体。我国历部宪法关于公民基本权利与义务的条文数量分别是：1954年《宪法》为19条；1975年《宪法》减为4条；1978年《宪法》恢复到16条；只有现行《宪法》体现出对公民基本权利与义务的高度重视，发展为24条。现行《宪法》不仅新增加了一些公民的基本权利和义务条款，而且结构更加科学、文字表述更加规范、内容更加完整，主次有序，与国际惯例基本保持了一致。

3. 注重基本权利保障体系的建立，从法律和物质上全面保障公民的基本权利和自由。我国现行《宪法》在规定公民基本权利的同时，明确规定了相应的物质和法律保障，充分体现了公民基本权利与自由的宪法价值和实践价值的统一性。如现行《宪法》规定，禁止用任何方法对公民侮辱、诽谤和诬告陷害；国家通过各种途径创造就业条件、改善劳动条件、加强劳动保护、提高劳动报酬和福利待遇等。我国还通过在《刑法》中规定的侵犯公民人身权利、民主权利罪，来惩罚犯罪，保障公民的基本权利和自由。

4. 强调权利和义务的一致性，厘清了两者之间的逻辑关联。现行宪法明确规定，任何公民享有宪法和法律规定的权利，同时必须履行宪法和法律规定的义务，充分体现了基本权利和基本义务并重的原则以及行使基本权利和履行基本义务具有相同意义的精神，从立法精神上明确了义务的履行是实现权利不可缺少的形式。此外，我国宪法还明确要求公民在行使权利和享有自由时，不得损害国家的、社会的、集体的利益和其他公民的合法的权利和自由，充分体现出马克思主义的权利义务观。

4-3 （2011年试卷一多选第62题）公民基本权利也称为宪法权利。关于公民基本权利，下列哪些选项是正确的？

A. 人权是基本权利的来源，基本权利是人权宪法化的具体表现

B. 基本权利的主体主要是公民，在我国法人也可以作为基本权利的主体

C. 我国公民在行使自由和权利的时候，不得损害国家的、社会的、集体的利益和其他公民的合法的自由和利益

D. 权利和义务的平等性是我国公民基本权利和义务的重要特点

——本题答案为ACD。本题主要考察的知识点为人权、公民的基本权利与义务。宪法规定的权利和义务，其主体只能是中华人民共和国公民，法人或单位组织等非自然人不能作为我国基本权利的享有者。因此B项不当选。

■ 第二节 我国公民的基本权利

公民所享有的各项基本权利是我国现行《宪法》的主要内容之一。依据我国现行《宪法》的规定，我国公民享有的基本权利可以概括为以下几类：①平等权。②政治权利和自由。包括选举权与被选举权，言论、出版、结社、集会、游行、示威自由等各项政治自由。③宗教信仰自由。④人身自由。包括公民的人身自由不可侵犯、人格尊严不受侵犯、公民住宅不受侵犯、通信自由与通信秘密受保护。⑤监督权和取得赔偿权。包括批评、建议权、控告、检举权、申诉权以及取得国家赔偿权。⑥社会经济、文化教育方面的权利。包括财产权，劳动权，获得物质帮助权，劳动者休息权，受教育的权利和义务，进行科学研究、文学创作和其他文化活动的自由。⑦特定主体权利。包括妇女、儿童与老人权利，退休人员和军烈属的权利，残疾人权利，华侨、归侨、侨眷的权利，被告人有获得辩护的权利。本节将就上述公民的七类基本权利详述如下：

一、平等权

现行《宪法》第33条第2款规定："中华人民共和国公民在法律面前一律平等。"这是我国公民享有的一项重要的基本权利。

平等权是指公民所享有并行使的不受任何差别对待地、平等地享有宪法和法律所规定的公民权利以及要求国家在任何情况下不分任何差别地予以保护的权利。平等权是我国宪法规定的实体性的权利，是公民基本权利体系的重要组成部分，贯穿整个宪法的始终，是公民作为权利主体参与社会生活的前提和条件，构成宪法权利的基础，体现着宪法的基本精神。

平等思想渊源已久。17、18世纪的资产阶级思想家洛克、卢梭等人以"人生来即是自由、平等的，人权是天赋的、无差别的"自由平等思想为内容，提出了"法律面前人人平等"的口号，用以反对封建特权，改变欧洲教权和皇权的等级结构。此后，平等的信念传遍整个欧洲，并成为资产阶级革命胜利后制宪的一条基本原则。1789年法国的《人权宣言》首先以法律的形式肯定了公民所享有的平等权。依据《人权宣言》规定的内容，平等权应包含三方面含义：①公民有立法上的平等，所有公民都平等地享有直接或间接参与立法活动的权利。②所有公民在适用法律上的平等。③公民平等地参与执法。由此，资产阶级第一次将平等与公民、公民的权利联系在一起，并且将作为国家与公民之间紧密联系的平等权普及于立法、执法和适用法律的全部范围。进入 20 世纪以后，资产阶级各国的宪法就平等权的内容加以详列，使平等权的内容进一步充实。

在我国，建国后的第一部宪法——1954 年《宪法》就明确规定了公民在法律上一律平等的原则，后来由于“左”倾思潮的影响，1975 年和 1978 年《宪法》取消了这一规定。拨乱反正后，1982 年《宪法》又恢复规定了这一原则，使公民能够重新享有这一重要的宪法权利，亦使公民在行使权利的过程中有了明确的行使准则。

（一）平等权的含义

依据我国现行《宪法》和有关法律的规定，我国公民所享有的平等权应包含以下三方面含义：

1. 公民不分民族、种族、性别、职业、家庭出身、宗教信仰、教育程度、社会地位、政治历史，财产状况、居住期限等，一律平等地享有宪法和法律规定的权利和自由，平等地履行宪法和法律规定的义务。平等权的这一含义表明，平等权的适用范围极其广泛，作为平等权享有和行使主体的公民，在宪法和法律上的地位是平等的，并没有任何高低之分，而平等权的本质是权利义务的平等，禁止任何差别对待，不得对同等条件的公民给予不同等的待遇。

2. 国家机关在适用法律时，对任何公民一律平等对待，不得因人而异，司法机关只能以事实为依据，以法律为准绳，不允许对情况、性质、情节相同的，发生在不同公民身上的行为或事件，依据不同或相同的法律给予不同的处理，必须做到对一切公民的合法权益平等地依法予以保护，对任何公民的违法犯罪行为，都平等地予以追究和制裁。这说明，在我国，平等权的概念实际上确立了我国国家机关活动的合理界限，同时也是我国国家机关活动的基本原则和活动的出发点。

3. 国家不允许任何组织和个人有超越宪法和法律之上的特权，任何人都要严格遵守宪法和法律，任何人不得强制任何公民承担法律以外的义务，不得使公民受到法律以外的制裁。特权意味着歧视，歧视在某种意义上也意味着特权，法律上的平等与特权和歧视是绝对不相容的。我国宪法规定的“法律面前人人平等”指的是法律赋予公民权利能力上的平等，意即同等条件下公民具有享有相同权利的资格和履行相同义务的责任，这里的平等并不排斥公民在行为能力上的差别。换言之，平等权所禁止的特权指的是那些不合理差别，即公民在遵守和适用法律上不能有任何差别，而宪法意义上的合理差别也就是所谓的立法上的差别，则应是符合平等权的本质含义的。例如，在2010年之前，我国《选举法》规定了城乡之间、汉族和少数民族之间每一代表所代表的人口数的不同比例，县、省、全国三级人民代表大会每一代表所代表的人口数，农村为城市的4倍。同时又规定，每一聚居的少数民族都应有代表参加当地的人民代表大会，人口特少的民族亦不以人口为限。这一规定显然是代表投票价值上的不平等差别，但这种不平等是我国的宪法、法律根据当时的具体国情确定的，其根本目的是为了达到实质上的平等和实质上的无差别，应该说这就是宪法意义上的合理差别。这种合理差别具有现实存在的基础和合理性。随着国家的经济社会情况的不断发展，对公民基本权利的保障的力度逐步加大。2010年，第十届人大第十一次会议审议了《选举法修正案》，正式表决通过修正案，实现了中国自有史以来城乡同票同权的民主诉愿，这是中国民主法制的重大进步。[1]

（二）对平等权的理解

1. 平等权是指公民在遵守法律和司法机关适用法律上的平等，而不包括立法上的平等。这一点是我国公民与资产阶级国家公民在享有和行使平等权方面的本质区别。毛泽东同志曾经指出，我们在立法上要讲阶级不平等，在司法上要讲阶级平等。我国现行《宪法》关于平等权的规定就充分体现了这一原则和精神，在立法上公民之间不能平等，因为公民中的人民与敌人不能平等，人民内部不同的阶层也要区别对待。但法律一经制定后，在适用上则应人人平等，任何公民都应平等地遵守法律，平等地享有法定权利和平等地履行法定义务，不能有任何差别。

2. 平等权不是绝对的平均权。平等权是一种相对的具体的权利，是指在法律所规定的同一条件或同一情形下，公民应享有相同的权利，履行相同的义务，不得有所歧视或享有特权。从根本上讲，资产阶级国家所宣扬的公民在法律上的平等权仅仅是以金钱的特权代替了封建的特权，是一种实质上的不平等。在社会主义条件下，虽然剥削制度已被消灭，但法律确认的平等也只能是一种相对意义上的平等，是一种默认的“天然特权”的

〔1〕王兆国副委员长在第十届人大第三次会议上所作的《关于中华人民共和国全国人民代表大会和地方各级人民代表大会选举法修正案草案的说明》中指出，1995年以来，我国的工业化、城镇化进一步加速，农村经济文化水平大幅提高，社会结构发生深刻变化。我国城镇人口比重已由1995年的29.04%上升为2009年的46.6%。与此同时，我国各级人大经历了数次换届选举，积累了丰富的经验，社会主义民主政治建设和法制建设取得巨大成就，党领导的人民民主专政的阶级基础和群众基础不断巩固和扩大。修改选举法，实行城乡按相同人口比例选举人大代表的客观条件已经具备。见新华社2010年3月8日电。

体现，因为个人天赋的不同，就会产生不同等的工作能力。因此，我国公民平等权的享有只能以宪法和法律为尺度，不能任意加以扩大或缩小。

3. 平等权作为公民的基本权利，并不具备系统和独立的内容，它是一种包容性权利，构成公民宪法权利的基础，在某种程度上具有手段的意义。依据我国宪法的规定，作为基本权利体系结构之一的平等权，同时也是公民实现其政治权利、经济权利、社会权利与文化权利的手段，为这些权利的实现提供了原则与基础。例如我国宪法所规定的平等权，其作为公民基本权利的价值主要体现在与其他基本权利的相互关系中，如宪法所规定的政治平等权、经济平等权、文化平等权与社会平等权等。世界上只有少数国家会根据本国的特定历史情况，在其宪法中特殊规定平等权的某些特定内容及具体含义，诸如妇女与男子同样享有平等权以及皇族与平民的平等问题等。

二、政治权利和自由

政治权利和自由，是指宪法和法律规定公民有参加国家管理、参政议政的民主权利，以及在政治上享有表达个人见解和意愿而不受政府非法限制的权利和自由。通常政治权利和自由表现为两种形式：①公民参与国家、社会组织和管理的活动，体现为公民所享有的选举权和被选举权；②公民在国家政治生活中依法自由地发表意见、表达意愿的自由，体现为公民所享有的言论、出版、结社、集会、游行和示威的自由。

我国现行《宪法》第 2 条第 3 款关于“人民依照法律规定，通过各种途径和形式，管理国家事务，管理经济和文化事业，管理社会事务”的规定，确定了公民参与政治生活的基本形式，具体体现在公民所享有的各项政治权利和自由中。世界各国宪法和法律对保障公民能够充分享有政治权利和自由大都做了严格、具体的特殊规定，主要包含有政治保障、法律保障、物质保障等保障原则。宪法有关政治权利和自由的规定通常通过部门法得以具体落实，在我国目前已初步形成了保障公民政治权利和自由的较为健全和完善的立法和执法体系的前提下，政治权利在现实生活中的实现，在很大程度上就取决于国家提供的有关物质保障。本节将就我国宪法规定的公民政治权利和自由详述如下：

（一）选举权和被选举权

我国现行《宪法》第 34 条规定：“中华人民共和国年满 18 周岁的公民，不分民族、种族、性别、职业、家庭出身、宗教信仰、教育程度、财产状况、居住期限，都有选举权和被选举权；但是依照法律被剥夺政治权利的人除外。”依据《宪法》的规定，我国公民享有选举权和被选举权的条件应同时具备以下三点：①国籍条件。必须是中华人民共和国公民。选举权和被选举权作为一项由特定国家政治意志形成的权利，只能由本国公民享有，而不可能由外国人享有。②年龄条件。必须是年满18周岁的中华人民共和国公民。选举权和被选举权的行使都要求公民有一定的政治判断力，而公民是否有政治判断力与其年龄有着密切的联系。③政治条件。必须是未被依法剥夺政治权利的公民。被人民法院依法剥夺政治权利的公民，或者是因为滥用政治权利，或者是实施严重的犯罪行为对社会构成了极大危害的，不应当享有选举权和被选举权。除此之外，在我国，公民享有选举权和被选举权不受其他任何条件限制。

选举权与被选举权，是指公民依法享有参加选举和被选举为国家权力机关的代表或某些国家领导机关的领导人的一项基本政治权利。选举权与被选举权包含以下三方面的内容：①公民有权依法按自己的意愿选举国家权力机关的代表或国家领导机关的领导人。②公民依法享有被选举为国家权力机关的代表或国家领导机关的领导人的权利。③公民有权依法监督被选出的国家权力机关的代表和国家领导机关的领导人，对其中不称职或违法乱纪者依法享有罢免权。选举权和被选举权是公民参加管理国家、实现当家作主的一项最基本、最重要的政治权利。我国宪法与选举法都详细规定了公民行使选举权的原则、程序和方法，同时亦规定了对侵犯公民选举权和被选举权的违法犯罪行为予以制裁以及选举经费由国库开支等内容，为公民选举权和被选举权的充分实现提供了法律和物质上的保障。选举权和被选举权的行使方式由我国的选举法具体规定，通常采取投票或表决的方式。

4-4 （2009年卷一单选第19题）关于全国人大代表和省、自治区人大代表的名额，按照农村每一代表所代表的人口数四倍于城市每一代表所代表的人口数的原则的分配的规定，下列哪一说法是错误的？

A. 我国选举权的平等原则既着重于机会平等，也重视实质平等

B. 我国选举法自颁布以来进行了四次修改，每一次都依据当时城乡人口变化情况对城乡代表名额的分配比例进行了调整

C. “实行城乡按相同人口比例选举人大代表”是我国选举制度发展的方向

D. 我国选举法的修改反映了城镇化发展的客观趋势

——本题答案为B。本题所考知识点为选举权的平等原则以及选举法的修改等。从历史上看，在我国的选举法自颁布以来经历了五次修订，只有1982年选举法、1995年选举法和2010年选举法对城乡代表名额的分配比例作出了修改，因此B项的说法是错误的。值得说明的是，本题为09年的考题，实际上2010年对选举法的修订实现了城乡“同票同权”的民主诉求。

（二）各项政治自由

我国现行《宪法》第35条规定："中华人民共和国公民有言论、出版、集会、结社、游行、示威的自由。"宪法规定的这六项自由，通常被称为公民的政治自由权，是公民表达意愿、参与政治生活的一项经常性的基本政治权利，在国家政治生活中占有极其重要的地位。

1. 言论自由。言论自由是指公民享有宪法确认的对于国家和社会生活中的各项问题以书面或口头方式表达其思想和见解的自由和权利。广义上的言论自由包括新闻、出版、学术自由等，而狭义的言论自由仅指通过语言方式表达思想和见解的自由。

言论自由作为近现代宪法上的一项重要的公民权利，是资产阶级革命的产物，早在1689年英国议会通过的《权利法案》即有所规定，[1] 近代以来，关于言论自由的规定在法国的《人权宣言》及美国宪法前十条修正案中得到正式的确认和表述。近、现代以来，世界大多数国家的宪法都把言论自由规定为公民的最重要的政治自由。从某种意义上讲，一个国家言论自由的程度从一个侧面反映了这个国家民主化的程度。因而，在近、现代民主国家，国家的任何立法与行政活动都不得剥夺公民的言论自由，否则视为违宪。

我国《宪法》规定的言论自由具体包括：享有言论自由的主体是公民；其权利内容十分广泛，只要是中华人民共和国公民，均有权以言论方式自由表达其思想和见解，包括政治、经济方面的内容以及社会和文化方面的内容；其形式可以是口头方式也可以是书面方式，必要时，还可依法利用广播、新闻、电视等传播媒介。

任何自由都不是绝对的、都不是毫无限制的。言论自由亦存在法定界限，亦必须受到合理限制，公民的言论自由权利必须在法律范围内行使。世界上多数国家都制定有专门的法律对言论自由的限制范围及限制方式加以调整，如新闻自由法、出版法、诽谤法、广播法等。归纳起来，各国对言论自由的限制主要有：①为了公益目的的限制，包括禁止煽动犯罪及妨碍国家安全、社会秩序以及善良风俗的言论。②为了个人利益的限制，包括禁止侮辱或诽谤他人以及足以损害他人利益的言论等。在我国，现行《宪法》第51条明确规定："中华人民共和国公民在行使权利和自由的时

---

[1] "国会内之演说自由、辩论或议事之自由，不应在国会以外之任何法院或任何地方，受到弹劾或讯问。"见［英］《权利法案》第9条。在国外，法律上的言论自由多称之为"表达自由"，严格意义上讲，表达自由的涵义更加宽泛，但在我国两者之间并不做过于细致的区分。

候，不得损害国家的、社会的、集体的利益和其他公民的合法的自由和权利。”因此，根据我国法律规定，公民在行使言论自由权利时，必须受到如下限制：①不得用言论颠覆政府、危害国家安全。②不得用言论诬告、陷害其他公民。③不得用言论侮辱、诽谤、诋毁其他公民的人格尊严。

4-5 我国宪法规定的公民的言论自由具有特定的范围和表现形式，一般而言包括哪些？

A. 公民都有以言论方式表达思想和见解的权利

B. 提高言论自由表达的有关政治、经济、社会等方面的看法和见解受法律保护，不受非法干涉

C. 言论自由的表现形式多样，包括口头形式、书面形式以及广播电视等

D. 在法定范围内，公民不应因某种言论而承担不利后果

——本题答案为ABCD。所考知识点为公民的言论自由。主要考查的理论问题，对公民享有的言论自由权利应做充分的理解和记忆。

2. 出版自由。出版自由是指公民在宪法和法律规定的范围内，有权以出版物的形式表达其思想和见解的自由。它是言论自由的延伸与扩充。其主要媒介物是书籍、报纸、期刊、宣传材料、音像及电子出版物等，因而是一种较为系统的、呈书面形式的、一种固定化的言论自由。出版自由要比言论自由的影响更为广泛、深远，是表达意见自由中最重要的一种表现形式。出版自由的具体表现形式为：公民有在出版物上表达自己对国家事务、经济事务、文化事业和社会事务的见解和意愿的自由，也有在出版物上发表自己从事科学研究、文学艺术创作和其他文化活动成果的自由。通常而言，出版自由包括两个方面的内容：①著作自由，即公民有权自由地在出版物上发表作品；②出版单位的设立和管理必须遵循国家宪法和法律的规定，即公民有权自由地设立和管理报纸、期刊社，图书出版社，音像出版社和电子出版社等，但必须遵循国家宪法和法律的相关规定。

出版自由是公民的一项基本政治自由，我国为保障公民的出版自由，从《共同纲领》到历部宪法，都有专门条款确认公民的出版自由权利。建国后又相继颁布了《管理书刊出版业、印刷业、发行业暂行条例》、《期刊登记暂行办法》、《出版管理条例》、《民法通则》以及《著作权法》等法律、法规，为公民享有出版自由提供法律与制度上的保障。

出版自由的保障与出版业的管理是相辅相成、相互统一的，合理的出版管理是保障出版自由的重要条件。各国可以根据一定的原则，依法对出版物与出版活动进行必要的管理与限制，确定其合理的界限。因而，世界

上许多国家对出版自由都建立了严密的管理制度，预防制和追惩制是其中最主要的管理制度。预防制是指通过事前检查制、批准制、保证金制和注册登记制等四种办法对出版自由进行事前限制的管理办法；追惩制是指采取事后惩治的办法进行管理。现今世界各国对出版物内容的限制主要包括不得诽谤、诋毁他人，不得泄露国家机密，不得有淫秽内容等。

我国为了防止滥用出版自由，采用了预防制和追惩制相结合的制度，但事前审查主要由出版单位承担，国家一般不予干涉。依据我国宪法和相关法律法规的规定，一方面，公民出版任何书籍、刊物，出版前都必须申请登记，获准后方可出版，否则即是非法出版物，即使经过主管部门登记，获得准予出版证的，也不得在出版物上刊登与宪法和法律相违背的内容，否则一经发现，也要查处；另一方面，图书出版社、音像出版社和电子出版社的年度出版计划以及涉及国家安全、社会安定等方面的重大选题，应当经由所在地省、自治区、直辖市人民政府出版行政部门转报国务院出版行政部门备案，否则出版社将无权出版；同时，在我国，依据2011年修订后的《出版管理条例》，任何出版物不得含有下列内容：①反对宪法确定的基本原则的；②危害国家统一、主权和领土完整的；③泄露国家秘密、危害国家安全或者损害国家荣誉和利益的；④煽动民族仇恨、民族歧视，破坏民族团结，或者侵害民族风俗、习惯的；⑤宣扬邪教、迷信的；⑥扰乱社会秩序，破坏社会稳定的；⑦宣扬淫秽、赌博、暴力或者教唆犯罪的；⑧侮辱或者诽谤他人，侵害他人合法权益的；⑨危害社会公德或者民族优秀文化传统的；⑩有法律、行政法规和国家规定禁止的其他内容的。以未成年人为对象的出版物不得含有诱导未成年人模仿违反社会公德的行为和违法犯罪的行为的内容，不得含有恐怖、残酷等妨害未成年人身心健康的内容。

3. 结社自由。结社自由是指有着共同意愿或利益的公民，为了一定的宗旨有权依法定程序组织某种具有持续性的社会团体的自由。这是一种只有若干公民集合起来才能实现的自由。结社自由应当包含发起、参与和维护社团的权利与自由。结社的种类可以分为以营利为目的的结社和以非营利为目的的结社两种。以营利为目的的结社，主要指商业性组织，如公司、集团等，通常由民商法、公司法等调整其权利义务关系；以非营利为目的的结社，又分为政治性结社以及非政治性结社，前者如组织政党、社会政治团体等，后者如组织宗教团体、文学艺术团体、慈善或学术团体等。世界各国对不同的结社有不同的法律规定，各国宪法中规定的结社自由主要是指组织政治性团体的自由。

结社自由是社会生活和民主生活不可缺少的部分，是社会生活走向民主化的标志。在我国，凡符合宪法和法律规定，并按法定程序组成的社团都受国家法律的保护。1998 年 9 月，我国国务院发布了《社会团体登记管理条例》，对社团的成立登记、监督管理等作了具体规定。《社会团体登记管理条例》第 4 条第 2 款规定了“社会团体不得从事营利性经营活动”，因而，我国公民的结社应为非营利性的结社，是指协会、学会、联合会、研究会、基金会、联谊会、促进会、商会等社会团体。《社会团体登记管理条例》还规定了成立这些不属于政党或者政治团体的非营利性社会团体需履行以下登记手续：①经过有关业务主管部门的同意。②向登记机关申请登记：成立全国性的社会团体，向民政部申请登记；成立地方性的社会团体，向其办事机构所在地相应的民政部门申请登记；成立跨行政区域的社会团体，向所跨行政区域的共同上一级民政部门申请登记。从而为公民更好地行使结社自由权利提供了具体的法律依据。同时为更好地维护社会公共利益，我国《社会团体登记管理条例》的第 4 条第 1 款还规定了：“社会团体必须遵守宪法、法律、法规和国家政策，不得反对宪法确定的基本原则，不得危害国家的统一、安全和民族的团结，不得损害国家利益、社会公共利益以及其他组织和公民的合法权益，不得违背社会道德风尚”，对公民的结社自由依法做出限制性规定。

4. 集会、游行、示威自由。集会、游行、示威是公民的政治自由之一，是言论自由的延伸和具体化，是公民表达其意愿的不同形式。依据 1989 年颁布并于 2009 年修订的《中华人民共和国集会游行示威法》，集会是指公民为着共同的目的，聚集于露天公共场所，发表意见、表示意愿的活动；游行是指公民在公共道路、露天公共场所列队行进、表达共同意愿的活动；示威是指公民在露天公共场所或者公共道路上以集会、游行、静坐等方式，表达要求、抗议或者支持、声援等共同意愿的活动。可见，集会、游行、示威自由是指公民依法享有的通过集会、游行、示威活动发表意见、以不同方式表达某种共同意愿的政治自由权利。它是我国公民享有的一项极为重要的政治自由，也是现代民主制度的要求，国家应为公民充分行使该项权利提供必要的条件和保障。

通常，集会、游行、示威自由具有以下特点：①集会、游行、示威自由的享有主体是公民，但国家决定举行的庆祝、纪念等活动，政党、社会团体等组织依章程规定举行的活动不属于集会、游行、示威自由的范围。②集会、游行、示威自由是公民依法以不同方式表达其意愿，实现自我价值的主观性权利，必须通过公民的群体性活动才能得以实现。③集会、游行、示威自由作为公民表达意愿的形式，实际上反映了言论自由的价值与要求，是言论自由的具体化。而一般性的文娱、体育活动，正常的宗教活动等则不属于集会、游行、示威自由的范畴。④集会、游行、示威自由权利的行使表现为公民依法对公物利用权的行使。公民必须要利用公共场所、公共道路、公共设施等才能实现这一自由权利，公共机关或者地方公共团体有义务为公民自由地行使这一权利提供相应的条件。

4－6　公民行使集会、游行、示威权利时，应向主管机关提出申请并获得许可。下列哪种属于依法不予许可的情形？

A. 对社会环境不满意

B. 危害国家的统一

C. 危害国家的主权和领土完整

D. 反对宪法所规定的基本原则

——本题答案为BCD。所考知识点为对集会、游行、示威权利的限制。熟悉并掌握行使集会、游行、示威权利不被允许的四种情形。

三、宗教信仰自由

我国现行《宪法》第36条第1、2款规定："中华人民共和国公民有宗教信仰自由。任何国家机关、社会团体和个人不得强制公民信仰宗教或者不信仰宗教，不得歧视信仰宗教的公民和不信仰宗教的公民。"

宗教信仰自由是指公民依据内心的信念，自愿地信仰宗教的自由。信仰宗教是公民个人的选择，具体包括：公民有信仰宗教或不信仰宗教的自由；有信仰这种宗教或那种宗教的自由；在同一种宗教里面，有信仰这个教派或那个教派的自由；有过去不信教而现在信教的自由，也有过去信教而现在不信教的自由。还应包括：表明信教的自由或者不得强制表明信教的自由，举行和参加宗教仪式的自由，组织和参加宗教团体的自由，以及布教的自由等。

（一）赋予宗教信仰自由的原因

宗教属于社会意识形态，按其本质来说是唯心的，是与马克思主义世界观相对立的，但它又是一种必然的社会现象。我国宪法之所以赋予公民宗教信仰自由，主要是因为：

1. 宗教具有历史性的特点，是人类社会一定历史阶段的必然现象，有其产生、发展和消亡的过程。在人类社会发展的初级阶段，由于人们的科学文化水平的低下，对自然和社会中存在的种种现象无法做出科学的解释，自然就会对宗教——一种超自然的神灵产生崇拜和信仰。在社会主义条件下，当社会尚未发展到使宗教赖以存在的条件和基础完全消失时，尽管宗教存在的社会根源已基本消除，但意识的发展总是落后于社会存在，社会生产力及科学文化的极大发展还未完全实现，宗教存在的认识根源还仍未消除，因此，对宗教问题必须从实际出发，实事求是，宗教的存在还有其客观基础。

2. 宗教具有群众性和民族性的特点。宗教在我国有悠久的历史，我国的绝大多数少数民族甚至有十几个少数民族几乎全民族都不同程度地信仰宗教或受宗教较大的影响，有些宗教活动已成为民族风俗的组成部分，是这些民族历史文化不可分割的重要方面。保障这些民族的宗教信仰自由，也就是对他们文化习俗的尊重和重视。因此，宗教问题是与民族问题紧密相连的，必须慎重对待。

3. 宗教信仰属于思想认识范畴问题，是信仰宗教群众对于生活的认识和生活的态度。而解决思想认识问题不能采取简单的行政命令的方法，只能用民主的方法、教育的方法，必须依靠宣传马克思主义科学的世界观，依靠社会主义精神文明建设来逐渐消除宗教。正如毛泽东所说："不能用行政命令去消灭宗教，不能强制人们不信教。"

4. 宗教具有国际性特点。宗教在国际上影响极大，全世界有2/3左右的人信仰宗教。因此，我国宪法保护宗教信仰自由，有助于加强国际团结，维护世界和平，促进对外友好往来。

5. 现阶段，信教与不信教的公民的政治、经济利益是一致的。宗教在社会主义条件下已不具有阶级压迫的色彩，信教与不信教的群众只是信仰上的差异。因此，宪法规定公民的信仰宗教自由符合各族人民的共同利益。

宗教信仰自由是公民个人的权利，国家保护正常的宗教活动。宗教活动应当是公开的、有组织的，任何人不得利用宗教进行破坏社会秩序、损害公民身体健康、妨碍国家教育制度的活动。

此外，在宗教对外友好关系方面，我们应当坚持自传、自教、自治原则。积极发展宗教方面的国际友好往来，坚持宗教团体和宗教事务不受外国势力支配的原则。

（二）我国对宗教信仰自由的保障

1. 国家提供相应的法律保障。我国现行《宪法》中的总体规定为宗教信仰自由的实现提供了宪法依据，我国刑法、民法、选举法、义务教育法等部门法律的具体规定为宗教信仰自由提供了的具体的法律保障。如现行《宪法》第36条第1款规定：中华人民共和国公民有宗教信仰自由。任何国家机关、社会团体和个人不得强制公民信仰宗教或者不信仰宗教，不得歧视信仰宗教的公民和不信仰宗教的公民。国家保护正常的宗教活动。宪法的规定实际上确定了宗教信仰自由在基本权利体系中的地位。又如《刑法》第251条规定，国家机关工作人员非法剥夺公民的宗教信仰自由和侵犯少数民族风俗习惯，情节严重的，处2年以下有期徒刑或者拘役。

2. 国家提供相应的物质保障。国家积极创造物质方面的条件，为公民享有宗教信仰自由提供良好的环境及活动场所方面的物质保障。根据法律和政府的有关规定，各宗教团体的房屋财产的产权，归宗教团体所有，在房屋财产方面宗教团体处于法人的地位。国务院还制定了《宗教活动场所管理条例》，为宗教组织开展宗教活动使用的寺院、宫观、教堂等房屋及其他固定处所如土地、山林等提供了保障其合法权益的具体措施。并规定了侵犯宗教活动场所合法权益的相应的制裁措施。

3. 国家提供相应的组织保障。我国宗教组织设有自己的全国性和地方性的组织机构。目前，我国有中国佛教协会、中国道教协会、中国伊斯兰教协会、中国天主教爱国会、中国天主教教务委员会、中国天主教主教团、中国基督教、“三自”爱国委员会和中国基督教协会9个全国性宗教团体。国家还设立了宗教院校，培养新的宗教职业人员，以便有计划地培养和教育年轻一代的爱国宗教职业人员。

4－7　宗教信仰自由作为一种权利体系，主要由哪些构成？

A. 信仰的自由

B. 组织宗教团体的自由

C. 宗教活动自由

D. 宗教仪式自由

——本题答案为ACD。所考知识点为公民的宗教信仰自由权利。根据《宪法》第36条第1款的规定：“中华共和国公民有宗教信仰自由。”其作为一种权利体系，主要由信仰的自由、宗教活动自由、宗教仪式自由等构成。

4－8　宗教与邪教是不同的概念，邪教具有反社会、反政府的特点，依法打击邪教组织有利于保护正常的宗教活动和公民的信仰自由。“两高”发布的《关于办理组织和利用邪教组织犯罪案件若干具体应用法律问题的解释》中所讲的“邪教组织”含义是指？

A. 利用宗教、气功或者其他名义建立的非法组织

B. 神化首要分子的非法组织

C. 通过制造、散布迷信邪说等手段蛊惑、蒙骗他人的非法组织

D. 发展、控制成员，危害社会的非法组织

——本题答案为CD。所考知识点为邪教与宗教。考热点问题，看最新文件。

四、人身自由

人身自由是指公民的人身享有不受非法拘捕、侵害、搜查和审查的权

利。它是公民的最基本、最起码的权利和自由，是公民参加国家政治生活、社会生活及享有其他各项权利的基础和前提条件。人身自由有狭义和广义之分，狭义的人身自由是指公民的身体不受非法侵犯，又称身体自由；广义的人身自由除身体自由不受非法侵犯外，还包括与人身紧密联系的人格尊严和公民住宅不受侵犯，以及公民的通信自由和通信秘密等与公民个人生活有关的权利和自由受法律保护。人身自由是以人身保障为核心的权利体系。

依据我国现行《宪法》的规定，我国公民的人身自由包括以下几方面：

（一）公民的人身自由不受侵犯

现行《宪法》第37条规定的“中华人民共和国公民的人身自由不受侵犯”，是指在法定范围内，公民的人身和行动享有完全受自己支配和控制，非经法定程序不受搜查、拘禁、逮捕和侵害的自由。现行《宪法》还明确规定：“任何公民，非经人民检察院批准或者人民法院决定，并由公安机关执行，不受逮捕。禁止非法拘禁和以其他方法非法剥夺或者限制公民的人身自由，禁止非法搜查公民的身体。”如果公民违反法律，需要剥夺或限制公民的人身自由，必须严格依法定程序办事，任何组织或者个人不得非法剥夺或者限制公民的人身自由，可见，人身自由是公民宪法地位的最直接体现。

为切实保障公民的人身自由不受非法侵犯，我国在刑法、刑事诉讼法以及相关行政管理的法律、法规中都专门规定了保护人身自由的具体措施及具体执行明确的条件、程序及特定的决定机关；任何组织或者个人不得非法剥夺或者限制公民的人身自由，否则将涉嫌构成非法拘禁罪。

（二）公民的人格尊严不受侵犯

现行《宪法》第38条规定：“中华人民共和国公民的人格尊严不受侵犯。禁止用任何方法对公民进行侮辱、诽谤和诬告陷害。”这里所称的人格，是指个人在法律上作为独立的权利和义务主体所应具备的资格。公民的人格尊严是指公民作为法律关系主体的独立资格应当受到尊重，包括公民的姓名、肖像、名誉不被他人亵渎、诽谤以及公民人身不被侮辱。依据我国现行宪法和相关法律规定，公民的人格尊严的主要内容包括：①公民享有姓名权。公民有权决定、使用和依照法律规定改变自己的姓名，禁止他人干涉、盗用、假冒。②公民享有肖像权。肖像权是公民人身的派生物，是公民个人形象的客观记录，未经本人同意，任何人不得以营利为目的使用他人的肖像。③公民享有名誉权。公民有权要求社会和他人对自己的人格尊严给予尊重，是公民人格尊严的重要组成部分。④公民享有荣誉权。荣誉权是指公民享有的社会所给予的褒扬的不可侵犯的权利，是社会对特定人的贡献给予的一种肯定，更具有精神价值，同时禁止非法剥夺公民、法人的荣誉称号。⑤公民的隐私权。公民的人格权与公民隐私权有着密切关系，现行宪法关于人格尊严不受侵犯的规定，实质上包含着保护公民隐私权的内容，被视为公民隐私权的宪法依据。公民的隐私权是指公民就个人私事、个人信息等个人生活领域内的事情不为他人知悉、禁止他人干涉的权利，其他法律如《民事诉讼法》中“个人隐私的证据应当保密，需要在法庭出示的，不得在公开开庭时出示”以及《刑事诉讼法》中“有关国家秘密或者个人隐私的案件，不公开审理”的内容都是对于公民隐私权的保护性规定。

现行《宪法》规定的保护公民的人格尊严是新中国制宪史上的第一次，是现行《宪法》在总结我国历史经验教训之后所确认的公民应该享有的一项基本权利，是对我国公民基本权利所作的重要补充和发展。除现行宪法外，我国的刑事法律、民事法律亦规定了对公民人格权进一步保护的具体措施。

（三）公民的住宅不受侵犯

现行《宪法》第39条规定：“中华人民共和国公民的住宅不受侵犯。禁止非法搜查或者非法侵入公民的住宅。”住宅不受侵犯是指公民享有居住处所不受非法侵害的权利。住宅是公民人身自由栖息之地，保护公民住宅不受侵犯，可以保证公民居住安全，使公民安居乐业，利于社会安定，因而，该项权利是保护公民的人身和人身自由不受侵犯的一个重要方面。公民的住宅不受侵犯，应包含三方面的含义：①公民的住宅不得随意侵入。②公民的住宅不得随意搜查。③公民的住宅不得任意查封。

如公安机关、检察机关或国家安全机关等为收集犯罪证据、查获犯罪，需对公民住宅进行搜查时，依据法律规定，亦必须严格依法定程序进行。除此之外，任何单位或者个人都不得侵入、搜查、查封公民的住宅。我国刑法规定了对非法侵入或搜查公民住宅犯罪的惩罚措施，《治安管理处罚法》也对非法侵入或搜查公民住宅尚不构成犯罪的行为做出了进行相关惩处的规定。

（四）公民的通信自由和通信秘密受法律保护

现行《宪法》第40条规定：“中华人民共和国公民的通信自由和通信秘密受法律的保护。除因国家安全或者追查刑事犯罪的需要，由公安机关或者检察机关依照法律规定的程序对通信进行检查外，任何组织或者个人不得以任何理由侵犯公民的通信自由和通信秘密。”通信自由是指公民有根据自己的意愿，以信件、电报、电话、传真等方式，自由进行通信不受他人干涉的自由；通信秘密是指公民通信的内容受国家法律保护，任何人对他人的通信不得非法扣押、私拆、隐匿、毁弃或者窃听。公民的通信主要包括书信、电报、电话及各种邮件、包裹的传递等。它涉及公民的个人生活、思想活动及社会交流等切身利益，是公民参与社会生活、进行社会交流的必要的手段，通信自由依赖通信秘密而存在，二者相辅相成，因而是公民的一项不可缺少的基本自由。

依据我国宪法和法律规定，除因维护国家安全、人民的利益或者追查刑事犯罪的需要，由公安机关、国家安全机关或者检察机关依照法律规定的程序对通信进行检查外，任何组织或者个人不得以任何理由侵犯公民的通信自由和通信秘密。除现行宪法外，我国的《刑法》、《刑事诉讼法》、《治安管理处罚法》及《邮政法》亦对保护公民的通信自由和通信秘密规定了具体措施。

五、公民的监督权和取得赔偿权

现行《宪法》第41条第1款规定："中华人民共和国公民对于任何国家机关和国家工作人员，有提出批评和建议的权利；对于任何国家机关和国家工作人员的违法失职行为，有向有关国家机关提出申诉、控告或者检举的权利，但是不得捏造或者歪曲事实进行诬告陷害。"这既是我国宪法赋予公民对国家机关和国家工作人员的一种监督权，同时也是对公民合法权益的一种保护，因为如果国家机关和国家工作人员不能接受群众的监督，就会脱离人民群众、滋长官僚主义作风，甚至做出有损于公民权利的事情，进而危害国家和人民的利益。

（一）批评、建议权

批评权是指公民对国家机关及其工作人员工作中的缺点和错误，有提出批评意见、要求其克服改正的权利；建议权是指公民对国家机关及其工作人员的工作，有提出建设性意见的权利。我国现行《宪法》第27条第2款规定："一切国家机关和国家工作人员必须依靠人民的支持，经常保持同人民的密切联系，倾听人民的意见和建议，接受人民的监督，努力为人民服务"，这是我国现行宪法第一次以根本法的形式，确认了公民享有批评、建议权，享有对任何国家机关和国家工作人员的工作进行监督的权利，相应地确认了国家机关及其工作人员有听取公民批评、建议的义务。

（二）控告、检举权

控告权是指公民对因遭受国家机关及其工作人员的违法失职行为的侵害，有向有关国家机关进行指控、请求给予制裁的权利。公民行使控告权时，其控告的对象是国家机关和国家工作人员；其控告的内容是国家机关和国家工作人员的违法失职行为；受理控告的机关可以是上一级行政机关，可以是主管的党政机关，也可以是人民法院、人民检察院等司法机关。

检举权是指公民对违法失职的国家机关及其工作人员，有向有关国家机关揭发事实、请求依法处理的权利。在我国，公民检举的对象不受任何限制，公民可以检举与个人利益有关的公职人员的违法失职行为，也可以检举与个人利益无关的公职人员的违法失职行为；公民在行使向有关国家机关进行揭发检举的权利时，依据宪法和法律要求，检举的内容必须属实，不得捏造或者歪曲事实进行诬告陷害；受理检举的国家机关及其工作人员对于公民的检举揭发，必须及时组织调查，查清事实，负责做出处理决定或提出处理意见；有关国家机关处理检举材料的负责人与工作人员，应对检举材料严加管理，注意保密，以防止发生意外事件，给查处案件或案件检举人造成困难。同时，我国的宪法和有关法律还规定了任何人不得对检举人进行压制、迫害和打击报复。

（三）申诉权

申诉权是指公民的合法权益因国家机关做出错误的、违法的决定或判决，或因国家工作人员的违法失职行为而受到侵害时，受害公民有向有关国家机关申诉理由、要求重新处理的权利。公民的申诉权主要是指公民对国家机关的决定不服，向司法机关以外的其他国家机关提请重新处理的要求。在宪法意义上，公民享有申诉权的基本内容包括：①申诉的对象。包含已经生效的人民法院的判决、裁定、决定或者人民检察院的决定及已经生效的其他国家机关的决定或国家行政机关的具体行政行为。②申诉的内容。可以对国家机关的决定违法或者不当以及对国家机关不履行法定职责或不当履行法定职责的行为均可申诉，要求相关做出决定或行为的国家机关撤销或改正。③申诉的机关。可以向做出原决定或行为的国家机关、做出原决定或行为的国家机关的上一级国家机关以及国家权力机关或特定国家机关进行申诉。

依据我国现行《宪法》规定，批评、建议、控告、检举、申诉都是公民行使监督权的具体形式。“对于公民的申诉、控告或者检举，有关国家机关必须查清事实，负责处理。任何人不得压制和打击报复”。但是，宪法亦规定公民在行使监督权时“不得捏造或者歪曲事实进行诬告陷害”。为确保公民能够及时恰当地行使监督权利，全国各级国家机关都设立了专门的信访机构、检察机关和审判机关，还设立了专门申诉控告机构，在刑事诉讼法和其他有关的法律法规中均规定了公民提出批评、建议、申诉、控告的具体程序。

4-9 （2009年试卷一多选第64题）根据《宪法》规定，下列哪些权利是公民享有的监督权？

A. 罢免权

B. 集会、游行、示威自由

C. 批评和建议的权利

D. 申诉、控告或者检举的权利

——本题答案为CD。本题主要考察公民的监督权。罢免权是指罢免国家工作人员的权力，可以认为是一种程度最为激烈的“监督”，但是，只有权力机关——人民代表大会才有罢免国家工作人员的权力而且罢免权不是一种权利，而是权力，故A选项错误。集会、游行、示威自由属于公民的基本政治权利与自由，不属于公民的监督权的范畴，因此B项不当选。注意《宪法》第41条关于公民监督权的规定。

（四）取得赔偿权

取得赔偿权是指公民在受到国家机关错误处罚或受到国家机关及其工作人员的违法失职行为的侵犯，造成对其合法权益的损害得到纠正后，有权要求国家负责赔偿的权利。宪法意义上的国家赔偿，是指以国家为赔偿主体的侵权损害赔偿，赔偿形式包括行政赔偿和司法赔偿两种。

现行《宪法》第41条第3款规定：“由于国家机关和国家工作人员侵犯公民权利而受到损失的人，有依照法律规定取得赔偿的权利。”2010年修订后的《中华人民共和国国家赔偿法》第2条也规定：“国家机关和国家机关工作人员违法行使职权侵犯公民、法人和其他组织的合法权益造成损害的，受害人有依照本法取得国家赔偿的权利”，同时《国家赔偿法》还对国家赔偿的基本原则、赔偿请求人和赔偿义务机关、赔偿程序、赔偿方式和计算标准等作了具体的规定。现行宪法关于公民享有取得赔偿权的规定，不仅有利于保障公民的合法权益，而且，也有利于增强国家工作人员的责任感，提高国家机关在人民群众中的威信，进而促进国家机关及其工作人员更加认真地履行自己的职责，严格依法办事。

六、社会经济权利

社会经济权利是指公民享有的经济物质利益方面的权利，是公民实现其他权利的物质保障。依据我国宪法规定，公民享有的社会经济权利主要包括：劳动权、休息权、获得物质帮助权以及公民个人财产权。

（一）劳动权

现行《宪法》第42条第1款规定：“中华人民共和国公民有劳动的权利和义务。”劳动权是指具有劳动能力的公民有权要求国家和社会提供参加劳动的机会，并切实保证公民具有按照其提供劳动的质量、数量取得相应报酬的权利。这是公民享有的最基本的经济权利。在社会主义制度下，“劳动是一切有劳动能力的公民的光荣职责”。因此，劳动既是公民的一项权利，受到国家法律的保护，又是公民应尽的一项义务，每个公民都要为社会主义建设出力。

在我国，根据我国宪法和劳动法的规定，劳动权主要包括劳动就业权和取得报酬权，其具体内容应包括：①劳动者享有平等就业和选择职业的权利；②劳动者有取得劳动报酬的权利；③劳动者有休息、休假的权利；④劳动者有获得劳动安全卫生保护的权利；⑤劳动者有接受职业技能培训的权利；⑥劳动者有享受社会保险和福利的权利；⑦对于劳动争议，劳动者有提请劳动仲裁处理的权利；⑧法律规定的其他劳动权利。

据此可见，劳动权应具备以下基本特征：①劳动权的平等性，即凡是具有劳动能力的公民，都有权平等地参加社会劳动，有权平等地获得就业机会。②劳动权的行使与获得报酬权的相适应性，即参加社会劳动的公民有权根据所提供劳动的数量和质量获得相应的报酬。③劳动的双重性，即公民所享有的劳动权，既是权利，又是义务。在社会主义制度下，“劳动是一切有劳动能力的公民的光荣职责”。因此，劳动既是公民的一项权利，有权取得相应的报酬，受到国家法律的保护；又是公民应尽的一项义务，每个公民都要为社会主义建设出力，有义务参加社会劳动。这种权利与义务的一致性反映了我国社会主义条件下劳动的性质。

我国现行宪法中“国家通过各种途径，创造劳动就业条件”及“国家对就业前的公民进行必要的劳动就业训练”的规定以及1995年1月1日正式施行的《中华人民共和国劳动法》的有关规定，不仅为公民充分享有劳动权利、履行劳动义务创造了条件，同时更提供了宪法和法律上的保障和依据。

（二）休息权

现行《宪法》第43条规定：“中华人民共和国劳动者有休息的权利。国家发展劳动者休息和休养的设施，规定职工的工作时间和休假制度。”休息权是指劳动者获得休息和休养的权利。

休息权与劳动权密切相关，劳动权是休息权的基础，休息权是实现劳动权的必要条件，是劳动权的必然要求与发展的基础，是劳动者享受文化生活、自我提高的重要权利。劳动者享有休息的权利，可以保障劳动者的精力、体力及时得到恢复，提高劳动效率，不断提高劳动者的积极性和创新精神，同时也有利于保护劳动者的身体健康，并保证他们有时间和机会参与政治、文化生活，提高个人文化素养及社会政治文化生活质量。

我国《劳动法》对保护劳动者的休息权制定了具体的保障措施，如规定日劳动时间为8小时，周劳动时间为40小时，规定每年的法定节假日及双休日，并规定逐步创造和扩充劳动者休息和休养的设施等。随着国家经济实力的不断增强，劳动者的休息制度亦会得到相应的改进和完善。

（三）获得物质帮助权

现行《宪法》第45条第1款规定：“中华人民共和国公民在年老、疾病或者丧失劳动能力的情况下，有从国家和社会获得物质帮助的权利……”物质帮助权是指公民因失去劳动能力不能获得必要的物质生活资料，或者获得的劳动报酬不能完全满足自己的生活需要时，有从国家和社会获得金钱或实物帮助、享受集体福利的权利。公民获得物质帮助权的义务承担者是国家与社会。国家应发展为公民享有获得物质帮助权所需要的社会保险、社会救济和医疗卫生事业。在我国，国家通过民政、劳动部门向符合规定的公民提供物质帮助；同时集体经济组织、人民团体、群众自治组织及社会各界人士也可以通过各种渠道向符合规定的公民提供必要的物质帮助。

依据现行《宪法》的规定，获得物质帮助权的主体只能是“年老”的公民、患有“疾病”的公民或者“丧失劳动能力”的公民。“年老”的公民，是指在国家规定的离、退休年龄以上，已丧失劳动能力或者不适于继续参加劳动的公民，当然也包括在一定年龄之上没有参加过正式工作且又无子女赡养的公民；患有“疾病”的公民，是指经医院检查证实已无劳动能力或者不适于继续劳动的公民；“丧失劳动能力”的公民，是指因其他原因失去了体力、智力而无劳动能力的公民，包括伤、残、呆、傻等无劳动能力，又无人供养的公民。

为保证公民对物质帮助权的切实享有，国家采取了一系列具体措施，包括：①发展社会保险、社会救济和医疗卫生事业。在国家实现物质帮助权的过程中，发展社会保险制度是一种重要形式，目前，我国的社会保险主要包括养老保险、医疗保险、疾病保险、伤残保险、失业保险、生育保险等。②保障残废军人的生活，抚恤烈士家属，优待军人家属。③帮助安排盲、聋、哑和其他有残疾公民的劳动、生活和教育。④对无依无靠的残老孤幼人员，由政府收容救济，农村集体组织还实行“五保户”制度，发展敬老院等。随着我国经济建设事业的不断发展，公民享有的这些物质帮助权利将会不断得到扩展和提高。

4－10 （2010年试卷一单选第17题）根据我国宪法关于公民基本权利的规定，下列哪一说法是正确的?

A. 我国公民在年老、疾病或者遭受自然灾害时有获得物质帮助的权利

B. 我国公民被剥夺政治权利的，其出版自由也被剥夺

C. 我国公民有信仰宗教与公开传教的自由

D. 我国公民有任意休息的权利

——本题答案为B。根据《宪法》第45条第1款的规定：“中华人民共和国公民在年老、疾病或者丧失劳动能力的情况下，有从国家和社会获

得物质帮助的权利……”可知，并没有规定在遭受自然灾害时有获得物质帮助的权利，故A选项说法不正确。根据《宪法》第35条的规定：“中华人民共和国公民有言论、出版、集会、结社、游行、示威的自由。”再根据《刑法》第54条的规定：“剥夺政治权利是剥夺下列权利：①选举权和被选举权；②言论、出版、集会、结社、游行、示威自由的权利；③担任国家机关职务的权利；④担任国有公司、企业、事业单位和人民团体领导职务的权利。”可知，B说法正确。根据《宪法》第36条的规定：“中华人民共和国公民有宗教信仰自由。任何国家机关、社会团体和个人不得强制公民信仰宗教或者不信仰宗教，不得歧视信仰宗教的公民和不信仰宗教的公民。国家保护正常的宗教活动。任何人不得利用宗教进行破坏社会秩序、损害公民身体健康、妨碍国家教育制度的活动。宗教团体和宗教事务不受外国势力的支配。”可知，宪法没有规定公民有公开传教的自由，故C选项错误。根据《宪法》第43条的规定：“中华人民共和国劳动者有休息的权利。国家发展劳动者休息和休养的设施，规定职工的工作时间和休假制度。”我国公民中只有劳动者才有休息权，因此D选项错误。综上，B选项为当选项。

（四）财产权

现行《宪法》第13条第1、2款规定：“公民的合法的私有财产不受侵犯。国家依照法律规定保护公民的私有财产权和继承权。”

公民的财产权即公民的合法的私有财产所有权，是指公民个人通过合法劳动或其他方式获得一定财产并依法对其财产所享有的占有、使用、收益和处分的权利，包括公民的生活资料和必要的生产资料。所谓“生活资料”主要包括劳动和非劳动的薪金和租金收入、个体和私营企业主的投资收入、储蓄、房屋、交通工具、债券、股票及其他日常生活用品的所有权；所谓“必要的生产资料”主要是指法律允许个人拥有的生产工具、原材料、劳动产品、牲畜等。确认和保护公民的合法的私有财产所有权是发展生产、繁荣经济、富国强民的一种基本保障，也是社会发展及社会后续人才培养不可缺少的物质条件，因此，国家不仅通过现行宪法，同时还通过相应的刑事立法、民事立法和其他立法保护公民的合法的私有财产所有权，以保障公民合法的财产不论是生活资料，还是生产资料，均不受任何非法侵犯。

继承权是继承人继承被继承人合法的私有财产的一种权利。保护公民的私有财产继承权是保护公民个人合法私有财产所有权的补充和延伸。我国现行宪法还规定：“国家依照法律规定保护公民的私有财产的继承权。”继承问题，涉及每个公民的切身利益，我国现行《宪法》对继承权的保护，不仅体现了宪法对公民切身利益的关注，也体现了尊重被继承人意志并维护继承人权利的原则，进而使公民生前的合法财产在其死后能够依法转移给其合法继承人，从而达到保护公民财产继承权的目的，以充分保障公民个人所享有的财产处置权。除现行《宪法》外，1985 年我国制定了第一部《继承法》，对保障公民合法私有的财产继承权作了详尽的规定，此外，在《婚姻法》中也涉及了有关遗产继承的问题。

4－11 我国公民的合法财产的范围主要包括哪些？

A. 合法的收入

B. 合法的房产和其他财产

C. 合法的土地

D. 合法的储蓄

——本题答案为 ABD。本题所考知识点为公民的合法财产权。依据《宪法》第 13 条第 1 款的规定，国家保护公民的合法的收入、储蓄、房屋和其他合法财产的所有权。需要熟记法条。

七、文化教育权利

依据我国宪法的规定，公民的文化教育权利是指在文化、教育领域所享有的权利，包括受教育权，进行科学研究、从事文学艺术创作和其他文化活动的自由。宪法对该项权利的保护，对于提高全民族的文化科学水平及促进两个文明建设有着重大意义。

（一）公民有受教育的权利和义务

现行《宪法》第 46 条第 1 款规定："中华人民共和国公民有受教育的权利和义务。"受教育的权利和义务是指公民达到一定年龄并具备可以接受教育的智力时，有在国家和社会提供的各类学校和机构中学习文化科学知识的权利，有在一定条件下依法接受各种形式教育的义务。现行《宪法》第 19 条还规定，国家发展社会主义的教育事业，提高全国人民的科学文化水平。举办各种学校，普及初等义务教育、职业教育和提高发展各种教育设施，扫除文盲，对工人、农民、国家工作人员和其他劳动者进行政治、文化、科学、技术、业务的教育；鼓励自学成才。受教育权是我国宪法赋予公民的一项最基本的文化教育权利，也是公民享有其他文化教育权利的前提和基础。宪法的上述规定对受教育权实现的方针和措施作了比较全面的阐述。根据现行宪法及相关法律规定，公民的受教育权应包含以下基本含义：

1. 公民享有受教育的机会是平等的。依据我国的现行《宪法》规定，我国每个公民在宪法和法律所规定的范围内，都享有平等的受教育权，不因除能力之外的民族、种族、职业、性别、宗教信仰等原因而受不平等的待遇。国家的相关部门应及时地向社会提供教育设施，在硬件设施上保证提供平等的入学机会，真正贯彻平等原则，保证受教育者在入学、升学、就业等方面依法享有平等权利。学校和有关行政部门应当按照国家有关规定，保障女子在入学、升学、就业、授予学位、派出留学等方面享有同男子平等的权利。

2. 公民的受教育权是在不同阶段以不同形式享有的。我国的现行《宪法》和《义务教育法》均规定：国家、社会、学校和家庭依法保障适龄儿童和少年接受义务教育的权利；父母或其监护人必须保证适龄的儿童按时入学，接受规定期限的义务教育；适龄儿童、少年因疾病或者特殊情况，需要延缓入学或者免予入学，应由其父母或者其他监护人提前申请，经当地人民政府批准；禁止任何组织和个人招用应接受义务教育的适龄儿童、少年就业。在我国，教育权保障体系中直接与教育功能相联系，其形式主要包括幼儿教育、初等教育、普通高等教育以及成人教育等。

3. 依据公民个人的能力接受相应教育的权利。国家可以采取必要的考试制度，使有一定能力的公民通过考试按照自己所具有的能力，享受相应的教育。

按现行《宪法》的规定，受教育不仅是公民的一项基本权利，也是公民的一项基本义务。因为，从公民个人角度而言，享有受教育权，是公民个人全面自由发展的重要前提和基础，直接关系到公民个人的健康成长与发展；而从民族和国家的角度而言，实现现代化，科技是关键，教育是基础。公民接受教育是整个民族科学文化水平发展的基础，是两个文明建设的前提条件。因此，受教育同时也构成公民的一项基本义务。

除现行《宪法》外，为切实保证实现公民受教育的权利和义务，国家还制定了诸如《义务教育法》、《义务教育法实施细则》、《教育法》、《教师法》、《高等教育法》以及《关于教育体制改革的决定》等一系列法律、法规及相关措施，体现了党和国家对发展教育事业、保障公民受教育权的高度重视。

（二）公民有进行科学研究、文学艺术创作和其他文化活动的权利和自由

现行《宪法》第47条第1款规定：“中华人民共和国公民有进行科学研究、文学艺术创作和其他文化活动的自由……”

科学研究自由是指我国公民有权通过各种方式从事社会科学和自然科学研究，有权自由地选择研究课题、交流学术思想以及发表个人学术见解，以推动我国科学事业迅速发展；文艺创作自由是指我国公民有权发挥个人的文学艺术创作才能，按照自己的意愿和兴趣，创作各种形式的文学

艺术作品的自由。该项权利的实现，对于发展科学文化事业，造就知识分子队伍，调动科研、文化、艺术等各个岗位的职工积极性有着极其重要的意义。

此外，我国公民还享有其他文化活动的权利和自由。依现行宪法规定，公民有从事除科学研究和文艺创作以外的其他属于文化权利范围活动的自由，如欣赏文艺作品、从事娱乐活动等。

除宪法外，国家还制定了相应的制度、章程、条例等，给予在科技、文艺创作和其他文化活动中做出贡献的公民以物质及精神方面的奖励，以促进科学文化事业的繁荣发展。

4－12 依据《宪法》规定，下列情况既是公民的权利又是公民的义务的有哪些？

A. 遵守宪法和法律

B. 劳动

C. 获得物质帮助

D. 受教育

——本题答案为BD。本题所考知识点为公民的劳动与受教育的权利与义务。我国《宪法》第42条第1款规定：“中华人民共和国公民有劳动的权利和义务”；我国《宪法》第46条第1款规定：“中华人民共和国公民有受教育的权利和义务。”

4－13 （2009年试卷一单选第23题）关于文化教育权利是公民在教育和文化领域享有的权利和自由的说法，下列哪一选项是错误的？

A. 受教育既是公民的权利，又是公民的义务

B. 宪法规定的文化教育权利是公民的基本权利

C. 我国公民有进行科学研究、文化艺术创作和其他文化活动的自由

D. 同社会经济权利一样，文化教育权利属于公民的积极受益权

——本题答案为D。本题主要考察公民的受教育权问题。《宪法》第46条第1款规定：中华人民共和国公民有受教育的权利和义务。公民的积极受益权，是指国家应采取积极的干预方式，为公民享有此项权利提供充分的物质条件，特别是应给予社会弱者以较大的关注，因为这种权利是国家积极给予、公民可以积极主动向国家提出请求的，所以叫积极受益权。与此相对的是公民的消极防御权，是指公民行使该项权利一般不需要国家以积极的方式予以保障，国家仅负有不侵害该权利的合法行使，并在该权利受到侵害时予以救济的义务。文化教育权利不属于公民的积极受益权。D项错误。本题需要注意的是，要把握积极受益权和消极防御权的含义，

并厘清受教育权的内涵与外延。

八、特定人的权利

（一）保障妇女的权利

现行《宪法》第48条规定："中华人民共和国妇女在政治的、经济的、文化的、社会的和家庭的生活等各方面享有同男子平等的权利。国家保护妇女的权利和利益，实行男女同工同酬，培养和选拔妇女干部。"我国妇女这项权利的享有，从根本上结束了妇女在旧社会受压迫的地位，从法律上确定了妇女的平等地位，也体现出党和国家对妇女权益的特别关怀。

依据我国宪法的基本精神，保障妇女的合法权益，实现男女平等的具体内容应包括：①在政治方面，妇女享有与男子平等的政治权利，妇女有权通过各种途径和形式，管理国家事务，管理经济和文化事业，管理社会事务，国家要培养和选拔妇女干部。②在劳动就业方面，一是妇女享有同男子平等的就业权利，各单位在录用职工时，除不适合妇女的工种或者岗位外，一律不得以性别为由拒绝录用妇女或者提高对妇女的录用标准，二是对女职工实行特殊劳动保护；三是实行男女同工同酬。③在文化教育方面，妇女享有与男子平等的受教育权，享有平等地从事科学研究和其他文化活动的权利。④在社会生活方面，妇女与男子一样有权参与社会生活，有权参与社会活动和对社会事务进行管理。⑤在婚姻家庭方面，夫妻双方地位平等，对家庭事务和家庭财产有同等的管理权、支配权。此外，妇女在人身权利、财产权益等方面，也均享有与男子平等的权利。

此外，我国制定的《婚姻法》、《选举法》、《继承法》、《女职工劳动保护条例》等一系列法律、法规，尤其是1992年3月颁布的《妇女权益保障法》，均从法律的角度确认了妇女在政治、经济、文化、社会和家庭生活方面享有同男子平等的权利，对妇女特殊权益的保护等也做出了具体规定，以实现国家保护妇女的权利和利益这一基本宪法精神。

（二）保障退休人员和军烈属的权利

现行《宪法》第44条规定，国家依照法律规定实行企业事业组织的职工和国家机关工作人员的退休制度。退休人员的生活受到国家和社会的保障。退休制度是指企业事业单位的职工和国家机关工作人员在达到一定年龄和一定工龄后，离开劳动或工作岗位进行休息或休养，而依照国家有关部门的规定，领取一定的离退休金并依法享有相应的生活待遇的权利的制度。退休是我国企业事业组织的职工和国家机关工作人员依法享有的一项重要社会经济权利，也是劳动者休息权利的延伸，是在公民因年老、疾病等原因不适应继续参加生产和工作的情况下，国家给予物质帮助权的补充，体现了国家对劳动者的殷切关怀。

目前，我国已颁布了一系列法律、法规，例如1958年的《关于工人、职员退休处理的暂行规定》、1978年国务院颁布的《关于退休和退职的暂行办法》、1979年卫生部、财政部、原国家劳动总局联合发布的《关于集体卫生人员实行退休退职有关问题的通知》，以及1980年的《国务院关于老干部离职休养的暂行规定》等。上述规范性文件，对职工退休的年龄、条件和退休后的工资待遇以及老干部离休后的生活待遇作了详细的、一系列的规定，形成完整的退休制度，以保障宪法规定的退休制度的具体贯彻落实，这也是我国退休人员生活保障权的基本法律依据。

依据现行《宪法》和有关规定，我国企业事业单位的职工和国家机关工作人员享有的退休权应包括：①凡符合退休条件的公民都可以退休，任何个人、单位不得阻止；②国家和社会有义务向退休人员提供维持正常生活所必需的物质保障，包括按时、足额领取退休金、依法享受公费医疗等。

现行《宪法》第45条第2款规定，国家和社会保障残废军人的生活，抚恤烈士家属，优待军人家属。该规定明确了我国对残废军人、烈士家属以及现役军人家属的优待和抚恤的原则。“残废军人”是指那些因参战或者因公负伤致残的现役军人。凭其所在部队评出的残废等级，发给残废军人抚恤证，作为国家与社会向他提供必需的生活保障和各种优待的证明文件。依据宪法、兵役法的有关规定：①烈属、牺牲或病故军属、军属均受社会的尊重与优待。②家居农村的义务兵家属，由乡镇人民政府采取平衡负担的办法给予优待，具体办法由当地人民政府规定。③家居城镇的义务兵家属，生活困难的，由当地政府给予适当补助。④现役军人牺牲、病故，由国家给付其家属一次性抚恤金，其家属无劳动力或者无固定收入而不能维持生活的，再由国家定期发给抚恤金。

（三）残疾人的权益受国家保护

现行《宪法》第45条第3款规定，国家和社会帮助安排盲、聋、哑和其他有残疾的公民的劳动、生活和教育。残疾人是指在心理、生理、人体结构上，某种组织、功能丧失或者不正常，全部或者部分丧失以正常方式从事某种活动能力的人。残疾人作为公民，在政治、经济、文化、社会和家庭生活等方面，享有同其他公民平等的权利。残疾人权益既包括残疾人作为公民的合法权益，也包括其因残疾而需要国家和社会给予关心和照顾的权益。

全国人大常委会于1990年制定并于2008年修订了《残疾人保障法》，用以更好地维护残疾人的合法权益，发展残疾人事业，保障残疾人平等、充分地参与社会生活，共享社会物质文化成果。依据《残疾人保障法》，残疾人享有的权益应包括：①国家和社会对伤残军人、因公致残人员以及其他维护国家和人民利益致残人员实行特别保障，给予优待和抚恤。②残疾人的扶养人必须对残疾人履行扶养义务，残疾人的亲属、监护人必须履行监护职责，维护被监护人的合法权益。③国家保障残疾人受教育的权利，国家对接受义务教育的残疾学生免收学费，并根据实际情况减免杂费；普通小学、初级中等学校，必须招收能适应学习生活的残疾儿童、少年入学；普通高级中等学校、中等专业学校、技工学校和高等院校，必须招收符合国家规定的录取标准的残疾考生入学，不得因其残疾而拒绝招收。④国家保障残疾人劳动的权利，在职工的聘用、转正、晋级、职称评定、劳动报酬、生活福利、劳动保险等方面，不得歧视残疾人；对于分配的高等学校、中等专业学校、技工学校的残疾毕业生，有关单位不得因其残疾而拒绝接收。⑤国家和社会对无劳动能力、无法定扶养人、无生活来源的残疾人，按照规定予以供养、救济等。

（四）保护婚姻、家庭、母亲、老人和儿童

现行《宪法》第49条第1、4款规定：“婚姻、家庭、母亲和儿童受国家的保护。”“禁止破坏婚姻自由，禁止虐待老人、妇女和儿童。”宪法的这一规定不仅是指导婚姻家庭生活的宪法原则，而且体现了社会生活的道德规范。婚姻是家庭的前提，家庭是婚姻的结果，家庭又是组成社会的最基本的单位，是社会的细胞，在法律上承认和保护合法的婚姻家庭关系将是社会获得稳定的社会关系基础，同时，婚姻关系和家庭关系中各成员相互间的权利得到承认和保护，相应地要求各成员间相互履行法定义务，这直接关系着妇女、老人、母亲的切身利益和下一代的健康成长，关系着社会主义的婚姻家庭制度的巩固和发展，也关系着我们祖国的繁荣昌盛。

我国的《婚姻法》对婚姻、家庭、母亲、儿童和老人的保护作了较为详尽的规定；1991年颁布并于2006年修订的《未成年人保护法》对未成年人的权益作了全面的保护性规定。1996年颁布的《老年人权益保障法》是我国老年人权益保障的法律依据。

（五）未成年人权益受国家保护

现行《宪法》第46条第2款规定：“国家培养青年、少年、儿童在品德、智力、体质等方面全面发展。”青少年和儿童是国家的未来，做好青少年和儿童的工作，是保证社会生产力能够持续扩大，不断补充劳动大军和干部、专家队伍的重要问题。

为贯彻我国宪法精神，1991年9月全国人大常委会制定并于2006年修订了《未成年人保护法》，从家庭、学校、社会、司法等四个方面，对未成年人的权益设定了相关法律保障，目的是为了保护青少年、儿童等未成年人的身心健康，保障其合法权益，促进其在德、智、体等方面全面发展，对把他们培养成为有理想、有道德、有文化、有纪律的社会主义事业接班人，具有重要的现实意义。

《未成年人保护法》所规定的未成年人权益受国家保护的主要内容包括：①在受教育权方面，一方面国家有义务提供相应的条件，使未成年人在学校受到良好的正规的义务教育，在品德、智力、体质等方面全面发展；另一方面家长或者监护人有义务让未成年人接受义务教育，否则国家应当追究家长或者监护人的法律责任。②在家庭生活方面，严格禁止虐待未成年人，父母有抚养教育未成年子女的义务，保障未成年人的继承权。③禁止使用未满16周岁的童工。文艺、体育和特种工艺单位招用未满16周岁的未成年人，必须依照国家有关规定，履行申报审批制度并保障其接受义务教育的权利。对违反法律规定，擅自使用童工的单位和个人，将予以处罚。

（六）保护华侨、归侨和侨眷的正当权利

现行《宪法》第50条规定："中华人民共和国保护华侨的正当的权利和利益，保护归侨和侨眷的合法的权利和利益。"这一规定，充分体现了国家对广大华侨、归侨和侨眷的关心和爱护。

华侨是指旅居在外国的中华人民共和国公民。19世纪末，"华侨"一词被普遍使用。华侨作为中国公民，享有我国宪法和法律规定的一切权利，只因其身处国外，情况特殊，所以宪法作了专门规定。华侨居住在他国，因而应当遵守居住国的宪法和法律，并根据居住国的宪法和法律享有权利，履行相应的义务。如果华侨短时间回国内居住，在回国居住期间则享有我国宪法和法律规定的公民的权利，并履行相应的义务。如选举法规定，旅居国外的中华人民共和国公民在县级以下人民代表大会代表选举期间在国内的，可以参加原籍地或者出国前居住地的选举。国家对华侨的保护适用国内法保护和外交保护两种方式，主要以外交保护为主。宪法关于保护华侨的正当权利的规定，主要是指我国政府根据世界公认的国际法准则，保护我国海外侨民符合有关国际法规定的权利和利益。因此，华侨的正当权利和利益主要应包括两方面：①根据我国宪法和法律规定，作为中国公民所享有的权利；②根据国际法和国际惯例，一国公民旅居他国时所应享有的权利和利益。

归侨是指回国定居的华侨。侨眷是指华侨、归侨在国内的眷属，包括华侨、归侨的配偶、父母、子女及其配偶，兄弟姐妹，祖父母、外祖父母，孙子女、外孙子女，以及同华侨、侨眷有长期抚养关系的其他亲属。归侨、侨眷同华侨一样，是我国公民，生活在国内，享有宪法和法律规定的公民权利，并履行宪法和法律规定的公民的义务，任何组织和个人不得歧视。1990年9月我国颁布了《中华人民共和国归侨侨眷权益保护法》，后于2000年10月对该法进行了修订。该法对归侨、侨眷予以特别保护：①对回国定居的华侨给予安置；②全国人大和归侨人数较多地区的地方人大应有适当名额的归侨代表；③归侨、侨眷有权依法组织社会团体，维护归侨、侨眷的合法权益，进行适合归侨、侨眷需要的合法的社会活动；④国家对安置归侨的农场、林场等企业给予扶持；⑤国家依法保护归侨、侨眷在国内私有房屋的私有权；⑥归侨学生、归侨子女和华侨在国内的子女升学、就业，按照国家有关规定给予照顾；⑦国家保护归侨、侨眷的侨汇收入；⑧归侨、侨眷与境外亲友的往来和通信受法律保护；⑨归侨、侨眷有出境探亲、定居的权利；⑩归侨、侨眷申请自费出国学习，按照国家有关规定给予照顾；⑪国家对归侨、侨眷在境外的正当权益，根据中华人民共和国缔结或者参加的国际条约或者国际惯例给予保护等。截止到2010年9月，全国人大有归侨侨眷代表35名，全国政协有侨联界委员30名，县以上各级人大有归侨侨眷代表1600多名，各级政协有侨联界委员7700多名。2004～2009年，各级侨联共向各级侨界人大代表、政协委员提供提案议案素材24000多件，办复率达到95%以上，侨界关注的许多问题都得到了有关部门的高度重视和妥善解决。[1] 华侨、归侨和侨眷在我国的政治经济文化建设中发挥着重要作用。

（七）被告人有获得辩护的权利

现行《宪法》第125条规定："……被告人有权获得辩护"。被告人是指被指控实施了犯罪行为并正式被检察机关或者自诉人向人民法院提出控诉，要求追究其刑事责任的人。公民被指控犯有罪行，作为被告人在接受人民法院审理的过程中，其已经处于不利地位，在一定程度上，其合法权益很有可能受到损害。为维护被告人正当、合法的权益，并能正确及时地查明案件的事实，现行宪法做出了上述规定。

依据现行宪法的基本精神，有权获得辩护的主体，除被告人外，还应包括犯罪嫌疑人。在我国，在刑事诉讼中，被告人不仅有权获得辩护，同时，人民法院也有义务保证被告人获得辩护。"被告人有权获得辩护"应包括两个方面内容：①被告人在刑事诉讼中享有辩护权。辩护权是指被告人针对控告进行申辩，通过提出相应的事实和证明材料等手段，证明自己无罪、罪轻或者有应当从轻、减轻、免除处罚的情节，以维护自己合法权益的权利。②司法机关有义务保证被告人获得辩护。在侦查阶段，犯罪嫌疑人在被侦查机关第一次讯问后或者采取强制措施后，可以聘请律师为其

---

〔1〕 见"董中原同志在第二届海峡论坛·两岸侨联和平发展论坛上的讲话"，http：//www.chinaql.org/ldjh/2011－10－18/1318899562d6803.shtml，网络访问日期2011年10月30日。

提供法律帮助；在审查起诉阶段，犯罪嫌疑人在案件移送审查起诉时起，可以委托律师及其他辩护人为其辩护，律师及其他辩护人可以了解案情，收集与本案有关的材料，履行辩护职责。辩护律师在审查起诉阶段，可以查阅、摘抄、复制本案的诉讼文书、技术性鉴定材料；在审查起诉阶段、审判阶段，辩护律师可以会见在押的犯罪嫌疑人、可以和其通信；辩护律师收集与本案有关的材料，要经证人或者其他有关单位和个人同意，经被害人或者其近亲属提供的证人同意，并经人民检察院、人民法院许可，也可以向被害人或者其近亲属、被害人提供的证人收集与本案有关的材料。在审判阶段，被告人没有委托辩护人的，人民法院依法可以或者应当指定承担法律援助义务的律师为其提供辩护。

依据我国相关法律的规定，被告人行使辩护权的方式包括：被告人自行辩护、被告人委托律师及其他辩护人辩护或者由人民法院指定辩护。

4-14 （2003 年试卷一多选第 43 题）刘某系某乡女村民，已生育三个女儿，现在又怀上了第四胎。乡、村两级干部决心把她当作典型处理。于是，在某日一大早便破门而入，将还在睡梦中未及穿戴整齐的刘某强行带到村委会教育了一整天，并决定取消其读小学三年级的女儿“三好学生”的称号。根据我国宪法和法律，乡村干部的行为侵犯了刘某作为公民的哪些宪法权利？

A. 人身自由

B. 住宅不受侵犯

C. 受教育的权利

D. 人格尊严

——本题答案为 ABD。所考知识点为我国公民的基本权利。乡村干部破门而入的行为侵犯了刘某作为公民的住宅不受侵犯的权利；强行带到村委会教育了一整天，侵犯了其人身自由权；将未穿戴齐的刘某强行带走的行为侵犯了其人格尊严的权利。

第三节　我国公民的基本义务

我国宪法在赋予公民基本权利的同时，也规定了公民的基本义务。公民的基本义务是国家和社会对公民的最起码、最基本的要求，是宪法规定的作为其他义务基础的最重要的义务。公民的基本义务反映了公民在国家生活中的法律地位。

一、维护国家统一和各民族的团结

现行《宪法》第52条规定："中华人民共和国公民有维护国家统一和全国各民族团结的义务。"国家的统一，人民的团结，这是社会主义现代化建设事业取得胜利的基本保证。宪法规定的此项义务，是指每个公民必须把维护祖国统一和各民族团结作为自己的一项光荣职责，坚决同破坏祖国统一的言行作斗争，坚决同破坏民族团结、制造民族分裂的行为作斗争。

二、遵守宪法和法律，保守国家秘密等义务

（一）遵守宪法和法律

这是公民必须守法的总的原则规定。我国宪法和法律是工人阶级和广大人民意志和利益的集中体现，是保护人民、打击敌人、惩罚犯罪、保障和促进社会主义物质文明和精神文明建设的有力工具，具有神圣不可侵犯的尊严。因此，每个公民必须自觉遵守宪法和法律。

（二）保守国家秘密

国家秘密，是指涉及党和国家的安全和利益，尚未公布或不公布的各种文件、资料和消息。保守国家秘密就是要保护国家秘密不被泄露和不被遗失。泄密行为直接危害党、国家和人民的根本利益，危害性极大。因此，保守国家秘密是每个公民都必须履行的基本义务。1988年颁布并于2010年修订的《保守国家秘密法》明确规定国家秘密的级别、范围、保密制度和法律责任等，为公民履行该项义务提供具体的法律依据。

（三）爱护公共财产

公共财产是指全民所有和劳动群众集体所有的财产。爱护公共财产包含两方面的内容：①所有的公民都必须维护国家和集体的财产；②当公共财产遭受破坏、损害时，每个公民都有责任维护和捍卫公共财产，同一切破坏公共财产的行为作斗争。

（四）遵守劳动纪律

劳动纪律是劳动者进行社会生产必须遵守的规章制度，它是保证劳动者安全，保证产品质量，保证生产和工作正常进行不可缺少的重要手段。社会主义劳动纪律主要靠自觉遵守，同时也要进行思想教育和纪律教育，对违反劳动纪律者，视其情节轻重给予相应的经济、行政或纪律惩处。

（五）遵守公共秩序

公共秩序即社会秩序，是指统治阶级按照自己的意志和利益建立起来的，人们必须遵守的社会生活准则。包括社会秩序、工作秩序、教育科研秩序和生活秩序等。良好的社会秩序是维护正常有序的社会生活的必然要求。遵守公共秩序既是公民的一项基本义务，也是一种道德要求。我国的刑法及相关的条例、规章规定了对破坏或违反公共秩序行为的具体惩罚

措施。

（六）尊重社会公德

社会公德，是指人们在长期的共同生活中形成并由统治阶级予以肯定的行为规范。社会公德是评定人们行为是非的标准之一。现阶段，我国社会主义公德的基本要求是概括精辟、内涵深邃的“八荣八耻”，即：以热爱祖国为荣、以危害祖国为耻，以服务人民为荣、以背离人民为耻，以崇尚科学为荣、以愚昧无知为耻，以辛勤劳动为荣、以好逸恶劳为耻，以团结互助为荣、以损人利己为耻，以诚实守信为荣、以见利忘义为耻，以遵纪守法为荣、以违法乱纪为耻，以艰苦奋斗为荣、以骄奢淫逸为耻。这“八荣八耻”体现了中华民族传统美德与时代精神的有机结合，更体现了社会主义公德的本质要求。尊重社会公德既要靠道德力量来调整，也要靠法律来保障。

三、维护祖国安全、荣誉和利益

现行《宪法》第54条规定：“中华人民共和国公民有维护祖国的安全、荣誉和利益的义务，不得有危害祖国的安全、荣誉和利益的行为。”这是宪法针对对外开放政策的新形势下出现的新问题而制定的。一方面要求公民应承担维护祖国的安全、荣誉和利益的义务；另一方面又是对少数人谋求私利、崇洋媚外、不惜出卖国格、出卖国家利益的可耻行为的限制性和禁止性规定。该项基本义务的规定，既是每个公民的神圣职责，也是爱国主义的具体表现。

四、保卫祖国，依法服兵役和参加民兵组织

现行《宪法》第55条规定：“保卫祖国、抵抗侵略是中华人民共和国每一个公民的神圣职责。依照法律服兵役和参加民兵组织是中华人民共和国公民的光荣义务。”保卫祖国，抵抗任何敢于入侵之敌，是我国每一个公民的神圣职责，而依法服兵役和参加民兵组织是公民直接履行这一职责的实际行为。依我国兵役法的规定，我国公民不分民族、种族、职业、家庭出身、宗教信仰和教育程度，凡年满18周岁的中华人民共和国的公民，都有义务依法服兵役。但依法被剥夺政治权利的人不得服兵役。对因被羁押正在受侦查、起诉、审判，或者被判处徒刑、拘役、管制正在服刑期间的应征公民，国家不征集他们服兵役。

五、依法纳税

现行《宪法》第56条规定：“中华人民共和国公民有依照法律纳税的义务。”税收是我国财政收入的主要形式，是国家宏观调控经济的重要手段，具有强制性和无偿性的特点。我们社会主义国家的税收是“取之于民，用之于民”，纳税已成为绝大多数人的自觉行动。公民依法纳税，不仅可以支持国家建设，而且能使自己的物质文化生活水平不断得到改善和提高，同时，也是完善国家的社会福利制度的间接手段之一。我国刑法规定了对违反税收法规情节严重者给予相应处罚的具体措施。

六、其他义务

现行《宪法》在列举了上述公民基本义务的同时，还结合某些公民的基本权利规定了相应的公民基本义务：劳动的义务；受教育的义务；夫妻双方有实行计划生育的义务；父母有抚养教育未成年子女的义务，成年子女有赡养扶助父母的义务等。

第四节　我国公民基本权利与义务的主要特点

一、我国公民基本权利与义务的特点

现行《宪法》是一部具有中国特色的，适应新时期发展且长期稳定、充满活力的社会主义宪法。它所规定的公民基本权利和义务，充分体现了社会主义国家的本质，以根本法的形式反映了公民在国家生活中的地位。其特点主要表现在以下几个方面：

（一）公民基本权利和自由的广泛性

这一特点是由我国社会主义经济制度的公有制性质和国家政权的民主性质所决定的。具体表现在：①享有权利和自由的主体非常广泛。依据现行宪法和有关法律的规定，公民是享有权利和自由的主体，而在我们社会主义中国，公民中的绝大多数是人民，他们享有宪法和法律规定的全部权利；而依法被剥夺了政治权利的公民只是极少数，而且，依一定的法律程序，被剥夺政治权利的人仍享有与其地位相当的一部分公民权。②现行宪法确认并保障的公民的权利和自由的范围非常广泛。我国公民享有的权利和自由范围十分广泛，涉及人身、政治、经济、文化、宗教、社会及家庭生活等各个方面，这些权利和自由集中规定在我国《宪法》的第二章中。此外，宪法“总纲”和“国家机构”一章中也规定了诸如保护公民的合法的私有财产不受侵犯、国家依照法律规定保护公民的私有财产权和继承权以及民主管理权等许多属于公民权利和自由方面内容的条款。今后，随着国家经济、文化的发展，我国公民享有的权利和自由也会愈来愈广泛。

（二）公民基本权利和自由的现实性

我国宪法确认的公民的基本权利和自由不只是停滞在条文上、形式上的权利，而且是真实的、在现实生活中有物质和法律保障的权利。具体体现为：

1. 现行宪法在确认公民的基本权利自由时，充分考虑到我国目前还处

于社会主义初级阶段的政治、经济和文化发展水平，实事求是地确认公民享有权利和自由的范围及内容：①凡是客观上迫切需要，主观上有可能实现的，就予以规定。如"公民在法律面前一律平等"的原则、"禁止虐待老人、妇女、儿童"的条款等；②依实际情况，能实现的或者创造条件可以实现的就规定，能实现到什么程度就规定到什么程度，确实在短时期内无法实现的，就不规定。如公民的受教育权，现行宪法在确认了公民享有受教育权的同时，又规定国家举办各类学校，而且鼓励社会力量办学，从而切实保障公民的受教育权，并逐步扩大该项权利的享有范围；又如迁徙自由，世界各国宪法大多规定公民享有迁徙自由，而鉴于我国目前农村与城市发展极不平衡、大城市人口过于集中等现状，我国现行宪法则不再确认迁徙自由的权利。③权衡利弊，不宜规定的就不规定。如 1975 年和 1978 年宪法曾规定的"四大自由"（大鸣、大放、大字报、大辩论）及罢工自由，经过实践检验，不利于安定团结，不符合人民的根本利益，现行宪法就坚决不再规定。

2. 现行《宪法》规定的公民的权利和自由，既有法律保障，又有实际的物质保障。我国现行宪法不仅规定了公民的权利和自由，而且又规定了具体的法律和物质保障措施。如关于公民选举权的规定，既有选举法和刑法专章、专条规定对破坏和妨碍选举行为的制裁措施，又有选举法同时规定选举经费由国库开支，为公民选举权的充分实现提供必要的物质保障。

（三）公民基本权利和义务的一致性

公民基本权利和义务的一致性是马克思主义的一个基本观点，也是我国社会主义宪法关于公民权利和义务规定的特点之一。

公民基本权利和义务的一致性是指权利和义务互相依存、互为条件、互相促进、不可分离的辩证统一关系。现行《宪法》第 33 条规定："任何公民享有宪法和法律规定的权利，同时必须履行宪法和法律规定的义务。"充分体现出我国公民权利与义务辩证统一的关系。正像马克思指出的那样："没有无义务的权利，也没有无权利的义务。"

我国公民基本权利和义务的一致性具体表现在：

1. 宪法要求公民既享有宪法和法律规定的权利，又必须履行宪法和法律规定的义务。正如现行《宪法》第 33 条规定的那样，在我国，公民的权利和义务是一致的。享有权利就必须履行义务，履行义务才能享有权利。

2. 公民的某些权利和义务彼此结合在一起。这主要是指诸如宪法规定的公民"享有劳动的权利和义务"、"享有受教育的权利和义务"等，说明劳动和受教育既是公民的权利，又是公民的义务，二者相互统一，相辅相成。

3. 公民的权利和义务互为条件、互相依存。这主要是就具体的权利义务而言的，在具体的权利义务中，公民既是权利主体，又是义务主体，权利的享有以义务的履行为前提，义务的履行又以权利的存在为基础。如宪法规定，父母抚养教育未成年子女的义务，对子女而言是一种权利；成年子女有赡养父母的义务，对父母而言也是一种权利。

4. 公民的权利和义务相互促进，相辅相成。我国宪法规定的公民的权利和义务反映了公民、集体和国家三者的关系，三者根本利益的一致性决定了只有当公民享有各方面的权利越广泛、越有保障，才能激发起公民的积极性和政治热情，才能更加促进公民对义务的自觉履行；同样，也只有公民认真履行了其对国家和社会的义务，为国家多做贡献，促进了国家经济文化的发展，国家才能更好地保障公民实现其享有的各项权利，也才能够进一步扩大公民享有权利的范围。

二、我国公民行使权利和履行义务应遵循的原则

我国是人民当家作主的社会主义国家，国家的、社会的、集体的和公民个人的根本利益是一致的，而国家、社会和集体的利益又是公民享有权利自由的前提条件。因此，公民基本权利与义务的确认及实现，离不开一个国家的政治、经济、文化及科学技术发展等因素的制约。正如马克思指出的那样："权利永远不能超出社会的经济结构以及由经济结构所制约的社会的文化的发展。"同时，公民的民主意识、法制意识、主体意识的提高与增强对于其权利与义务的实现也有重要意义。公民应珍惜自己的权利，增强主人翁责任感，同时也应自觉履行义务，增强对社会、对他人的责任心。

依据我国现行宪法的规定，我国公民行使权利和履行义务应遵循下列原则：

（一）公民在法律面前一律平等原则

现行《宪法》第33条第2款规定："中华人民共和国公民在法律面前一律平等。"这是我国公民享有的一项重要的基本权利，也是我国宪法的一条基本原则，它贯穿整个宪法，始终体现着宪法的基本精神。

17、18世纪的资产阶级思想家洛克、卢梭等人以"人生来即是自由、平等的"，"人权是天赋的、无差别的"自由平等思想为内容，提出了"法律面前人人平等"的口号，用以反对封建特权，并成为资产阶级革命胜利后制宪的一条基本原则。1789年法国的《人权宣言》首先以法律的形式肯定了公民权利平等的原则。依据《人权宣言》规定的内容，平等权应包含三方面含义：①公民有立法上的平等，所有公民都平等地享有直接或间接参与立法活动的权利。②所有公民在适用法律上的平等。③公民平等地参与执法。由此可见，资产阶级第一次将平等与公民、公民的权利联系在

一起，并且将其普及于立法、执法和适用法律的全部范围。进入20世纪以后，资产阶级各国的宪法就平等权的内容加以详列，使平等权的内容进一步充实。

在我国，新中国第一部宪法——1954年《宪法》第85条就明确规定了公民在法律上一律平等的原则，后来由于“左”倾思潮的影响，1975年和1978年宪法取消了这一规定。拨乱反正后，1982年制定现行《宪法》时，又恢复规定了这一原则，使公民能够重新享有这一重要的宪法权利，亦使公民在行使权利的过程中有了宪法依据和明确的行使准则。两部宪法关于平等权的表述略有不同：1954年《宪法》规定的是“中华人民共和国公民在法律上一律平等”，而现行《宪法》则将其表述为“中华人民共和国公民在法律面前一律平等”，“使用‘在法律面前’的行文方式，则把平等权范围限制在法律实施上”。[1]

依据现行《宪法》和有关法律的规定，我国公民的平等权应包含以下三方面含义：①公民不分民族、种族、性别、职业、家庭出身、宗教信仰、教育程度、社会地位、政治历史、财产状况、居住期限等，一律平等地享受宪法和法律规定的权利和自由，平等地履行宪法和法律规定的义务。②司法机关对任何公民在适用法律时，一律平等对待，即对一切公民的合法权益平等地依法保护，对任何公民的违法犯罪行为，都平等地予以追究和制裁。③国家不允许任何组织和个人有超越宪法和法律之上的特权，任何人都要严格遵守宪法和法律。由此可见，在我国，理解平等权的含义，首先应注意，平等权是指公民在遵守法律和司法机关适用法律上的平等，而不包括立法上的平等。这也是与资产阶级国家平等权的本质上的区别。毛泽东曾经指出，我们在立法上要讲阶级不平等，在司法上要讲阶级平等。我国现行《宪法》关于平等权的规定就充分体现了这一精神，在立法上公民之间不能平等，因为公民中的人民与敌人不能平等、人民内部不同的阶层也要区别对待。但法律一经制定后，在适用上则应人人平等，任何公民都应平等地享有法定权利和平等地履行法定义务，不能有任何差别。其次还应注意，平等权不是绝对的平均权。平等权是一种相对的具体的权利，是指在法律所规定的同一条件或同一情形下，公民应享有相同的权利，不得有所歧视或享有特权。从根本上讲，资产阶级国家所宣扬的公民在法律上的平等权仅仅是以金钱的特权代替了封建的特权，是一种实质上的不平等。在社会主义条件下，虽然剥削制度已被消灭，但法律确认的

---

〔1〕 蔡定剑：《宪法精解》，法律出版社2006年版，第242页注释〔1〕。据作者所言，1982年2月27日，宪法修改委员会第二次全体会议秘书处印发的书面材料指出，把“在法律上”改为“在法律面前”，以明确地表达在适用法律上一律平等的意思。

平等也只能是一种相对意义上的平等，是一种默认的“天然特权”的体现，因为个人天赋的不同就会产生不同等的工作能力。因此，我国公民平等权的享有只能以宪法和法律为尺度，不能任意加以改变。

（二）公民权利和义务相一致的原则

我国是以生产资料公有制为基础的社会主义国家，它从根本上消灭了权利和义务相分离的社会条件和阶级基础，使权利和义务在新的社会条件下统一起来成为可能。

我国现行《宪法》第33条第4款明确规定了公民权利和义务相一致的原则：“任何公民享有宪法和法律规定的权利，同时必须履行宪法和法律规定的义务。”这一原则具体表现为：①公民享有权利，同时要履行义务。享有权利和履行义务，是每个人作为国家公民的存在方式。②权利和义务本身是相互依存的，因为权利和义务本身是一个问题的两个方面，如公民的人格权，某公民如要享有这项权利，其他公民和组织就应承担保护其人格权不受侵犯的义务。③某些权利本身具有双重性，权利与义务彼此结合，如公民享有的劳动权利和义务及受教育的权利和义务。④权利和义务互相促进、相辅相成。在社会主义制度下，生产资料公有制决定了公民个人利益同集体、国家的根本利益的一致性，表现在宪法上的权利义务关系即为国家为人民、人民为国家的新型的权利义务关系。

（三）不得滥用权利和自由的原则

这条原则是防止滥用权利的限制性规定，也是我国公民正确行使权利和自由的一条总的指导原则。现行《宪法》第51条明确规定：“中华人民共和国公民在行使自由和权利的时候，不得损害国家的、社会的、集体的利益和其他公民的合法的自由和权利。”这条原则应包含下列含义：

1. 自由和权利是社会性的，公民个人自由应以社会自由为前提和基础。马克思主义的自由观认为，只有在集体中才可能有个人的自由。因此，不能简单地仅从个人的角度去奢谈自由和权利问题，人的一切活动都必须在一定的社会组织中，个人的自由和权利也只有在集体中和社会里才有可能实现，也才有意义。但这并不等于不重视个人自由，因为每个人的自由发展是一切人的自由发展的条件，马克思主义者历来强调保护公民的个人权利以及为每个人才能的发展创造条件。

2. 自由和权利是相对的，有限制的。这种限制表现在：①公民享有权利和自由的程度受社会经济发展程度的制约。任何权利和自由的享有都要有经济物质和文化精神作基础，都离不开与之相适应的物质、文化条件，离不开科学技术、生产和人们道德的相应发展。正如马克思所言：“权利永远不能超出社会的经济结构以及由经济结构所制约的社会的文化发展”。②公民权利和自由的享有程度，还受到客观规律的限制。无论人的主观能动性如何发挥，都不能背离客观规律，必须受其限制。公民权利和自由的确认与行使，往往是在正确认识客观规律的基础上实现的。因此，服从客观规律才会有自由可言，否则必受惩罚。③应明确：公民只有在遵守宪法和法律的前提下才能享有权利和自由，即权利和自由要受宪法和法律的限制。因为“自由是做法律所许可的一切事情的权利”，“如果一个公民能够做法律所禁止的事情，他就不再自由了，因为其他的人也同样会有这个权利”。也正如资产阶级启蒙思想家洛克所言：“哪里没有法律，哪里就不能有自由。”在民主制的国家，自由之所以存在，正是因为有法律，有了法律，才有序，才能避免无政府状态，才能防止对人的自由和权利的无理干涉和侵犯。因此，公民只有依照宪法和法律的规定去行使自己的自由和权利，才能全面、完整地实现自己的权利和自由。

■ 第五节 保护在中国境内的外国人的合法权益

在我国境内的外国人，不是中华人民共和国公民，他们的合法权利不属于我国公民权利的范围。但是鉴于他们在我国工作、学习和旅游等情况，其合法权利必然应由我国的宪法和法律来调整和规范。

一、保护外国人的合法权利和利益

在中国境内的外国人，是指在中国学习、工作或者旅游、定居的具有外国国籍的自然人和无国籍人。其合法权利和利益，是指符合我国宪法和法律规定的权利和利益。我国现行《宪法》第 32 条第 1 款明确规定：“中华人民共和国保护在中国境内的外国人的合法权利和利益，在中国境内的外国人必须遵守中华人民共和国的法律。”由此可见，我国既保护在中国境内的外国人的合法权益，同时又要求其应当履行必要的法律义务，即必须遵守中华人民共和国的法律。我国宪法的这一规定，确认了在中国境内的外国人的法律地位，根据这一规定，在中国境内的外国侨民的合法权益以及外国经济组织或个人在中国境内的合法投资，均应受我国法律的保护。我国宪法的这一规定，既遵循了国际惯例，有利于保证对外开放政策的实施，同时又维护了国家主权和我国法律的尊严。

二、关于外国人受庇护权的规定

外国人的受庇护权，也叫“政治避难权”、“居留权”，是指一国公民由于政治原因受到本国政府的通缉、追捕或迫害，而请求另一国准予其入境或居留，因该国政府批准而享有受庇护的权利。受庇护者在所在国的保护下，不被引渡或者驱逐。

我国现行《宪法》第 32 条第 2 款明确规定：“中华人民共和国对于因

为政治原因要求避难的外国人，可以给予受庇护的权利。”根据我国现行宪法的这一规定，受庇护的对象只能是提出申请的外国人；其提出避难的原因也只能是基于政治原因，而不能因为刑事犯罪，这是国际通例；对于提出申请的避难者，我国政府可以同意也可以不同意给予其受庇护权，主动权完全掌握在我国政府的手里。给予受庇护权的外国人，不被引渡或驱逐的，他们在我国境内原则上按一般外国侨民待遇对待。

我国现行《宪法》的这一规定，不仅表明了我们国家的主权性，同时也体现了我国社会主义制度的民主性和进步性。

第五章 国家机构

第一节 国家机构概述

一、国家机构的概念和分类

（一）国家机构的概念

国家机构是指一定社会的统治阶级按照行使职权的性质和范围建立起来的、进行国家管理和执行统治职能的国家机关体系。国家机构是国家为实现其职能而建立起来的国家机关的总和，是一整套有系统的国家机关的总和，而不是国家机关的简单相加。国家机构具有一些特点：①阶级性。国家作为阶级矛盾不可调和的产物，作为国家组成要素及其存在形式的国家机构，其本质取决于国家的本质。由于国家有剥削阶级专政的国家和无产阶级专政的国家，因此，与此相适应也就有剥削阶级国家机构和社会主义国家机构之分。在剥削阶级专政的国家里，国家权力掌握在剥削者的手中，为它服务的国家机构则成为对劳动者进行政治压迫和经济剥削的工具。在社会主义国家，人民当家作主，掌握国家权力，他们通过自己的国家机构加强无产阶级专政和组织经济、文化建设。可见，国家机构实际上是掌握国家权力的阶级实现其统治的工具。②历史性。国家机构不是从来就有的，也不是永远存在的。在不同历史时期的国家中，国家机构的组织、活动、职能是不一样的，并且随着国家的发展变迁而变化。③强制性。国家机构的某些组成部分本身就是暴力机关，例如警察、监狱，有的国家机关则是以国家强制力作为坚强的后盾。④组织性。国家机关的设立、活动以及国家机关之间的相互关系均是依据一定的原则和程序，不同层次的国家机关、同一层次的不同国家机关、国家机关的整体与组成部门形成严密的系统。

（二）我国国家机构的分类

从组成来说，现代国家的国家机构十分复杂。按照不同的标准可以对国家机构进行不同的分类。按照国家机构的性质，可分为剥削阶级国家机构和无产阶级国家机构。按照国家机构行使权力的属性不同，可以将国家机构分为立法机关、行政机关、司法机关。

根据我国宪法的规定，我国国家机构从行使权力的范围属性来看，可分为中央国家机关和地方国家机关。其中，中央国家机关包括全国人民代表大会及其常务委员会、国家主席、国务院、中央军事委员会、最高人民法院、最高人民检察院；地方国家机构则包括地方各级人民代表大会及其常务委员会、地方各级人民政府和地方各级人民检察院，以及特别行政区的各种机关。从行使权力的不同职能来看，我国的国家机构又可以划分为国家权力机关、国家主席、国家行政机关、国家军事机关、国家审判机关和检察机关。

二、我国国家机构的组织和活动原则

（一）民主集中制原则

我国现行《宪法》第3条第1款规定："中华人民共和国的国家机构实行民主集中制的原则。"民主集中制是我国社会主义民主制的最本质的体现，是指在民主基础上实行集中，在集中指导下民主的一个国家机构组织和活动原则，体现民主与集中的辩证统一。民主集中制在国家机关的组织和活动中主要体现在：

1. 在国家机构与人民的关系方面，体现了国家权力来自人民，由人民组织国家机构。因为权力机关即人民代表大会是由人民民主选举产生的人民代表组成的。我国《宪法》第2条第1、2款规定："中华人民共和国的一切权力属于人民。人民行使国家权力的机关是全国人民代表大会和地方各级人民代表大会"；第3条第2款规定："全国人民代表大会和地方各级人民代表大会都有民主选举产生，对人民负责，受人民监督"。

2. 在国家权力机关与其他国家机关之间的关系方面，在我国，国家权力机关居于核心地位，其他的国家机关都由它产生，对它负责，受它监督。我国现行《宪法》第3条第3款规定："国家行政机关、审判机关、检察机关都由人民代表大会产生，对它负责，受它监督。"

3. 在中央和地方机构的关系方面，遵循"在中央的统一领导下，充分发挥地方的主动性、积极性"的原则。地方国家机关有处理地方事务的职权，才不会导致权力过分集中到中央，中央国家机关在行使职权时必须要充分考虑到地方的意见，在此基础上实行统一领导。

5－1　（2003年试卷一多选第46题）我国《宪法》第3条规定："中华人民共和国的国家机构实行民主集中制的原则。"这项原则的内容主要体现在下列哪些方面？

A. 在国家机构与人民的关系方面，体现了国家权力来自人民，由人民组织国家机构

B. 在同级国家机构中，国家权力机关居于主导地位

C. 在中央和地方机构的关系方面，实行"中央和地方的国家机构和

职权的划分，遵循在中央的统一领导下，充分发挥地方的主动性、积极性的原则”

D. 各国家机关在行使职权时实行集体负责制

——本题答案为ABC。本题主要考查对于民主集中制的原则的理解。《宪法》第3条规定：“中华人民共和国的国家机构实行民主集中制的原则。全国人民代表大会和地方各级人民代表大会都由民主选举产生，对人民负责，受人民监督。国家行政机关、审判机关、检察机关都由人民代表大会产生，对它负责，受它监督。中央和地方的国家机构职权的划分，遵循在中央的统一领导下，充分发挥地方的主动性、积极性的原则。”由此可知，正确答案应当为ABC三项。

（二）社会主义法治原则

我国《宪法》第5条规定，国家维护社会主义法制的统一和尊严，一切国家机关都必须遵守宪法和法律，没有超越宪法和法律的特权。社会主义法治原则就是指国家机构在组织和活动中必须要依法办事。社会主义法治原则的核心是依法治国，建设社会主义法治国家。有法可依、有法必依、执法必严、违法必究是社会主义法治原则的基本要求。社会主义法治原则在国家机构中具体体现为：

1. 所有国家机关的设立和活动都必须要有法可依。也就是说，任何国家机关的存在都必须要于法有据，所有国家机关的职权都有法律依据，这就要求国家立法机关要加强立法工作，不断完善社会主义法律体系。

2. 依法组织和建立国家机关及其职能部门，并且各种国家机构都必须依法定程序行使宪法和法律赋予的职权，一切国家机关的工作程序都必须符合法律的要求，工作结果也要符合法律规范，这对于依法行政来说显得尤其重要。

3. 国家权力机关要加强法律监督，保证同级其他国家机关在宪法和法律的范围内活动。对任何国家机关违反宪法和法律的行为，都必须予以纠正，并追究有关责任人员的法律责任。

（三）责任制原则

现行《宪法》第27条规定了一切国家机关实行责任制的原则。所谓责任制是指任何国家机关都必须依法对其行使职权、履行职责的后果承担责任，实行权与责统一的原则。在我国的国家机关体系中，工作责任制原则具体表现为：①各级人民代表大会都要向人民负责，每一位代表都要受到原选举单位的监督，选举单位可以随时罢免自己所选出的代表；②国家行政机关、审判机关和检察机关等则向同级人民代表大会及其常务委员会负责。

由于各种国家机关行使的国家权力的性质不同，我国宪法规定了两种责任制：集体负责制和个人负责制。集体负责制是合议制机关在决定问题时，由全体组成人员集体讨论，按照少数服从多数的原则作出决定。集体组织中每个成员的地位和权利平等，任何人都没有特殊权利，由集体承担责任。各级人民代表大会及其常委会、各级人民法院、各级人民检察院都适用集体负责制。个人负责制亦称首长负责制。它是国家特定机关在行使职权时，由首长个人决定并承担责任的一种领导体制。首长负责制分工明确，在执行决定时可以避免无人负责或推卸责任现象，能够充分发挥首长个人智慧和才能，提高工作效率。各级行政机关以及中央军事委员会都实行个人负责制。

5－2　下列哪些国家机关实行集体责任制？

A. 人民代表大会　　　　B. 人大常委会

C. 人民法院和人民检察院　D. 中央军事委员会

——本题答案为 ABC。本题主要考查了实行集体责任制的国家机关。根据《宪法》第 64 条、《全国人大组织法》第 31 条、《地方组织法》第 20 条和第 45 条，人大以及人大常委会实行集体审议、少数服从多数的原则进行决定；根据《人民法院组织法》第 11 条第 1 款和《人民检察院组织法》第 3 条第 2 款，人民法院的审判委员会和人民检察院的检察委员会都实行民主集中制，实行少数服从多数的原则。因此，选项 ABC 都是实行集体负责制。根据《宪法》第 93 条规定，中央军委实行主席负责制。因此，D 项不应当选。

（四）联系群众，为人民服务原则

现行《宪法》第 27 条第 2 款规定："一切国家机关和国家工作人员必须依靠人民的支持，经常保持同人民的密切联系，倾听人民的意见和建议，接受人民的监督，努力为人民服务。"这是该原则的宪法依据。具体来讲，该原则包括以下含义：①国家机关作为制定和执行国家法律法规政策的机关，其一切工作都要从最大多数人的最高利益出发，为人民的根本利益服务。②国家机关及其工作人员在自己的工作中要密切联系群众，倾听他们的意见和要求，尊重他们的主人公地位和首创精神，确立为人民服务的具体办法和措施，不断取得人民的信任和支持，这就要求在思想上树立密切联系群众、一切为人民服务的思想，认识到自己手中的权力来自于人民的赋予。③要开辟各种途径，广泛地吸引人民群众参加国家管理。国家机关及工作人员要坚持"从群众中来，到群众中去"的工作方法，广泛倾听群众的批评和意见，吸收人民群众参加管理国家并接受人民监督。

（五）精简和效率原则

我国现行《宪法》第27条第1款规定："一切国家机关实行精简的原则……实行工作人员的培训和考核制度，不断提高工作质量和工作效率，反对官僚主义。"这是该原则的宪法依据。在我国，精简机构、实行机构改革必须做到：按照经济体制改革和政企分开的原则，合并裁减部门和机构，使政府对企业由直接管理为主转变为间接管理；依法设置机构，定岗定员，改变国家机关臃肿、人浮于事、办事效率低等情况；改革干部人事制度，完善和推广国家公务员制度。

■ 第二节 全国人民代表大会及其常务委员会

一、全国人民代表大会

（一）全国人大的性质和地位

我国《宪法》第57条规定，全国人民代表大会是最高国家权力机关。全国人大是全国人民行使国家权力的最高机关，又是行使国家立法权的机关。作为最高国家权力机关的全国人大，是国家权力的最高体现者。全国人大在我国国家机构体系中居于首要地位，其他任何国家机关都不能超越于全国人大之上，也不能和它相并列。从性质上来说全国人大是权力机关、立法机关，从地位上来说是全国最高的权力机关、立法机关，不只是在权力机关中的地位最高，在所有的国家机关中的地位都是最高的。全国人民代表大会是最高的国家权力机关，也是最高的国家立法机关。

全国人民代表大会统一行使全国人民赋予的最高权力，最高国家行政机关、审判机关、检察机关都由它产生，对它负责。全国人民代表大会制定的法律、通过的决议和决定，一切国家机关和武装力量、各政党和各社会团体、各企事业组织以及所有公民都必须遵守。

5-3 （2011年司法考试卷一单选第24题）根据《宪法》和法律的规定，关于人民代表大会制度，下列哪一项是不正确的？

A. 人民代表大会制度体现了一切权力属于人民的原则

B. 地方各级人民代表大会是地方各级国家权力机关

C. 全国人民代表大会是最高国家权力机关

D. 地方各级国家权力机关对最高国家权力机关负责，并接受其监督

答案：D

解析：人民代表大会制度是指拥有国家权力的我国人民根据民主集中制原则，通过民主选举组成全国人民代表大会和地方各级人民代表大会，

并以人民代表大会为基础，建立全部国家机构，对人民负责，受人民监督，以实现人民当家作主的政治制度。我国宪法明确规定，国家的一切权力属于人民，人民行使国家权利的机关是全国人民代表大会和地方各级人民代表大会；国家行政机关、审判机关和检察机关都由人民代表大会产生，对它负责，受它监督，因此，人民代表大会制度体现了一切权利属于人民的原则。A 说法正确，不选。地方各级人大是地方国家权力机关，B 选项正确，不选。全国人民代表大会是国家的最高权力机关，享有广泛的职权。C 说法正确，不选。

（二）全国人大的组成和任期

根据现行《宪法》第 59 条第 1 款规定，全国人大由省、自治区、直辖市、特别行政区和军队选出的代表组成。这表明，我国目前采取的是地域代表制与职业代表制相结合，而以地域代表制为主的代表制。根据现行《选举法》和《组织法》的规定，全国人大代表的名额总数不超过 3000 名，代表的选举由全国人大常委会主持。由全国人大常委会确定各选举单位代表名额比例的分配，全国人民代表大会代表名额，由全国人民代表大会常务委员会根据各省、自治区、直辖市的人口数，按照每一代表所代表的城乡人口数相同的原则，以及保证各地区、各民族、各方面都有适当数量代表的要求进行分配。特别行政区出席全国人大的代表选举办法另有法律规定。中国人民解放军出席全国人大的代表，按照全国人大常委会分配的名额，由军人代表大会产生。

全国人大每届任期为 5 年，任期届满前 2 个月，全国人大常委会必须完成下届人大的选举工作，如果遇到不能进行选举的非常情况的，必须由全国人大常委会全体委员的 2/3 以上通过，才可以推迟选举，延长本届全国人大的仼期；但是在非常情况结束后 1 年以内，全国人大常委会必须完成全国人大的选举。

（三）全国人大的职权

从理论上说，全国人大具有全权性。但是在实际上，由于国家机关之间存在着必要的分工，因此，全国人大行使职权也具有一定的范围。根据《宪法》第 62 条的规定，全国人民代表大会的主要职权包括如下几方面的内容：

1. 修改宪法和监督宪法的实施。全国人大特有的职权是修改宪法，宪法的修改不论是部分的修改还是全面的修改，只属于全国人民代表大会。现行《宪法》规定，宪法的修改由全国人民代表大会常务委员会或者 1/5 以上的全国人大代表提议，并由全国人民代表大会以全体代表的 2/3 以上的多数通过。全国人大还有权监督宪法的实施。

2. 制定和修改基本法律。我国《宪法》第 58 条规定全国人大和全国人大常务委员会共同行使国家立法权。全国人大有权制定和修改刑事、民事、国家机构的和其他的基本法律。基本法律是国家法律体系的基本框架和主干部分，因此也只能由全国人民代表大会制定和修改，其他国家机关无权行使。

3. 选举和决定任免国家领导人。全国人大有权组织其他国家机关，组织的形式主要是选举和决定其他国家机关的领导人，其中选举产生的国家领导人包括五类：①全国人大常委会的组成人员，即全国人大常委会委员长、副委员长、秘书长和委员；②国家主席和副主席；③中央军委主席；④最高人民法院院长；⑤最高人民检察院检察长。全国人大决定产生的领导人有三类：①国务院总理，由国家主席提名，全国人大决定，国家主席任命；②国务院副总理、国务委员、部长、委员会主任、审计长、秘书长、中国人民银行行长，由总理提名，全国人大决定，国家主席任命；③中央军委副主席及军委委员，由军委主席提名，全国人大决定，中央军委主席任命。

选举和决定主要区别有两个：①提名方式不同，选举的提名在大会主席团，决定产生国家领导人各有特定的提名程序；②代表投票不同，选举投票时可投赞成票、反对票、弃权票以及另选他人，而决定产生领导人只能投赞成票、反对票、弃权票，而不能另选他人，另选他人则为废票。罢免国家领导人的知识点主要在于提出罢免案的三类主体，即大会主席团、3 个以上的代表团、1/10 以上的代表联名。

4. 重大问题的决定权。全国人民代表大会有权决定国家生活中的重大问题。有权审查和批准国民经济和社会发展计划和计划执行情况的报告；审查和批准国家预算和预算执行情况的报告；批准省、自治区和直辖市的建置；决定特别行政区的设立及其制度；决定战争与和平问题。

5. 最高监督权。由全国人大选举产生的机关都由全国人大来监督。听取和审议全国人大常委会、国务院、最高人民法院、最高人民检察院的工作报告，是目前全国人民代表大会对这些机关实行监督的基本形式。全国人大的监督权主要涉及三个层次：①全国人大常委会和国务院。常委会是人大的常设机构，国务院是全国人大的执行机构，这两个机构由人大产生，对人大负责，向人大报告工作，宪法对此有明文规定。②最高人民法院和最高人民检察院，他们都由人大产生，独立行使审判权和检察权，对人大负责，但宪法未要求他们向人大报告工作，实际上他们报告工作。③国家主席和中央军委，他们由人大产生，对人大负责，宪法中不要求他们向人大报告工作，实践中他们也不向人大报告工作。

6. 其他应当由它行使的职权。现行宪法规定全国人大有权行使“应当由最高国家权力机关行使的其他职权”，以概括的方式为全国人大处理这些新问题提供了宪法依据。

5-4 （2008年四川卷一单项选择13题）根据《宪法》和法律的规定，下列哪一职位由全国人民代表大会选举产生？

A. 国务院总理

B. 国家副主席

C. 军委副主席

D. 国务院副总理

答案：B

解析：《宪法》第79条第1款规定，中华人民共和国主席、副主席由全国人民代表大会选举。根据《宪法》第62条第5项的规定，全国人民代表大会根据中华人民共和国主席的提名，决定国务院总理的人选；根据国务院总理的提名，决定国务院副总理、国务委员、各部部长、各委员会主任、审计长、秘书长的人选。所以A项的国务院总理和D项的国务院副总理，是由全国人民代表大会决定。根据《宪法》第62条第6项的规定，全国人民代表大会选举中央军事委员会主席；根据中央军事委员会主席的提名，决定中央军事委员会其他组成人员的人选。所以ACD三项都是错误的，本题应选B项。

5-5 （2010年卷一多选第64题）关于全国人大职权，下列哪些说法是正确的？

A. 选举国家主席、副主席

B. 选举国务院总理、副总理

C. 选举最高人民法院院长、最高人民检察院检察长

D. 决定特别行政区的设立与建置

答案：AC

解析：《宪法》第62条规定，全国人民代表大会行使下列职权：①修改宪法；②监督宪法的实施；③制定和修改刑事、民事、国家机构的和其他的基本法律；④选举中华人民共和国主席、副主席；⑤根据中华人民共和国主席的提名，决定国务院总理的人选；根据国务院总理的提名，决定国务院副总理、国务委员、各部部长、各委员会主任、审计长、秘书长的人选；⑥选举中央军事委员会主席；根据中央军事委员会主席的提名，决定中央军事委员会其他组成人员的人选；⑦选举最高人民法院院长；⑧选举最高人民检察院检察长；⑨审查和批准国民经济和社会发展计划和计划执行情况的报告；⑩审查和批准国家的预算和预算执行情况的报告；⑪改

变或者撤销全国人民代表大会常务委员会不适当的决定；⑫批准省、自治区和直辖市的建置；⑬决定特别行政区的设立及其制度；⑭决定战争和和平的问题；⑮应当由最高国家权力机关行使的其他职权

5-6 （2008年四川卷一多项选择61题）根据《全国人民代表大会组织法》的规定，下列哪些选项是错误的？

A. 全国人民代表大会每次会议举行预备会议，选举本次会议的主席团和秘书长，通过本次会议的议程和其他准备事项的决定

B. 会议主席团设常务主席若干人，轮流担任会议执行主席

C. 30名以上的代表，可以就国家生活和国计民生的任何问题，向全国人民代表大会提出议案

D. 向全国人民代表大会提出的议案，在交付大会表决前，提案人要求撤回的，由大会主席团审议决定是否终止审议

答案：BCD

解析：《全国人民代表大会组织法》第5条第1款规定，全国人民代表大会每次会议举行预备会议，选举本次会议的主席团和秘书长，通过本次会议的议程和其他准备事项的决定。所以A项的表述是正确的，不应当选。第6条规定，主席团主持全国人民代表大会会议。主席团互推若干人轮流担任会议的执行主席。主席团推选常务主席若干人，召集并主持主席团会议。所以，B项表述中会议主席团设常务主席若干人是正确的，而轮流担任会议的执行主席的是主席团互推出来的人员。所以B项的表述是错误的，应当选。第10条规定，一个代表团或者30名以上的代表，可以向全国人民代表大会提出属于全国人民代表大会职权范围内的议案，由主席团决定是否列入大会议程，或者先交有关的专门委员会审议、提出是否列入大会议程的意见，再决定是否列入大会议程。而根据《宪法》第62条的规定，国家生活和国计民生的任何问题，并不是全国人民代表大会的职权。所以C项的表述是错误的，应当选。第11条规定，向全国人民代表大会提出的议案，在交付大会表决前，提案人要求撤回的，对该议案的审议即行终止。所以D项的表述也是错误的，应当选。综上，本题的止确选项是BCD三项。

（四）全国人大的会议制度和工作程序

1. 会议制度。

（1）会议的举行时间：全国人大的工作方式就是开会，全国人大会议每年举行一次，一般是在第一季度，由人大常委会召集。会议的法定人数为全体代表的2/3以上。如果全国人大常委会认为有必要或者1/5以上的

代表提议，可以临时召集全国人民代表大会会议。

（2）会议的组织：①代表团。全国人大代表按选举单位组成代表团，代表团推选出本团的团长、副团长，召集并主持代表团会议。代表团在每次全国人大会议举行前，讨论全国人大常务委员会提出的关于会议的准备事项；在会议期间，对全国人大各项议案进行审议，并可以由代表团团长或者代表团推派代表，在主席团会议上或者大会全体会议上，代表团对审议的议案发表意见。以代表团提出的议案、质询案、罢免案，均由代表团全体代表的过半数通过。②主席团。全国人民代表大会举行会议的时候，设立主席团。主席团由全国人民代表大会代表组成，在每次会议的预备会议中选举产生。主席团是临时性机构，任务是主持本次会议。主席团推选若干成员作为大会的执行主席。执行主席分为若干小组，轮流主持大会。同时，主席团还选举若干成员担任主席团的常务主席。常务主席的任务是召集和主持主席团会议。主席团会议决定议案的安排和处理，决定有关人选的提名，决定罢免案、质询案的处理以及其他有关会议的重要事项。③列席人员。国务院组成人员、中央军委的组成人员、最高人民法院院长、最高人民检察院检察长列席全国人大会议，其他国家机关、群众团体负责人，经由大会主席团决定，可以列席；全国政治协商委员会与全国人大同时召开全体委员会议，并且全体委员列席全国人大会议。④秘书处。全国人大设秘书处，在秘书长领导下办理主席团交付的事项和处理会议日常事务。

5－7　根据《全国人大组织法》规定，下列关于全国人大代表团的哪一说法是正确的？（　）

A. 代表团团长、副团长由各代表团全体成员选举产生

B. 2 个以上代表团可以向全国人大提出属于全国人大职权范围内的议案

C. 3 个以上的代表团可以提出对于全国人大常委会的组成人员，国家主席、副主席，国务院和中央军事委员会的组成人员，最高人民法院院长和最高人民检察院检察长的罢免案

D. 1 个代表团和 30 名以上的代表可以联合提出对国务院及其各部、各委员会的质询案

答案：C

解析：选项 A 错误。《全国人大组织法》第 4 条规定，全国人民代表大会代表按照选举单位组成代表团。各代表团分别推选代表团团长、副团长。而不是由各代表团全体成员选举产生。选项 B 错误。《全国人大组织法》第 10 条规定，一个代表团或者 30 名以上的代表，可以向全国人民代

表大会提出属于全国人民代表大会职权范围内的议案，由主席团决定是否列入大会议程，或者先交有关的专门委员会审议、提出是否列入大会议程的意见，再决定是否列入大会议程。选项C正确。《全国人大组织法》第15条规定，全国人民代表大会3个以上的代表团或者1/10以上的代表，可以提出对于全国人民代表大会常务委员会的组成人员，中华人民共和国主席、副主席，国务院和中央军事委员会的组成人员，最高人民法院院长和最高人民检察院检察长的罢免案，由主席团提请大会审议。选项D错误。《全国人大组织法》第16条规定，在全国人民代表大会会议期间，一个代表团或者30名以上的代表，可以书面提出对国务院和国务院各部、各委员会的质询案，由主席团决定交受质询机关书面答复，或者由受质询机关的领导人在主席团会议上或者有关的专门委员会会议上或者有关的代表团会议上口头答复。

（3）会议的形式：①预备会议。在全国人大会议正式举行之前，都要召开预备会议。预备会议由全国人大常务委员会主持，会议的任务是讨论本次会议的议程，选举大会的主席团和秘书长以及其他必须解决的事项。预备会议的目的在于保证全国人民代表大会会议的顺利进行。②全体会议。全国人民代表大会全体会议主要任务在于听取报告或者进行表决。③小组会议。全国人民代表大会小组会议主要任务是进行审议与讨论。

2. 议案的提出、审议、通过。全国人大的工作以讨论、审议并通过议案为主。全国人大通过法律案以及其他议案要经过以下四个法定程序阶段：①提出议案。全国人民代表大会主席团、全国人大常委会、国务院、中央军委、最高人民法院、最高人民检察院，一个代表团或30名以上的代表联名，可以向全国人大提出属于全国人大职权范围内的议案，由主席团决定是否列入会议议程。②议案的审议。对于国家机关提出的提案，由主席团决定交各代表团审议或者交有关的专门委员会审议，提出报告，然后由主席团审议决定提交大会表决；对代表团或者30名以上的代表提出的议案，由主席团审议决定是否列入大会议程，或者交由有关的专门委员会审议，提出是否列入大会的议程的意见，再决定是否列入大会的议程。③议案的表决。议案审议后，主席团决定采用投票、举手或者其他方式对议案进行表决。宪法的修正案采用投票的方式表决并且由全体代表的2/3以上多数通过，其他的议案由全体代表的过半数通过。④公布法律、决议。法律议案通过以后即成为法律，由中华人民共和国主席以发布命令的形式加以公布；选举的结果及重要决议案由全国人大主席团发布公告予以公布，或者由国家主席发布命令予以公布。

3. 询问和质询。询问，是指人大代表在审议有关报告时向有关部门提出问题，以便进一步了解情况。有关部门应派负责人到会，听取意见，回答询问。质询，是人大代表向有关部门就政策性的重大问题提出质问或监督性意见。质询应当按照法定程序进行。

5-8 （2010年卷一不定项第93题）关于全国人大及其常委会的质询权，下列说法正确的是（　）。

A. 全国人大会议期间，1个代表团可书面提出对国务院的质询案

B. 全国人大会议期间，30名以上代表联名可书面提出对国务院各部的质询案

C. 全国人大常委会会议期间，常委会组成人员10人以上可书面提出对国务院各委员会的质询案

D. 全国人大常委会会议期间，委员长会议可书面提出对国务院的质询案

答案：ABC

解析：《全国人大组织法》第16条规定，在全国人民代表大会会议期间，1个代表团或者30名以上的代表，可以书面提出对国务院和国务院各部、各委员会的质询案……第33条规定，在常务委员会会议期间，常务委员会组成人员10人以上，可以向常务委员会书面提出对国务院和国务院各部、各委员会的质询案……

类别	全国人大工作程序中的质询	全国人大常委会工作程序中的质询
主体	全国人大代表	全国人大常委会委员
时间	全国人大会议期间	全国人大常委会会议期间
主体要求	一个代表团或者30名以上代表	常委会组成人员10人以上联名
程序	可以向全国人大书面提出对国务院和其所属各部委的质询案，由主席团决定交受质询机关书面答复，或者由受质询机关领导人在主席团会议上或者有关专门委员会会议上或者有关代表团会议上口头答复，在主席团会议或在专门委员会会议上答复的，提出质询案的代表团团长或者代表有权列席会议，发表意见	可以向常委会书面提出对国务院各部委、最高人民法院、最高人民检察院的质询案，由常委会委员长会议决定交由有关的专门委员会审议或者提请常委会会议审议。质询案由委员长会议决定，由受质询机关的负责人在常委会会议上或者在有关专门委员会会议上口头答复，或者由其书面答复

二、全国人大常委会

（一）全国人大常委会的性质和地位

全国人大常委会是全国人大的常设机关、隶属机关，也是行使国家立法权的机关，必须服从于全国人大，在国家机构中的地位仅次于全国人大。全国人大常委会作为全国人大的常设机关，是最高国家权力机关的组成部分，是在全国人民代表大会闭会期间经常行使最高国家权力的机关，也是国家立法机关。

（二）全国人大常委会的组成和任期

全国人大常委会由委员长、副委员长若干人、秘书长、委员若干人组成（注意：十届人大还增设了专职委员）。全国人大常委会的这些组成人员必须是全国人大代表，并且由每一届全国人大第一次会议选举产生。他们都由每届全国人大第一次会议主席团从代表中提出人选，经各代表团酝酿协商后，再由主席团根据多数代表的意见确定正式候选人名单，最后由大会全体会议选举产生。宪法规定，全国人大常委会的组成人员不得担任行政机关、检察机关和审判机关的职务，如果担任上述职务，必须向常务委员会辞去常务委员的职务。为了充分体现民族平等的原则，在全国人大常委会的组成人员之中应当有适当名额的少数民族的代表。

全国人大常委会的每届任期与全国人大相同，即为5年。略有区别的是，下届人大第一次会议开始时，上届人大的任期即告结束。但上届全国人大常委会行使职权到下届全国人大常委会产生时（召集）。在理解全国人大常委会的组成和任期时要特别注意以下几点：①委员长、副委员长有连任限制，连续任职不得超过两届；②在所有中央国家机关领导人里惟一差额选举的就是全国人大常委会委员长，其他均为等额选举。另外，宪法规定全国及各级地方人大常委会组成人员不能兼任行政机关、审判机关、检察机关的职务，可以兼任军队的职务和党的职务。

（三）全国人大常委会的职权

根据《宪法》第67条的规定，全国人大常委会的职权主要包括以下几方面：

1. 解释宪法，监督宪法的实施。全国人大常委会有解释宪法的权力，解释宪法是全国人大常委会特有的职权；全国人大及其常委会都有权监督宪法的实施。

2. 立法权。全国人大常委会有权制定和修改基本法律以外的其他法律，对基本法律可以进行补充和修改，但不得同该法律的基本原则相抵触。

3. 解释法律。全国人大常委会有权解释宪法和法律，对各地区、各部门提出属于法律条文本身需要进一步明确界限或作补充规定的，由秘书长交由全国人大法律委员会会同有关的专门委员会研究，提出解释方案，经全国人大常委会审议，作出法律解释。国务院、最高法院、最高检察院均无法律的解释权，这三个机构以及省一级的人大只有权提出法律解释的建议或者要求。

5－9 （2005年试卷一不定项第93题）根据《立法法》的规定，在下列何种情况下，法律由全国人民代表大会常务委员会解释？

A. 法律的规定需要进一步明确具体含义的

B. 法律制定后出现新的情况，需要明确适用法律依据的

C. 法律之间发生冲突，需要裁定其效力优先性的，不属于立法解释

D. 执法过程中具体适用法律的疑难问题

——本题答案为AB。主要考查全国人民代表大会常务委员会立法解释的权限范围问题。《立法法》第42条规定："法律解释权属于全国人民代表大会常务委员会。法律有下列情况之一的，由全国人民代表大会常务委员会解释：①法律的规定需要进一步明确具体含义的；②法律制定后出现新的情况，需要明确适用法律依据的。"据此，AB两项为应选项。CD两项并没有列入《立法法》，不符合题干要求。D项执法过程中具体适用法律的疑难问题属于司法解释，不属于立法解释。C项中法律之间发生冲突，应按照新法优于旧法的原则和特别法优于普通法的法律适用原则来确定其效力优先性，不属于全国人大常委会立法解释的范畴。

4. 监督权。根据《宪法》第67条规定，在全国人大闭会期间，全国人大常委会行使对国务院、中央军委、最高人民法院以及最高人民检察院的监督权。全国人大常委会监督国家机关工作的职权主要包括以下四种具体形式：①在全国人大常委会会议期间，常委会组成人员10名以上常委委员联名可以向国务院及其各部委、最高人民法院、最高人民检察院提出书面质询案；②国务院、最高人民法院、最高人民检察院在每次常委会会议上，围绕经济建设和人民群众关心的热点问题，向全国人大常委会作工作汇报；③全国人大常委会有权撤销国务院制定的同宪法、法律相抵触的行政法规、决定和命令；④开展对法律实施的检查。

5－10 （2003年试卷一不定项第86题）按照我国宪法的规定，下列何种选项属于需要作出改变或者撤销决定的情形？

A. 全国人大对全国人大常委会不适当的决定

B. 国务院对市、县、乡政府不适当的决定和命令

C. 全国人大常委会对省人大制定的同宪法、法律和行政法规相抵触

的地方性法规和决议

D. 省人大常委会对省政府的不适当的决定和命令

——本题答案为ABCD。主要考查了国家机关行为的改变或者撤销权。我国国家机关职权中一个重要的内容就是对其领导或者监督的国家机关的违法或者不适当的决定、决议、命令等改变或者撤销。根据《宪法》第62条第11项规定，全国人民代表大会有权改变或者撤销全国人民代表大会常务委员会不适当的决定，因此A选项正确。根据宪法第89条第14项规定，国务院有权改变或者撤销地方各级国家行政机关的不适当的决定和命令，因此B选项也是正确的。根据《宪法》第67条第8项规定，全国人大常委会有权撤销省、自治区、直辖市国家权力机关制定的同宪法、法律和行政法规相抵触的地方性法规和决议；根据《宪法》第104条规定，县级以上的地方各级人民代表大会常务委员会有权撤销本级人民政府的不适当的决定和命令。这两种情况，宪法规定的是“撤销”，而非“改变或者撤销”，严格说来，CD不是应选项。但司法部公布的答案也选上了CD，或许是由于认为题干中“需要做出改变或者撤销决定的情形”中“或者”的含义作出形式逻辑上的解释，即只要具备改变、撤销两者之一，即认为是符合题干要求的。今天看来不论当时的争论如何，相关的知识点还应当予以掌握，区分撤销和改变的不同也是有积极意义的。

<table>
<tr><th colspan="2">审查对象</th><th>审查内容</th><th>审查方式</th><th>审查主体</th></tr>
<tr><td colspan="2">全国人大常委会制定的法律</td><td>不适当</td><td>改变或撤销</td><td>全国人大</td></tr>
<tr><td rowspan="2">自治条例和单行条例</td><td>自治区</td><td>违背宪法、民族区域自治法、违背法律和行政法规的基本原则、有关民族区域自治的专门规定</td><td>撤销</td><td>全国人大</td></tr>
<tr><td>自治州、自治县</td><td>违背宪法、民族区域自治法、违背法律和行政法规的基本原则、有关民族区域自治的专门规定</td><td>撤销</td><td>全国人大常委会</td></tr>
<tr><td colspan="2">行政法规</td><td>同宪法、法律相抵触</td><td>撤销</td><td>全国人大常委会</td></tr>
</table>

续表

<table>
<tr><td rowspan="2">地方性法规</td><td>省、自治区、直辖市、较大的市的人大及其常委会</td><td>同宪法、法律、行政法规相抵触</td><td>撤销</td><td>全国人大常委会</td></tr>
<tr><td>省、自治区、直辖市人大常委会</td><td>不适当</td><td>改变或撤销</td><td>省、自治区、直辖市的人大</td></tr>
<tr><td colspan="2">部门规章</td><td>不适当</td><td>改变或撤销</td><td>国务院</td></tr>
<tr><td rowspan="4">地方政府规章</td><td rowspan="2">省、自治区、直辖市人民政府</td><td>不适当</td><td>改变或撤销</td><td>国务院</td></tr>
<tr><td>不适当</td><td>撤销</td><td>本级人大常委会</td></tr>
<tr><td rowspan="2">较大的市的人民政府</td><td>不适当</td><td>改变或撤销</td><td>国务院、省、自治区人民政府</td></tr>
<tr><td>不适当</td><td>撤销</td><td>本级人大常委会</td></tr>
<tr><td colspan="2">授权法规</td><td>超越授权范围或者违背授权目的</td><td>撤销</td><td>授权机关</td></tr>
</table>

5. 重大事项的决定权。全国人大常委会作为最高国家权力机关的常设机关，要经常地及时决定国家的重大事务。在全国人大闭会期间，全国人大常委会有权审查和批准国民经济和社会发展的计划、国家预算在执行过程中所必须作的调整方案；决定同外国缔结的条约、重要协定的批准或废除；规定军人和外交人员的衔级制度和其他专门衔级制度；规定和决定授予国家的勋章和荣誉称号；决定特赦（注意有权特赦而非大赦）；在全国人民代表大会闭会期间，如果遇到国家遭到武装侵犯或者必须履行国家间共同防止侵略的条约的情况，决定战争状态的宣布；决定全国总动员或者局部动员；决定全国或者个别省、自治区、直辖市进入紧急状态，进入紧急状态的决定权，由全国人大常务会和国务院共同行使。此处，需注意两者的区别和联系：《宪法》第 89 条规定，国务院依照法律规定决定省、自治区、直辖市的范围内部分地区进入紧急状态。即全国人大常委会决定全国、个别省市自治区进入紧急状态，国务院决定省市自治区的部分地区进入紧急状态。另外，不管是全国总动员还是局部总动员，均由全国人大常委会决定。

6. 决定、任免国家机关的领导人。全国人大常委会在全国人大闭会期间根据国务院总理的提名可以任免国务院的一些组成人员，包括部长、委员会主任、审计长以及秘书长；根据中央军事委员会主席的提名决定中央军事委员会其他组成人员，包括军委副主席和委员，比国务院的任免层次要高；根据最高人民法院院长的提请，提名任命最高人民法院的副院长、审判员、审判委员会委员和军事法院院长；根据最高人民检察院院长的提请，任命最高人民检察院的副检察长、检察员、检察委员会委员和军事检察院检察长，并且批准省、自治区、直辖市的人民检察院检察长的任免。这里需要特别注意的是，全国人大常委会的任免仅指国家机关副职以下包括副职的国家机关领导人的任职与免职，不包括总理、副总理、国务委员。同时要特别注意，全国人大常委会有权批准省、自治区、直辖市的人民检察院检察长的任免，而法院系统没有这方面的内容。

7. 全国人大授予的其他职权。全国人大常委会的其他职权包括：主持全国人大的选举，召集全国人大全体会议；向全国人大提出包括宪法修正案在内的议案；组织关于特定问题的调查委员会；在全国人大闭会期间批准对于全国人大代表的逮捕和刑事审判以及全国人大授予的其他职权。

5－11 （2008 年司法考试卷一单选第 18 题）根据《各级人民代表大会常务委员会监督法》的规定，各级人大常务委员会对属于其职权范围内的事项，需要作出决议、决定，但对有关重大事实不清的，可以组织特定问题的调查委员会。关于特定问题的调查委员会，下列哪一选项是正确的？

A. 经 1/5 以上常务委员会组成人员书面联名提议或有关专门委员会提议，可以组织关于特定问题的调查委员会

B. 经调查委员会聘请，有关专家可以作为调查委员会的委员参加调查工作

C. 调查委员会在调查过程中，可以不公布调查的情况和材料

D. 调查委员会应当向有关专门委员会提出调查报告

答案：C

解析：《各级人民代表大会常务委员会监督法》第 40 条第 2 款规定，1/5 以上常务委员会组成人员书面联名，可以向本级人民代表大会常务委员会提议组织关于特定问题的调查委员会。但并不包括“有关专门委员会提议”，故 A 错误。第 41 条规定，调查委员会由主任委员、副主任委员和委员组成，由委员长会议或者主任会议在本级人民代表大会常务委员会组成人员和本级人民代表大会代表中提名，提请常务委员会审议通过。调查委员会可以聘请有关专家参加调查工作。与调查的问题有利害关系的常务委员会组成人员和其他人员不得参加调查委员会。根据上述规定可知，调查委员会可以聘请专家参加调查，但是该专家不是以调查委员会委员的身份参加。故 B 错误。《各级人民代表大会常务委员会监督法》第 42 条第 3

款规定，调查委员会在调查过程中，可以不公布调查的情况和材料。所以C是正确的。第43条规定，调查委员会应当向产生它的常务委员会提出调查报告。常务委员会根据报告，可以作出相应的决议、决定。不是专门委员会，故D错误。

5-12 （2008年司考卷一多项选择62题）根据我国《宪法》的规定，关于动员和紧急状态的决定权，下列哪些选项是正确的？

A. 全国人民代表大会常务委员会有权决定全国总动员

B. 全国人民代表大会常务委员会有权决定全国进入紧急状态

C. 国务院有权决定个别省、自治区、直辖市进入紧急状态

D. 国务院有权决定局部动员

答案：AB

解析：《宪法》第67条规定："全国人民代表大会常务委员会行使下列职权：……⑲决定全国总动员或者局部动员；⑳决定全国或者个别省、自治区、直辖市进入紧急状态；……"可见，决定全国总动员或者局部动员是全国人民代表大会常务委员会行使的职权，所以AB是正确的，CD是错误的。

（四）全国人大常委会的会议制度与工作程序

1. 会议制度。全国人大常委会是合议制机关，主要通过举行会议、作出决议的形式行使职权。全国人大常委会的会议有两种形式：即常委会全体会议和委员长会议。全国人大常务委员会全体会议一般每2个月举行一次，必要时可临时召集。会议由委员长召集并且主持，常委会全体组成人员参加。列席常委会会议的有三类人士：①国务院、中央军委、最高人民法院和最高人民检察院的负责人；②全国人大各专门委员会的主任委员或者副主任委员；③各省、自治区、直辖市的人大常委会派主任或者副主任一人。全体组成人员过半数才能开会，参加者过半数赞成方能通过决议。会议形式包括全体会议、分组会议和联组会议。全国人大常委会委员长会议负责处理全国人大常委会重要的日常工作，委员长会议的组成人员为委员长、副委员长、秘书长。委员长会议由委员长召集并主持，也可以委托副委员长主持会议。委员长会议由委员长、副委员长、秘书长组成。主要工作有：①决定常委会每次会议的会期，拟定会议议程草案；②对于常委会提出的议案和质询案，决定交由有关机关的专门委员会审议或者提请常委会全体会议审议；③指导和协调各专门委员会的日常工作；④处理常委会其他重要日常工作。

5－13 （2011年卷一多项选择61题）根据《宪法》和《立法法》规定，关于全国人大常委会委员长会议，下列哪些说法是正确的？

A. 委员长会议可以向常委会提出法律案

B. 列入常委会会议议程的法律案，一般应当经3次委员长会议审议后载交付常委会表决

C. 经委员长会议决定，可以将列入常委会会议议程的法律草案公布，征求意见

D. 专门委员会之间对法律草案的重要问题意见不一致是，应当向委员长会议报告

答案：AD

解析：《立法法》第24条第1款规定："委员长会议可以向常务委员会提出法律案，由常务委员会会议审议。"故A选项正确。《立法法》第27条第1款规定："列入常务委员会会议议程的法律案，一般应当经三次常务委员会会议审议后再交付表决。"故B选项不正确。《立法法》第35条规定："列入常务委员会会议议程的重要法律案，经委员长会议决定，可以将法律草案公布，征求意见，各机关、组织和公民提出的意见送常务委员会工作机构。"可见，经委员长会议决定，可以将法律草案公布，征求意见的草案仅是列入常务委员会会议议程的重要法律案，故C不正确。《立法法》第33条规定："专门委员会之间对法律草案的重要问题意见不一致时，应当向委员长会议报告。"故D说法正确。

5－14 （2010年卷一单选第20题）根据《全国人大组织法》规定，在必要的时候，下列哪一机构有权决定全国人民代表大会会议秘密举行？

A. 10个以上代表团联名

B. 全国人大常委会委员长会议

C. 全国人大主席团和各代表团团长会议

D. 全国人大常委会和全国人大主席团

答案：C

解析：《全国人民代表大会组织法》第20条规定："全国人民代表大会会议公开举行；在必要的时候，经主席团和各代表团团长会议决定，可以举行秘密会议。"故C正确。

2. 工作程序。

（1）议案的提出。在全国人大常委会举行会议期间，委员长会议、国务院、中央军委、最高人民法院、最高人民检察院、全国人大各专门委员会、常委会组成人员10人以上联名，可以提出属于常委会会议审议范围

内的议案。

(2) 审议议案。向全国人大常委会提出的议案由委员长会议决定提请常委会会议审议，或者先交有关的专门委员会审议，提出报告后再提请常委会会议审议。常委会全体会议听取关于议案的说明，随后分组会议审议，并由有关的专门委员会审议，在下次会议上提出审议结果的报告。

(3) 议案的表决。议案经过审议后，由常委会全体会议进行表决，获得全体组成人员的半数以上赞成方能通过。交付表决的议案，有修正案的，要先表决修正案。

(4) 法律的公布。法律通过后，由国家主席公布，其他的决议由全国人大常委会自行公布。

全国人民代表大会和全国人大常委会立法程序的比较：

类别	全国人民代表大会	全国人大常委会	法条
提出法律案的主体	全国人民代表大会主席团、全国人民代表大会常务委员会、国务院、中央军事委员会、最高人民法院、最高人民检察院、全国人民代表大会各专门委员会、一个代表团或者30名以上的代表联名	委员长会议、国务院、中央军事委员会、最高人民法院、最高人民检察院、全国人民代表大会各专门委员会、常务委员会组成人员10人以上联名	《立法法》第12条和第13条；《立法法》第24条和第25条
审议	各代表团审议 专门委员会审议 法律委员会统一审议	专门委员会审议 常务委员会会议审议 (三读、二读、一读) 法律委员会统一审议	《立法法》第16、17、18条；《立法法》第25、27、28、31条
表决通过	由全体代表的过半数通过	由常务委员会全体组成人员的过半数通过	《立法法》第22条；《立法法》第40条
公布	国家主席签署主席令予以公布	国家主席签署主席令予以公布	《立法法》第23条；《立法法》第41条

三、全国人大各委员会

全国人大各委员会包括常设性委员会和临时性委员会两种。

(一) 常设性委员会

根据《宪法》第70条的规定，全国人大的专门委员会，目前共设置民族、法律、内务司法、财经、教科文卫、外事、华侨、环境与资源保护、农业与农村委员会这九个委员会，注意区别于全国人大常委会设的专门委员会。全国人大常委会设香港基本法委员会、澳门基本法委员会、法律工作委员会、预算委员会等。基本法委员会是常设机构，基本法起草委员会是临时性机构，起草完基本法起草委员会即解散，但是基本法委员会是协调港澳基本法实施的常设机构。各专门委员会是由全国人民代表大会产生，受全国人民代表大会领导，闭会期间受全国人大常委会领导的常设性工作机构。它没有独立的法定职权，其主要职责是在全国人大及其常委会的领导下，研究、审议和拟定有关议案。全国人大各专门委员会形成的决议须通过人大常委审议才能生效（各专门委员会没有独立的权力），任期5年。全国人大各专门委员会由主任委员1人、副主任委员若干人、委员若干人组成。它们都是全国人大主席团从代表中提名，由大会通过。

全国人民代表大会专门委员会的工作职责包括：①审议全国人大或人大常委会交付的议案；②提出议案；③审议违宪的规范性文件；④审议质询案；⑤对于本委员会有关的问题，进行调查研究，提出建议。

5－15 （2005年试卷一单选第8题）根据我国宪法和有关法律的规定，下列有关全国人民代表大会专门委员会的表述哪一项是正确的？

A. 全国人民代表大会专门委员会是最高国家权力机关的非常设机关

B. 全国人民代表大会专门委员会负责审议与其职权有关的法律草案

C. 全国人民代表大会专门委员会的组成人选，由主席团在代表中提名，大会通过

D. 全国人民代表大会专门委员会只能审议全国人民代表大会主席团交付的议案

——本题答案为C。主要考查全国人大专门委员会的基本知识。全国人大的常设性委员会主要是指各专门委员会，专门委员会是全国人大的辅助性的工作机构，是从代表中选举产生的、按照专业分工的工作机关。因此A项错误。《全国人大组织法》第37条规定：全国人大专门委员会审议全国人民代表大会主席团或者全国人民代表大会常务委员会交付的议案。因此D错误。《全国人大组织法》第37条规定：法律委员会统一审议向全国人民代表大会或者全国人民代表大会常务委员会提出的法律草案；其他专门委员会就有关的法律草案向法律委员会提出意见。B错误。《全国人大组织法》第35条规定：各专门委员会的主任委员、副主任委员和委员的人选由主席团在代表中提名，大会通过。因此C项正确。

（二）临时性委员会

临时委员会主要是指全国人大及常委会认为有必要时，按照某种特定的工作需要组成的，对特定问题的调查委员会。调查委员会的组成人员必须是全国人大代表，这类委员会在全国人大和全国人大常委会认为必要时可以设立，没有一定的任期，对特定问题的调查任务一经完成，该委员会即予撤销。

四、全国人民代表大会代表

（一）代表的权利

根据宪法和有关法律的规定，全国人大代表享有以下的权利：

1. 出席会议。全国人大代表有出席全国人大会议，参与对国家重大问题的讨论和决定，依法行使代表职权的权利。代表们受人民委托，按期出席全国人大的会议，并对提交给人大审议的一切议案进行讨论，发表意见，参与表决，共同决定中央国家机关领导人员的人选和国家生活中的重大问题。

2. 提案权。全国人大代表有权出席全国人民代表大会会议，参与对国家重大问题的讨论和决定，有权根据法律规定的程序提出议案、建议和意见。《全国人民代表大会组织法》第10条和《全国人民代表大会议事规则》的第21条规定，一个代表团或者30名以上的代表联名，可以向全国人大提出属于职权范围内的议案。全国人大代表对全国人大及其常委会的工作，有提出建议、意见和批评的权利。提案可于表决之前撤回。

3. 质询权与询问权。在全国人大会议期间，一个代表团或者30名以上的代表联名，可以依照法律规定的程序书面提出对国务院和国务院各部委、最高人民法院和最高人民检察院的质询案，提出质询案的代表半数以上对答复不满意的，可以要求受质询的机关再作答复。关于全国人大代表的质询权，应当特别掌握质询对象，即国务院、国务院各部委、最高人民法院、最高人民检察院。此外，人大代表在审议议案和报告时，可以向有关的国家机关提出询问。有关部门应当派出负责人到会，听取意见，回答代表提出的询问。

4. 提出罢免案。全国人大代表有权依照法律规定的程序提出对全国人大常委会组成人员，中华人民共和国主席、副主席，国务院组成人员，中央军事委员会组成人员，最高人民法院院长，最高人民检察院检察长的罢免案。

5. 言论免责权。人大代表具有言论免责权，即人大代表在人大的各种会议上的发言和表决不受法律追究，各种会议包括大会、全体会议、小组会、代表团会、联组会等，但在闭会期间则无此特权。

6. 人身的特别保护。全国人大代表享有人身受特别保护权。宪法规定，在人大开会期间非经主席团许可，闭会期间非经人大常委会许可，代表不受逮捕或刑事审判。代表如果因为是现行犯被拘留，执行拘留的公安机关应当立即向全国人大主席团（开会期间）或者全国人大常委会（闭会期间）报告。如果代表因民事纠纷拒不出庭，对其实行拘传，人大代表并不能主张人身受特别保护，实际上在民事、经济、行政审判中代表不享有此项特权。

5－16 （2003年试卷一不定项第81题）黄某系全国人大代表，因正常履行职务受到诬陷，被某市公安机关刑事拘留。根据我国宪法和法律，下列何种表述是正确的？

A. 该公安机关无权拘留黄某，除非得到全国人大会议主席团的许可

B. 该公安机关无权拘留黄某，除非得到全国人大常委会的许可

C. 该公安机关有权拘留黄某，但须立即向全国人大会议主席团或者全国人大常委会报告

D. 该公安机关有权拘留黄某，但须立即向最高人民检察院报告

——本题答案为C。根据《全国人民代表大会组织法》第44条第2款规定，全国人民代表大会代表如果因为是现行犯被拘留，执行拘留的公安机关应当立即向全国人民代表大会主席团或者全国人民代表大会常务委员会报告。据此，C选项是正确的。根据《宪法》第74条规定，全国人民代表大会代表，非经全国人民代表大会会议主席团许可，在全国人民代表大会闭会期间非经全国人民代表大会常务委员会许可，不受逮捕或者刑事审判。据此，只有逮捕和刑事审判才需要事先获得许可。全国人大常委会的职权之一是监督国家机关的工作。

7. 物质保障。代表行使职权时，代表所在单位必须给予时间保障和享受工资待遇，国家机关亦必须根据实际的需要给予适当的补贴和必要的物质便利。

8. 其他权利。如参观、视察等。代表在参观或者视察工作中发现问题，可以提交有关国家机关处理，必要时可以报全国人大常委会处理。

5－17 （2008年卷一不定项选择题第94题）根据《宪法》和法律的规定，下列表述错误的是：

A. 全国人大代表在全国人大各种会议上的活动不受法律追究

B. 在全国人大闭会期间，全国人大代表未经选举单位人大常委会批准，不受逮捕和刑事审判

C. 全国人大代表受原选举单位的监督

D. 全国人大代表在全国人民代表大会开会期间，有权提出对国务院

或者国务院各部、各委员会的质询案

答案：AB

解析：《宪法》第75条规定，全国人民代表大会代表在全国人民代表大会各种会议上的发言和表决，不受法律追究。根据上述规定可知，并非是所有的活动不受法律的追究，而是发言和表决不受法律的追究，因此，A项说法错误。第74条规定，全国人民代表大会代表，非经全国人民代表大会会议主席团许可，在全国人民代表大会闭会期间非经全国人民代表大会常务委员会许可，不受逮捕或者刑事审判。应该是“非经全国人民代表大会常务委员会许可”，而非是“未经选举单位人大常委会批准”，因此，B项说法错误。第77条规定，全国人民代表大会代表受原选举单位的监督。原选举单位有权依照法律规定的程序罢免本单位选出的代表。因此，C项说法正确。第73条规定，全国人民代表大会代表在全国人民代表大会开会期间，全国人民代表大会常务委员会组成人员在常务委员会开会期间，有权依照法律规定的程序提出对国务院或者国务院各部、各委员会的质询案。受质询的机关必须负责答复。因此，D项说法正确。

（二）代表的义务

根据《宪法》和《全国人民代表大会组织法》以及《代表法》的相关规定，全国人大代表在享有权利的同时，亦要承担相应的义务，主要包括以下几点：

1. 代表应当模范遵守宪法和法律，保守国家秘密，在自己参加的生产、工作和社会活动中，宣传法治，协助宪法和法律的实施。

2. 代表应当密切联系群众和原选举单位，倾听广大人民群众的意见，努力为人民服务，向选举单位和群众介绍全国人大的工作情况等。全国人大代表联系群众的方式和渠道很多，主要的途径包括：①参观和视察工作；②经常参加原选举单位的人民代表大会会议。

3. 代表应当接受原选举单位和群众的监督，全国人大代表经原选举单位过半数同意可以罢免其代表资格。根据《选举法》第47条和第48条的规定，县级人民代表大会代表，原选区50人以上联名，对于乡级人民代表大会代表，原选区选民30人以上联名，可以向县级的人民代表大会常务委员会书面提出罢免案；县级以上地方各级人民代表大会主席团或者1/10以上代表联名，可以提出对该级人民代表大会选出的上一级人民代表的罢免案。在人民代表大会闭会期间，县级以上的地方各级人民代表大会常务委员会主任会议或者常委会1/5以上组成人员联名，可以向常务委员会提出对该级人民代表大会选出的上一级人民代表大会代表的罢免案。被罢免的代表有权出席有关会议并书面申诉意见。

■ 第三节 中华人民共和国主席

一、国家主席的性质和地位

国家主席不是握有一定国家权力的个人，而是一种国家机关，是我国国家机构的重要组成部分。中华人民共和国主席是国家的首脑，是国家对内对外的最高代表，是我国国家机构的重要组成部分，对内对外代表中华人民共和国。

在总结历史经验教训的基础上，1982 年《宪法》恢复了国家主席的设置，并对国家主席的职权作出了一些新的规定。应当说，恢复国家主席的设置是十分必要的：首先是设立国家主席有利于国家与国家之间的正常交往。在国际交往之中，必须有一个代表来代表国家，如果不设立国家主席，则国家元首之间的接触会受到阻碍，国家与国家之间便得不到相互尊重。其次是设立国家主席有利于国家机关的正常分工。如果不设立国家主席，那么国家主席的职权则只能由其他国家机关来行使，不符合国家机关的既有分工又有合作的原则，同时也产生党政不分，以党代政等诸多弊端。因此，恢复设立国家主席是我国国家主席制度的健全和进一步完善。

二、国家主席的产生和任期

（一）国家主席的产生

中华人民共和国主席、副主席由全国人民代表大会选举产生。其具体程序是：首先由全国人大会议主席团提出国家主席和副主席的候选人名单，然后经各代表团酝酿协商，再由会议主席团根据多数代表的意见确定候选人名单，交付大会表决，由大会选举产生国家主席和副主席。

现行《宪法》第 79 条第 2 款规定，“有选举权和被选举权的年满 45 周岁的中华人民共和国公民可以被选为中华人民共和国主席、副主席。”因此，当选国家主席和副主席的基本条件有二：①政治方面的条件。即必须是有选举权和被选举权的中华人民共和国公民。②年龄方面的条件。即必须年满 45 岁。当选国家主席除了政治条件之外，还需要较高的年龄条件，主要是因为国家主席、副主席的职务，对国家和人民来说关系重大。国家主席要以国家最高代表的身份，在国家内外事务中以国家的名义进行活动。这样重要的职务，不仅要求政治上、经验上、阅历上的丰富和成熟，而且还必须在国内外享有较高的声誉和威望，只有到一定的年龄的人，才可能具备这些条件。

（二）国家主席的任期

国家主席、副主席的任期同全国人大每届任期相同，即都是 5 年，而且连续任职不得超过两届。

三、国家主席的职权

1954 年《宪法》规定国家主席统率全国的武装力量，有权召集并主持最高国务会议。1982 年《宪法》规定的主席行使的权力是公布法律、发布命令（是其权利和义务，无否决权），任免国务院的组成人员和驻外的全权代表，享有外交权，荣典权。但这些权力除外交权之外没有一项是他可以独立行使的，前提是要根据全国人大和常委会的决定来行使这些职权。

根据现行《宪法》第 80 条和第 81 条的规定，国家主席的具体职权主要为以下几个方面：

1. 公布法律权。法律在全国人大或者全国人大常委会正式通过后，由国家主席予以颁布施行。公布法律是一项立法程序。但是国家主席对于国家权力机关通过的法律没有否决权，亦不能将法案退回重新审议。特别注意的是，法律的制定、修改、补充、废止，均须由国家主席公布，但是宪法修正、法律解释无须由国家主席公布。

2. 提名权与任免权。国家主席向全国人大提名国务院总理的人选；国务院总理、副总理、国务委员、各部部长、各委员会主任、审计长、秘书长，经全国人大或者全国人大常委会正式确定人选后，由国家主席宣布其任职或者免职。

5－18 （2005 年试卷一单选第 10 题）根据我国现行宪法规定，担任下列哪一职务的人员，应由国家主席根据全国人大和全国人大常委会的决定予以任免？

A. 国家副主席　　B. 国家军事委员会副主席

C. 最高人民法院副院长　　D. 国务院副总理

——本题答案为 D。主要考查了国家主席的任免权。《宪法》第 80 条规定："中华人民共和国主席根据全国人民代表大会的决定和全国人民代表大会常务委员会的决定，公布法律，任免国务院总理、副总理、国务委员、各部部长、各委员会主任、审计长、秘书长，授予国家的勋章和荣誉称号，发布特赦令，宣布进入紧急状态，宣布战争状态，发布动员令。"可以看出，中华人民共和国主席只有权根据全国人民代表大会的决定和全国人民代表大会常务委员会的决定，任免国务院组成人员，国务院副总理属于国务院的组成人员，因此，D 项为应选项。A 项中国家副主席是由全国人民代表大会任免的，与题干不符，不当选。B 项国家军事委员会副主席是由全国人民代表大会任免的，闭会期间，由全国人大常委会决定其人选，但是全国人大常委会无权罢免国家军事委员会副主席，因此，B 项与题干不符，不当选。最高人民法院副院长是根据最高人民法院院长的提请，由全国人民代表大会常务委员会任免，因此C项与题干不符，不当选。

3. 发布命令权。国家主席根据全国人大常委会的决定，发布特赦令、进入紧急状态令、动员令、宣布战争状态等。特别注意，全国人大、全国人大常委会均有权决定战争状态的宣布，但是对于“台独”分裂势力采取非和平的方式及其他必要措施，由国务院、中央军事委员会决定组织实施，并及时向全国人大常委会报告（参见《反分裂国家法》第8条第2款）。

4. 外交权。国家主席代表中华人民共和国，进行国事活动，接受外国使节，这种仪式也叫递交国书仪式。国家主席根据全国人大常委会的决定，宣布批准或者废除条约和重要协定。国家主席根据全国人大常委会的决定，派出或者召回驻外大使。特别注意：条约和重要协定的批准、加入、修改、废除、退出，由全国人大常委会决定；其他需要经核准的一般协定，由国务院决定；接受多边条约和协定，均由国务院决定。

5. 荣典权。国家主席根据全国人大和全国人大常委会的决定，代表国家向那些对国家有重大功勋的人授予荣誉奖章和光荣称号。

宪法没有具体规定国家副主席的职权，但是规定副主席协助主席工作并受主席的委托代行主席的部分职权。副主席受托行使国家主席的职权时，具有与国家主席同等的法律地位，它所处理的国务具有与国家主席同等的法律效力。

5－19 （2008年四川卷一多项选择60题）根据《宪法》的规定，无需全国人大常委会决定，国家主席即可行使下列哪些职权？

A. 代表中华人民共和国接受外国使节

B. 代表中华人民共和国进行国事活动

C. 派遣和召回驻外全权代表

D. 授予国家的勋章和荣誉称号

答案：AB

解析：《宪法》第80条规定，中华人民共和国主席根据全国人民代表大会的决定和全国人民代表大会常务委员会的决定，公布法律，任免国务院总理、副总理、国务委员、各部部长、各委员会主任、审计长、秘书长，授予国家的勋章和荣誉称号，发布特赦令，宣布进入紧急状态，宣布战争状态，发布动员令。《宪法》第81条规定，中华人民共和国主席代表中华人民共和国，进行国事活动，接受外国使节；根据全国人民代表大会常务委员会的决定，派遣和召回驻外全权代表，批准和废除同外国缔结的条约和重要协定。根据上述规定可知，国家主席行使派遣和召回驻外全权代表和授予国家的勋章和荣誉称号的职权需要经过全国人大常委会决定，而代表中华人民共和国进行国事活动和接受外国使节不需要经过全国人大常委会决定。所以本题应选 AB 两项。

四、国家主席职位的补缺

现行《宪法》规定，国家主席缺位时，由副主席继任主席的职位。副主席缺位时，由全国人大补选；国家主席、副主席都缺位时，由全国人大补选；在补选之前，由全国人大常委会委员长暂时代理主席的职位。全国人大常委会委员长代理国家主席职位时的地位与国家主席相同，他所处理的各种国务具有与国家主席同等的法律效力。学习这部分内容是要注意举一反三，在本级人大闭会期间，全国人大常委会委员长和县级以上地方人大常委会主任、人民政府正职领导人员、中央军事委员会主席以及由本级人大选举产生的人民法院院长和人民检察院检察长缺位时，由本级人大常委会从相应的副职领导人员中决定代理人选（《全国人大组织法》第 24 条第 2 款、《全国人大议事规则》第 78 条第 2 款、《地方组织法》第 44 条第 9 项和第 49 条）。

■ 第四节　国务院

一、国务院的性质和地位

现行《宪法》第 85 条规定，中华人民共和国国务院，即中央人民政府，是最高国家权力机关的执行机关，是最高国家行政机关。

1. 国务院是中央人民政府。在外交活动中，主权国家都以政府名义来处理外交关系和进行其他外交事务，政府代表一国的政权，国务院是中华人民共和国政府，对外以中国政府的名义进行活动。在从国内的政权组织体系来说，我国分为四级地方政府，他们都要统一服从于国务院的领导，全国只有一个中央人民政府及国务院。

2. 国务院是最高国家权力机关的执行机关。首先是国务院把最高国家权力机关已经通过的法律和决议付诸实施。全国人大及其常委会行使立法权，在法律制定和颁布后，需要组织其他机关去执行法律、适用法律。国务院便是最高权力机关的执行机关。除法律外，最高权力机关就国家重大事务所作出的决定，也由国务院执行。其次是指国务院从属于最高国家权力机关，国务院由全国人民代表大会选举产生，向它负责，受它监督。

3. 国务院是最高国家行政机关。国务院行使国家行政权，它有权根据宪法和法律制定行政法规、发布决定和命令；有权根据宪法在自己的职权范围内从事行政组织工作和管理工作。所以国务院的工作性质是对国家事务进行行政管理，是行政机关。同时，国务院是行使行政权的机关，在国家行政机关系统中，地位最高，统一领导各部、各委员会的工作；统一领导全国地方各级国家行政机关的工作。

二、国务院的组成和任期

1. 国务院的组成。根据现行《宪法》第86条的规定，国务院由总理、副总理若干人、国务委员若干人、各部部长、各委员会主任、审计长、秘书长组成。国务院总理由国家主席提名，由全国人大决定；其他组成人员，即副总理、国务委员、各部部长、各委员会主任、审计长和秘书长由总理提名，全国人大决定，闭会期间由全国人大常委会决定。国务院由总理、副总理、国务委员、各部部长、各委员会主任、审计长和秘书长的任免决定以后，都由国家主席宣布。

5－20 （2008年司法考试卷一多项选择65题）根据我国《宪法》和法律的规定，下列哪些人员是国务院组成人员？

A. 外交部副部长

B. 国家发展和改革委员会主任

C. 国有资产监督管理委员会主任

D. 审计署审计长

答案：BD

解析：《宪法》第86条规定："国务院由下列人员组成：总理，副总理若干人，国务委员若干人，各部部长，各委员会主任，审计长，秘书长。国务院实行总理负责制。各部、各委员会实行部长、主任负责制。国务院的组织由法律规定。"所以A错，BD正确。C项国有资产监督管理委员会是国务院直属特设机构，并非《宪法》规定的"各委员会"，所以国有资产监督管理委员会主任不是国务院组成人员。所以本题应选BD.

2. 国务院的任期。国务院每届的任期与全国人民代表大会每届任期相同，均为5年，总理、副总理、国务委员连续任职不得超过两届。

三、国务院的领导体制

（一）国务院实行总理负责制

我国现行《宪法》第86条第2款规定："国务院实行总理负责制。"总理负责制是指国务院总理对自己所主管的工作负全部责任，与负全部责任相联系的是他对自己主管的工作有完全的决定权。

国务院实行总理负责制这种个人负责制形式是由国务院的性质和任务决定的。行政机关在执行权力机关的决定时，需要高度的集中指挥，才能提高工作效率，及时地处理各种繁杂的事务。如果行政机关也采取少数服从多数的原则，势必会拖延时日，影响效能。总理负责制并不违背民主集中制原则。国务院实行首长负责制有利于提高行政工作效率，避免职责不清、权限不明等弊端。国务院作为最高国家行政机关，每天都要处理大量的行政事务，因此，必须办事果断，指挥灵敏，总理负责制强调总理的权力与职责的统一，便于总理发挥行政才干，及时解决各种重要问题，因此，符合国务院的性质和我国社会主义现代化建设的需要。

总理负责制的表现为：①国务院总理是由国家主席提名，经全国人大决定后由国家主席任命，因此，总理负担起管理全国行政事务的职责，他必须向全国人大及其常委会承担行政责任。②由总理提名组织国务院。国务院的其他组成人员的人选由总理提名，由全国人大或者全国人大常委会决定，在必要的时候，总理有向最高国家权力机关提出免除国务院组成人员职务议案的权利。③总理领导国务院的工作，副总理、国务委员协助总理的工作，国务院其他组成人员都是在总理领导下工作，向总理负责。④总理主持召开常务会议和全体会议，会议议题由总理确定，重大问题必须经全体会议或者常务会议讨论，总理在集体讨论的基础上形成国务院的决定，总理拥有最后决定权，并对决定的后果承担全部责任。⑤国务院发布的决定、命令、行政法规、国务院向全国人大或者全国人大常委会提出的议案，国务院任免国务院组成人员的决定，必须由总理签署才有法律效力。

国务院所属各部、各委员会亦实行首长负责制。各部部长、各委员会主任领导本部、本委员会的工作并且向国务总理负行政责任，部长和主任召集和主持部务会议或者委务会议并就重大问题作出决定，副部长、副主任协助部长、主任进行工作并且向部长或者主任负行政责任。

（二）会议制度

国务院会议分为国务院全体会议和国务院常务会议。国务院工作中的重大问题，必须经国务院常务会议或者国务院全体会议讨论决定。国务院全体会议由国务院全体成员组成，包括总理、副总理、国务委员、各部部长、各委员会主任、审计长、秘书长。一般每2个月召开一次，由总理召集或者由总理委托副总理召集。会议议题由总理确定，主要讨论和部署国务院的重要工作，或者通报国内外形势和协调各部门的工作。

国务院常务会议由总理、副总理、国务委员、秘书长组成。一般每星期召开一次，由总理召集或者总理委托副总理召集，议题由总理确定。主要讨论国务院工作中的重大问题。例如向全国人大或者全国人大常委会提出的议案；讨论由国务院发布的行政法规；讨论国务院各部门、各地区向国务院提请的重要事项。

四、国务院的职权

我国《宪法》第89条规定，国务院的职权大致包括以下几个方面：

（一）行政立法权

国务院有权根据宪法，规定行政措施，制定行政法规，发布行政决定和命令。注意国务院的行政立法权并不是行使国家立法权，而是行使行政权。因为国务院制定的行政法规和规章虽然具有法的基本特征，但是它的调整对象通常是行政管理事务，行政立法的主要目的是执行和实施权力机关制定的法律，这些都是为实现行政管理职能服务的，属于抽象行政行为。行政法学界把行政机关制定具有普遍约束力的法规、规章以及发布具有普遍约束力的决定和命令的活动称为抽象行政行为。国务院制定的行政法规和规章的法律效力低于宪法和法律，其内容不能与宪法和法律相抵触，否则无效。国务院的行政立法权还包括授权立法在内。即国务院可以根据国家权力机关的特别授权就应当由权力机关管辖的事务制定行政法规。这些事务本属于权力机关的立法事项，需要由国家权力机关制定法律，但是国家权力机关制定法律的条件尚不成熟，而在实际工作中，有些问题又迫切需要得到及时和妥善的解决，以保证各项工作的顺利进行，因此授权国务院制定暂行的规定或者条例是十分必要的。

（二）行政管理权

国务院是国家的最高行政机关，行政管理权是它的主要职权。根据宪法的规定，国务院有权规定各部、各委员会的任务和职责，统一领导各部、各委员会的工作。国务院还统一领导全国地方各级国家行政机关的工作，规定中央和省、自治区、直辖市的国家行政机关的职权的具体划分。国务院有权管理全国性的行政工作，包括：编制和执行国民经济和社会发展计划以及国家预算；领导和管理经济工作和城乡建设；领导和管理教育、科学、文化、卫生、体育和计划生育工作；领导和管理民政、公安、司法行政和监察等工作；管理对外事务，同外国缔结条约和协定；领导和管理国防建设事业；领导和管理民族事务，保障少数民族的平等权利和民族自治地方的自治权利；保护华侨的正当的权利和利益，保护归侨和侨眷的合法的权利和利益；批准省、自治区、直辖市的区域划分，批准自治州、县、自治县、市的建置和区域划分；依照法律规定决定省、自治区、直辖市的范围内部分地区进入紧急状态。

（三）监督权

为了有效地行使行政管理权，宪法赋予国务院以广泛的监督权。注意国务院的监督权与全国人大以及全国人大常委会的监督权不同。前者属于行政监督的范围，其监督的对象是国务院各部委以及地方各级行政机关，即对他们是否履行法定职责，他们的工作是否符合法律和法规进行监督。而全国人大以及全国人大常委会的监督主要是法律监督，其监督的对象包括国务院、最高人民法院和最高人民检察院，即对它所遵守的宪法、执行法律的情况进行监督。根据宪法规定，国务院的监督权主要有：①对各部委、地方各级行政机关及其工作人员是否履行法定职责进行监督；对各级行政机关及其工作人员的违法失职行为进行处理；依照法律规定任免、培训、考核和奖惩行政人员。②国务院设立的审计机关即审计署，对国务院各部门和地方各级政府的财政收支，对国家的财政金融机构和企事业组织的财务收支进行审计监督。为了保障审计监督的顺利开展，宪法规定审计机关受国务院总理的直接领导，依照法律独立行使审计监督权，并且领导和监督地方各级审计机关的工作。审计机关根据审计的情况作出审计结论，对违反国家财政法规和财政纪律的机关和个人作出处理决定。③国务院有权对其各部委以及地方各级行政机关的抽象行政行为进行监督。根据宪法规定，国务院有权改变或者撤销各部、各委员会发布的不适当的命令、指示和规章；有权改变或者撤销地方各级国家行政机关的不适当的决定和命令。

5-21 （2004年试卷一单选第13题）在一起行政诉讼案件中，被告进行处罚的依据是国务院某部制定的一个行政规章，原告认为该规章违反了有关法律。根据我国宪法规定，下列哪一机关有权改变或者撤销不适当的规章？

A. 国务院

B. 全国人民代表大会常务委员会

C. 最高人民法院

D. 全国人民代表大会法律委员会

——本题答案为A。主要考查的是国务院的规章撤销权。《宪法》第89条规定："国务院行使下列职权……改变或者撤销各部、各委员会发布的不适当的决定和命令……。"可见，根据我国的宪法规定，改变或者撤销国务院部委制定的行政规章的权力属于国务院，因此，本题应当选择A项。

（四）提出议案权

根据宪法的规定，国务院有权向全国人大和全国人大常委会提出议案。国务院编制国民经济和社会发展计划以及国家预算，国务院为行使行政管理的职能，对不属于其制定行政法规和规章范围的事项应当以提出议案的形式，由全国人大和全国人大常委会制定法律，以便执行。

（五）全国人大及其常委会授予的其他职权

5-22 （2010年卷一多选第61题）根据《宪法》规定，关于国务院的说法，下列哪些选项是正确的？

A. 国务院由总理、副总理、国务委员、秘书长组成

B. 国务院常务会议由总理、副总理、国务委员、秘书长组成

C. 国务院有权改变或者撤销地方各级国家行政机关的不适当的决定和命令

D. 国务院依法决定省、自治区、直辖市的范围内部分地区进入紧急状态

答案：BCD

解析：选项A错误。《宪法》第86条规定，国务院由下列人员组成：总理，副总理若干人，国务委员若干人，各部部长，各委员会主任，审计长，秘书长。选项B正确。《宪法》第88条第2款规定，总理、副总理、国务委员、秘书长组成国务院常务会议。选项C、D正确。《宪法》第89条规定："国务院行使下列职权：……⑭改变或者撤销地方各级国家行政机关的不适当的决定和命；……⑯依照法律规定决定省、自治区、直辖市的范围内部分地区进入紧急状态；……"

五、国务院所属各部、各委员会

（一）各部、各委员会的性质和地位

国务院各部、各委员会是主管特定方面工作的国家行政机关，是国务院的主要机构，国务院管理的全国性的行政工作主要由它们承担。国务院所属各部、各委员会是国务院的组成部门，受国务院的统一领导，掌管某一方面的行政工作，对国务院负责，接受国务院的监督。国务院各部、各委员会的设立、撤销或者合并，经国务院总理提出，由全国人大或全国人大常委会决定。各部设部长1人，副部长2～4人；各委员会设主任1人，副主任2～4人，委员5～10人。

（二）各部、各委员会的领导体制

各部部长、各委员会主任由国务院总理提名，全国人大或全国人大常委会任免，其他人员由国务院任免。

各部、各委员会实行部长、主任负责制。各部部长、各委员会主任领导本部门的工作，召集和主持部务会议、委务会议和委员会会议，签署上报国务院的重要请示、报告和下达命令、指示。副部长、副主任协助部长、主任工作。部务会议、委务会议、委员会会议是各部、各委员会发挥

集体作用的组织。部务会议由部长、副部长和其他人员组成；委务会议由委员会主任、副主任和其他成员组成；委员会会议由主任、副主任、委员组成。

各部、各委员会的会议制度是出多选题的好材料，要注意总结比较。

部务会议	由部长、副部长和其他成员组成
委务会议	由委员会主任、副主任和其他成员组成
委员会会议	由主任、副主任和委员组成

（三）各部、各委员会的职权

根据《宪法》和《国务院组织法》的相关规定，各部、各委员会根据法律和国务院的行政法规、决定、命令，在本部门的权限内，发布命令、指示、规章。这包括三个涵义：①各部、各委员会主要是通过发布命令、指示和规章来管理本部门的工作；②各部、各委员会必须在本部门的权限范围内进行领导、组织和管理；③各部、各委员会发布的命令、指示、规章，必须以法律和国务院的行政法规、决定、命令为依据，不得同它们相抵触。

六、审计机关

我国《宪法》第 91 条第 1 款规定："国务院设立审计机关……" 审计机关是国务院总理领导下主管全国审计工作的行政机构，对国务院各部门和地方各级人民政府的财政收支，对国家的财政金融机构和企事业组织的财务收支，实行审计监督。

审计机关在国务院总理的领导下，依照法律规定，独立行使审计监督权，不受其他行政机关、社会团体和个人的干涉。

5-23 （2004 年试卷一单选第 8 题）根据我国宪法规定，下列有关审计机关的表述哪一项是错误的？

A. 县级以上的地方各级人民政府设立审计机关

B. 国务院审计机关对国务院各部门和地方各级政府的财政收支，对国家的财政金融机构和企业事业组织的财政收支进行审计监督

C. 国务院审计机关在国务院总理领导下，依照法律规定独立行使审计监督权，不受其他行政机关、社会团体和个人的干涉

D. 地方各级审计机关依照法律规定独立行使审计监督权，不对同级人民政府负责

——本题答案为 D。主要考查了审计机关的设置和职能，涉及的主要

是对法条的记忆。根据《宪法》第 91 条的规定："国务院设立审计机关，对国务院各部门和地方各级政府的财政收支，对国家的财政金融机构和企事业组织的财务收支，进行审计监督。审计机关在国务院总理的领导下，依照法律的规定独立行使审计监督权，不受其他行政机关、社会团体和个人的干涉。"可见，BC 两项表述是正确的。关于地方国家审计机关，《宪法》第 109 条明文规定："县级以上的地方各级人民政府设立审计机关。地方各级审计机关依照法律规定独立行使审计监督权，对本级人民政府和上一级审计机关负责。"根据本条可知，A 项表述是正确的，D 项的前半句正确，后半句的表述不符合宪法的规定，是错误的，为应选项。

■ 第五节 中央军事委员会

一、中央军事委员会的性质和地位

中央军事委员会是国家的最高军事领导机关，领导全国的武装力量，是国家机构的重要组成部分。我国的中央军事领导机关自建国以来几经变化，1982 年《宪法》以前没有关于中央军事委员会的规定。现行《宪法》在总结历史经验的基础上，第 93 条第 1 款明确规定："中华人民共和国中央军事委员会领导全国武装力量。"这一规定表明，中央军事委员会性质是军事领导机关，地位是最高军事领导机关，统率全国武装力量，包括解放军、武装警察部队、民兵、预备役。

中央军事委员会主席由全国人民代表大会产生并向它负责，全国人民代表大会有权罢免中央军事委员会主席和中央军事委员会其他组成人员。所以中央军事委员会从属于国家最高权力机关。

中央军委是国家最高的军事决策机关，它行使的职权有：统一指挥全国武装力量；决定军事战略和武装力量的作战方针；领导和管理中国人民解放军的建设，制定规划、计划并组织实施；制定军事法规，发布决定和命令等。

二、中央军事委员会的组成和任期

根据《宪法》第 93 条的规定，中央军事委员会由主席、副主席若干人、委员若干人组成。中央军事委员会在组成上有一个特点，即根据《宪法》规定，秘书长不在中央军委组成中，一般是由主席兼秘书长。中央军事委员会的主席是由全国人民代表大会选举产生并向它负责，副主席和军委委员是根据中央军事委员会主席的提名由全国人大决定的，大会闭会期间则由大会常委会决定。全国人大有权罢免中央军委会主席和中央军委其他组成人员。为了体现党对军队的领导，党的军事委员会同国家的中央军事委员会是一套班子。党的中央军事委员会主席、副主席、委员经过中国共产党和各民主党派的协商，在全国人民代表大会组织国家的中央军事委员会时提名为候选人，通过全国人大的选举和决定，成为国家的中央军事委员会的组成人员，这就把党的中央军委同国家军委统一起来了。

中央军委的每届任期与全国人大相同，每届任期限制是5年。但宪法没有对军委主席连续任职问题作出规定，即中央军事委员会主席和副主席没有连续任期不得超过两届的限制，可以终身任职。1982年《宪法》一个重大的进步就是废除了国家领导人的终身制，规定国家领导人每届任期5年、连任不能超过两届，没有任期限制的是中央军委主席。

三、中央军事委员会的领导体制

现行《宪法》第93条第3款规定："中央军事委员会实行主席负责制。"可见，中央军事委员会在组织形式上是一个集体组成的国家机关，但是其领导体制，则和国务院在宪法中的规定是一样的，都是实行首长负责制，也就是中央军事委员会主席负责制。中央军委和国务院不同的是中央军事委员会主席直接向全国人大及其常委会负责，中央军委不对人大负责，也没有规定要报告工作。国务院虽实行总理负责制，但是由国务院全体对全国人大及其常委会负责，中央军委就是军委主席个人负责。在理解中央军事委员会主席对全国人民代表大会和全国人民代表大会常务委员会负责时，要注意以下三点：①中央军事委员会不向全国人大及其常委会负责，而是中央军事委员会主席向全国人大及其常委会负责；②中央军委主席只是"负责"，并不报告工作；③基于上一点，全国人大代表或者全国人大常委会成员不得质询中央军事委员会的工作，但是全国人大常委会有权监督中央军事委员会的工作。

中央军委主席负责制体现在：①中央军委副主席和委员均由中央军委主席提名。②《宪法》第94条规定："中央军事委员会主席对全国人民代表大会和全国人民代表大会常务委员会负责。"可见，宪法并未规定中央军事委员会向国家权力机关承担责任，而是由主席一人向国家权力机关承担责任。③有关的重大问题虽然要经过委员会集体讨论，但是中央军委主席有决定权，中央军委其他组成人员必须接受主席的领导，中央军委发布的军令，和其他命令必须由主席签署方有法律效力。

现将中央国家机构组成人员的提名、决定、任免的相关内容总结如下：

被决定对象＼国家机关	全国人大	全国人大常委会	国家主席	国务院总理	最高人民法院院长	最高人民检察院检察长	中央军委主席
全国人大常委会委员长、副委员长、秘书长和委员、国家主席、副主席、中央军委主席、最高人民法院院长、最高人民检察院检察长	决定						
国务院总理	决定		提名、任免				
国务院副总理、国务委员、各部部长、各委员会主任、审计长、秘书长	决定		任免	提名			
国务院各部部长、各委员会主任、审计长、秘书长		决定(人大闭会期间)	提名				
中央军委副主席、委员	决定	决定(人大闭会期间)					提名
最高人民法院副院长、审判委员会委员、审判员、军事法院院长		决定			提请		
最高人民检察院副检察长、检察员、军事检察院检察长		决定				提请	
备注1:其他考点	1. 国家主席根据全国人大常委会决定,任免驻外全权代表; 2. 全国人大常委会批准省、自治区、直辖市检察长的任免						
备注2:全国人大常委会罢免权	第63条规定了全国人民代表大会有权罢免下列人员: 1. 中华人民共和国主席、副主席; 2. 国务院总理、副总理、国务委员、各部部长、各委员会主任、审计长、秘书长; 3. 中央军事委员会主席和中央军事委员会其他组成人员; 4. 最高人民法院院长; 5. 最高人民检察院检察长						

5-24 (2008年卷一多项选择63题) 根据我国《立法法》的规定，下列哪些主体既可以向全国人民代表大会，也可以向全国人民代表大会常务委员会提出法律案?

A. 国务院

B. 中央军事委员会

C. 全国人民代表大会各专门委员会

D. 30名以上全国人民代表大会代表联名

答案：ABC

解析：《宪法》第12条第2款规定，全国人民代表大会常务委员会、国务院、中央军事委员会、最高人民法院、最高人民检察院、全国人民代表大会各专门委员会，可以向全国人民代表大会提出法律案，由主席团决定列入会议议程。第24条规定，国务院、中央军事委员会、最高人民法院、最高人民检察院、全国人民代表大会各专门委员会，可以向常务委员会提出法律案，由委员长会议决定列入常务委员会会议议程，或者先交有关的专门委员会审议、提出报告，再决定列入常务委员会会议议程。如果委员长会议认为法律案有重大问题需要进一步研究，可以建议提案人修改完善后再向常务委员会提出。所以本题的正确选项是ABC.

■ 第六节 地方各级人民代表大会和地方各级人民政府

地方国家机构是指设在省、自治区、直辖市、特别行政区，自治州、市、市辖区，县、自治县，乡、民族乡、镇的国家机构。我国大陆的地方国家机构除了地方各级人民代表大会和地方各级人民政府以外，还包括地方各级人民法院和地方各级人民检察院。这里主要阐述的是地方各级人民代表大会和地方各级人民政府。

一、地方各级人民代表大会

(一) 地方各级人大的性质和地位

根据我国现行《宪法》和《地方各级人民代表大会和地方各级人民政府组织法》的规定，省、自治区、直辖市，自治州、县、自治县、市、市辖区，乡、民族乡、镇设立人民代表大会。地方各级人民代表大会是地方国家权力机关。因此：①县级以上地方各级人民代表大会同全国人大一起构成我国国家权力机关体系，它由本行政区域内的选民组成，对本行政区域内的地方性事务依照宪法和法律的规定行使决定权。上级人民代表大会与下级人民代表大会之间，全国人民代表大会与地方各级人民代表大会之间均不存在领导与被领导关系，而是法律监督关系。全国人大、上级人大对地方人大、下级人大有权依照宪法和法律监督的规定进行监督。②县级以上地方各级人民代表大会是本行政区域内地方国家机构的核心，本级的其他地方国家行政机关、审判机关和检察机关都由人民代表大会选举产生，在本行政区域内要对它负责，受它监督。③县级以上地方各级人民代表大会是各级行政区域内人民行使国家权力的机关，它是我国人民主权原则的最主要的体现。地方各级人大在本级国家机构中处于首要的地位。

（二）地方各级人大的组成和任期

地方各级人大由人民代表组成，代表的产生采用直接选举和间接选举并用的方式。省、自治区、直辖市、自治州、设区的市的人民代表大会代表由下一级的人民代表大会选举，即间接选举；县、自治县、不设区的市、市辖区、乡、民族乡、镇的人民代表大会由选民直接选举产生，即直接选举。

省、自治区、直辖市、自治州、设区的市、不设区的市、市辖区、县、自治县的人民代表大会每届任期为5年；乡、民族乡、镇的人大代表每届任期为5年。1982年《宪法》原规定省、自治区、直辖市、自治州和设区的市为5年，县级人大的任期为3年。2004年3月14日的第十届全国人大第二次会议通过《宪法修正案》，规定县、自治县、不设区的市、市辖区的人大每届任期由3年改为5年。这样修改使得我国地方各级人大的任期一致，既有利于由人大选举产生的领导班子在任期内保持相对稳定，又有利于协调地方的经济社会发展规划和人事安排。

5－25 （2004年试卷一单选第14题）根据我国宪法，乡、民族乡、镇的人民代表大会每届任期几年？

A. 3年　　B. 4年　　C. 5年　　D. 6年

——本题答案为C。考点为2004年3月颁行的《宪法修正案》的修改内容。2004年3月14日十届人大二次会议通过的《宪法修正案》第30条规定：《宪法》第98条“省、直辖市、县、市、市辖区的人民代表大会每届任期5年。乡、民族乡、镇的人民代表大会每届任期3年。”修改为：“地方各级人民代表大会每届任期5年。”因此，根据修改后的《宪法》第98条的规定，现在我国各级人民代表大会的任期一律为5年。本题提醒考生要特别注意对法律新修改内容的掌握，新修改的内容往往较易成为考查的对象。

（三）地方各级人大的职权

根据现行《宪法》和《地方组织法》的规定，地方各级人大的职权主要有：

1. 在本行政区域内，保证宪法、法律、行政法规和上级人民代表大会及其常委会决议的遵守和执行，保证国家计划和国家预算的执行。

2. 制定地方性法规。所谓地方性法规是指依照宪法和法律的规定拥有地方立法权的地方国家权力机关以法定职权和程序制定并且颁布的规定、实施细则、办法等规范性文件的总称。地方性法规只在本行政区域内产生法律效力，并不得与宪法、法律和行政法规相抵触。根据《宪法》第100条以及《地方组织法》的规定，省、自治区、直辖市的人民代表大会和它们的常务委员会，在不同宪法、法律、行政法规相抵触的前提下，可以制定地方性法规，报全国人民代表大会和国务院备案。省、自治区的人民政府所在地的市和经国务院批准的较大的市的人民代表大会及常委员，根据本市的具体情况和实际需要，在不同宪法、法律、行政法规和本省、自治区的地方性法规相抵触的前提下，可以制定地方性法规，报省、自治区的人大常委会批准后施行，并由省、自治区人大常委会报全国人大常委会和国务院备案。《立法法》第63条规定，省、自治区的人民政府所在地的市，经济特区所在地的市和经国务院批准的较大的市统称为“较大的市”。该级人大及其常委会都享有地方性法规的制定权。除宪法和法律规定的地方性国家权力机关外，其他地方国家权力机关无地方性法规的制定权。

5－26 （2003年试卷一单选第3题）根据我国《立法法》的规定，下列哪一项属于地方性法规可以规定的事项？

A. 本行政区内市、县、乡政府的产生、组织和职权的规定

B. 本行政区内的经济、文化及公共事业建设

C. 对传染病人的强制措施

D. 国有工业企业的财产所有制度

——本题答案为B。主要考查我国的立法权限的划分。关于地方性法规的立法权限，我国《立法法》第64条规定，地方性法规可以就下列事项作出规定：①为执行法律、行政法规的规定，需要根据本行政区域的实际情况做出具体规定的事项；②属于地方性事务需要制定地方性法规的事项。除本法第8条规定的事项外，其他事项国家尚未制定法律或者行政法规的省、自治区、直辖市和较大的市根据本地方的具体情况和实际需要，可以先制定地方性法规。在国家制定的法律或者行政法规生效后，地方性法规同法律或者行政法规相抵触的规定无效，制定机关应当及时予以修改或者废除。此处第2款是我国立法权限划分中的法律保留事项。《立法法》第8条规定，下列事项只能制定法律：①国家主权的事项；②各级人民代表大会、人民政府、人民法院和人民检察院的产生、组织和职权；③民族区域自治制度、特别行政区制度、基层群众自治制度；④犯罪和刑罚；

⑤对公民政治权利的剥夺、限制人身自由的强制措施和处罚；⑥对非国有财产的征收；⑦民事基本制度；⑧基本经济制度以及财政、税收、海关、金融和外贸的基本制度；⑨诉讼和仲裁制度；⑩必须由全国人民代表大会及其常务委员会制定法律的其他事项。由此可见，本题中A项属于上述第8条第2款规定中的事项，C项属于第8条第5款规定的事项，D项属于第8条第8款中所规定的内容，依法均属于法律保留的事项，只能由全国人大及其常委会制定的法律加以规定，地方性法规无权作出规定。B项根据我国《宪法》第107条第1款规定，属于依法由地方人民政府管辖的地方性事务，根据《立法法》第64条的规定，属于地方性法规可以规定的事项，因此，本题B项为应选项。另外，还应当掌握《立法法》第56条关于行政法规的立法权限的规定。

3. 选举和罢免权。县级以上地方各级人民代表大会有权选举和罢免本级人民代表大会常务委员会的组成人员；有权选举和罢免省长、副省长、自治区主席、副主席，市长、副市长、州长、副州长，县长、副县长、区长、副区长；有权选举和罢免本级人民法院院长和人民检察院检察长，但是选出和罢免的人民检察院检察长必须报经上一级人民检察院检察长提请该级人民代表大会常务委员会批准。需要理解，之所以规定对人民检察院检察长的任免须报上级人民检察院检察长提请该级人大常委会批准，是因为我国检察机关系统实行垂直领导体制，上级人民检察院直接领导下级人民检察院的工作，地方各级人民检察院不仅对产生它的国家权力机关负责，而且同时对上级人民检察院负责。这一点是区别于法院系统的，我国上下级法院之间是监督关系而并非领导关系，地方各级人民法院只对产生它的国家权力机关负责。另外，掌握这部分知识时要注意，国务院领导地方各级政府，但是总理对于地方首长没有任免权；总理对于副总理有提名权，而地方首长正职对副职没有提名权，一律由人大提名。还有选举罢免的程序，从省一级政府到县一级政府的正职应是差额选举，但若没有两个候选人也可以等额选，副职则必须实行差额选举，差额1~3人。

5-27 （2003年试卷一单选第11题）根据我国宪法和法律，下列选项哪一个是正确的？

A. 县级以上各级人大选举本级人民法院院长，须报上级人民法院院长提请该级人大常委会批准

B. 县级以上各级人大罢免本级人民检察院检察长，须报上级人民检察院检察长提请该级人大常委会批准

C. 县级以上各级人大罢免本级人民政府行政首长，须报上级人民政

府行政首长提请该级人大常委会批准

D. 县级以上各级人大选举本级人民政府行政首长，须报上级党委批准

——本题答案为B。主要考查了国家机关负责人人事任免的批准程序。关于我国国家行政机关、审判机关、检察机关负责人的选举和罢免，《宪法》第101条和《地方各级人民代表大会和地方各级人民政府组织法》第8条规定：县级以上各级人民代表大会在选举和罢免本级国家机关负责人时，除了对人民检察院检察长的任免须报上级人民检察院检察长提请该级人大常委会批准之外，对本级人民政府行政首长和本级人民法院院长依法均有独立的任免权，无须提请任何机关批准。因此，A项错误，依《宪法》第62条和《法官法》第11条规定，地方各级法院院长由本级人大选举和罢免，无须报批。B项正确，依《宪法》第62条和《检察官法》第12条规定，地方各级检察院院长由本级人大选举和罢免，但须报上级人民检察院检察长提请该级人大常委会批准。CD项错误，依《宪法》第62条、第101条规定，地方各级人民政府行政首长由本级人大选举和罢免，无需报批。D项关于人大选举本级人民政府行政首长须报上级党委批准的表述犯了常识性错误。在我国，中国共产党是执政党，但是党组织并非国家机关，党的领导是政治上的领导而非机构隶属意义上的领导。共产党实现对国家政权的政治领导是一种复杂的政治操作，大部分由宪法惯例调整，而不是通过简单的组织隶属关系来实现，党组织对人大的领导是政治上的领导，虽然根据党管干部的原则，党组织可以向人大推荐国家机关的负责人选，但是在法律上，党委无权审查和批准人大的人事任免决定。因此，D项错误。本题正确答案应当为B项。

4. 重人事务决定权。根据宪法的规定，县级以上地方各级人大有权讨论和决定本行政区域内的政治、经济、教育、科学、卫生、文化、民政、民族工作的重大事项；有权审查批准本行政区域内的国民经济和社会发展计划、预算以及它们的执行情况的报告；有权依照法律规定的权限通过和发布决议；审议和决定地方经济建设、文化建设和公共建设的计划。

5. 监督权。地方各级人大有权监督其他地方国家机关的工作，包括本级人民代表大会常务委员会，本级人民政府、人民法院和人民检察院。地方各级人大有权改变或者撤销人民政府不适当的决定和命令；县级以上人大有权审查本级人民法院和人民检察院的工作，有权撤销或者改变本级人大常委会不适当的决定和命令；地方人大举行会议的时候，主席团、常务委员会或者1/10以上代表联名，可以提出对本级人大常委会组成人员、人民政府组成人员、人民法院院长、人民检察院检察长的罢免案，由主席

团提请大会审议并进行表决；地方各级人民代表大会举行会议的时候，代表10人以上联名可以书面提出对本级人民政府和它所属各工作部门以及人民法院、人民检察院的质询案，由主席团决定交由受质询机关在主席团会议、大会全体会议或者有关的专门委员会会议上口头答复，或者交由受质询机关书面答复。

6. 其他职权。根据地方组织法的规定，县级以上地方各级人民代表大会有权保护全民所有的财产和劳动群众集体所有的财产，即保护社会主义公有财产，保护公民所有的私人所有的合法财产；维护秩序，保障公民的人身权利、民主权利和其他权利；有权保护各经济组织的合法权益；保障少数民族的权利；保障宪法和法律赋予妇女的男女平等、同工同酬和婚姻自由等各项权利。

（四）地方各级人大的会议制度和工作程序

1. 会议制度。地方各级人大主要以召集会议的方式进行工作。会议每年至少举行一次，经1/5以上代表提议，可以临时召集本级人大会议。县级以上各级人大会议由本级人大常委会召集，在预备会议上，选举本次大会的主席团和秘书长；本级人民政府组成人员和人民法院院长、人民检察院检察长可以列席会议，其他有关单位负责人经主席团同意也可以列席。

2. 工作程序。

（1）预备会议。县以上地方各级人大召开会议，首先举行预备会议，选举本次会议的主席团和秘书长，通过大会的议程和其他准备事项的决定，预备会议由本级人大常委会主持。

（2）议案的提出程序。在县级以上地方各级人大举行会议时，主席团、人大常委会、各专门委员会、本级人民政府都可以向大会提出属于本级人大职权范围内的议案。议案由主席团决定提交大会审议或者先交有关的专门委员会审议，再由主席团审议决定提交大会表决。县级以上的地方各级人大10人以上联名，乡、民族乡、镇的人大代表5人以上联名，也可以向大会提出属于本级人大职权范围内的议案。这类议案由主席团决定是否列入大会议程，或者先交有关的专门委员会审议，提出是否列入议程的意见，再交由主席团决定是否列入大会议程。

（3）选举和罢免程序。地方人大按照选举程序选举产生本级地方一府两院的领导人，主席团、常务委员会或者1/10以上代表联名，可以提出对本级人大常委会组成人员、人民政府组成人员、人民法院院长、人民检察院检察长的罢免案，由主席团提请大会审议。在乡一级，主席团或1/5以上代表联名，可以提出对本级人大主席、副主席、（副）乡长、（副）镇长的罢免案。

（4）质询和询问程序。地方各级人大举行会议时，代表10人以上联名可以书面提出对本级人民政府及其各工作部门以及人民法院、人民检察院的质询案。质询案由主席团交受质询机关在主席团、大会全体会议或者有关的专门委员会会议上口头答复，或者由受质询机关书面答复。在地方各级人大审议议案时，代表可以向有关地方国家机关提出询问，由有关机关派人说明。

（五）专门委员会和调查委员会

省、自治区、直辖市、自治州、设区的市的人大根据需要可以设立法律（政法）、财政经济、教育科学文化卫生等专门委员会，在本级人大及常委会的领导下研究、审议和拟定议案；对属于本级人大及常委会职权范围内同本委员会有关的问题，进行调查研究，提出建议。各专门委员会受本级人大领导，在大会闭会期间，受本级人大常委会领导。各专门委员会设立主任委员、副主任委员、委员若干人，其人选由人大主席团在人大代表中提名，大会通过。闭会期间，人大常委会可以补充任命专门委员会个别的副主任委员和委员。

县级以上的地方各级人民代表大会可以组织关于特定问题的调查委员会。经主席团或1/10以上代表书面联名，可以向本级人民代表大会提议组织关于特定问题的调查委员会，由主席团提请全体会议决定。调查委员会的主任委员、副主任委员和委员由主席团在代表中提名，提请全体会议通过。人民代表大会根据调查委员会的报告可以做出相应的决议。

5－28　（2005年试卷一多选第57题）根据我国宪法和有关法律的规定，我国县级人民代表大会或者人民政府可设立哪些机构？

A. 专门委员会　　B. 特定问题的调查委员会

C. 审计机关　　D. 区公所

——本题答案为BCD。《地方各级人民代表大会和地方各级人民政府组织法》第68条规定：“省、自治区的人民政府在必要的时候，经国务院批准，可以设立若干派出机关。县、自治县的人民政府在必要的时候，经省、自治区、直辖市的人民政府批准，可以设立若干区公所，作为它的派出机关。市辖区、不设区的市的人民政府，经上一级人民政府批准，可以设立若干街道办事处，作为它的派出机关。”因此，D项为应选项。同法第64条第2款规定：“县级以上的地方各级人民政府设立审计机关。地方各级审计机关依照法律规定独立行使审计监督权，对本级人民政府和上一级审计机关负责。”因此，C项为应选项。同法第31条第1款规定：“县级以上的地方各级人民政府代表大会可以组织关于特定问题的调查委员会。”因此，B项是正确的，应当选。同法第30条第1款规定：“省、自治区、直辖市、自治州、设区的市的人民代表大会根据需要，可以设法律（政法）委员会、财政经济委员会、教育科学文化卫生委员会等专门委员会。”由此，可以看出，有权设立专门委员会的是省、自治区、直辖市、自治州、设区的市的人民代表大会，县级人大无权设立专门委员会，因此，A项是错误的，不应当选。

二、县级以上地方各级人大常委会

（一）地方各级人大常委会的性质、地位、组成和任期

县级以上地方各级人大常委会是本级人民代表大会的常设机关，是同级国家权力机关的组成部门，从属于同级人民代表大会，地方各级人大常委会向同级人民代表大会负责并报告工作。

省、自治区、直辖市、自治州、设区的市的人大常委会由本级人大在代表中选举的主任、副主任若干人、秘书长、委员若干人组成；县、自治县、不设区的市、市辖区的人大常委会由本级人大在代表中选举主任、副主任若干人和委员若干人组成。各级人大常委会的名额按照法律规定确定。常委会组成人员不得担任国家行政机关、审判机关和检察机关的职务。如果担任上述职务，必须向常委会辞去常委委员的职务。乡镇一级人民代表大会没有设立常委会。掌握这部分知识时要注意，县级以上各级人大常委会的组成是不一样的，省、自治区、直辖市、自治州、设区的市这五种人大有秘书长参加人大常委会，而县、自治县、不设区的市、市辖区的人大常委会没有秘书长。

县以上地方各级人大常委会的任期同本级人大任期相同，它行使职权到下届常务委员会选出时为止。

（二）地方各级人大常委会的职权

1. 地方性法规制定权。根据《宪法》第100条以及《地方组织法》第3条的规定，省、自治区、直辖市的人民代表大会常务委员会在本级人民代表大会闭会期间，根据本市的具体情况和实际需要，在不同宪法、法律、行政法规相抵触的前提下，可以制定和颁布地方性法规，报全国人民代表大会常务委员会和国务院备案。省、自治区和人民政府所在地的市和经国务院批准的较大的市的人民代表大会常务委员会，在本级人民代表大会闭会期间，根据本市的具体情况和实际需要，在不同宪法、法律、行政法规和本省、自治区的地方性法规相抵触的前提下，可以制定地方性法规，报省、自治区的人民代表大会常务委员会批准后施行，并由省、自治区的人民代表大会常务委员会报全国人民代表大会常务委员会和国务院备案。

5-29 根据《立法法》的规定，下列关于立法公布与备案的说法中不正确的有哪些？

A. 法律解释通过后，由国家主席根据全国人大常委会的决定公布

B. 较大的市人大制定的地方性法规报省、自治区人大常委会批准后由较大的市人大主席团发布公告予以公布

C. 自治县人大制定的自治条例和单行条例由省级人大常委会报请备案

D. 所有的地方性法规、自治条例和单性条例、规章都必须向国务院备案

——本题答案为AB。规范性文件的公布的一般规则是：规范性文件（宪法、法律、法规和规章）如果由人大制定，由其主席团发布公告予以公布；如果由人大常委会制定，由该常委会发布公告予以公布；如果由行政机关或军事机关制定，由其首长签署命令予以公布（参见《立法法》第61、69、76条）。例外情形是法律由国家主席签署主席令予以公布（《立法法》第23、41条）。较大的市地方性法规、自治条例和单行条例，由制定机关的常委会发布公告予以公布（《立法法》第69条）。据此，A项错误，法律解释草案表决稿由常务委员会全体会议组成人员的过半数通过，由常务委员会发布公告予以公布。B项错误，较大的市的人民代表大会及其常委会制定的地方性法规报经批准后，由较大的市的人民代表大会常务委员会发布公告予以公布。根据《立法法》第89条第3款，自治州、自治县制定的自治条例和单行条例，由省、自治区、直辖市的人民代表大会常务委员会报全国人大常务委员会和国务院备案，C项和D项正确。

2. 重大事务决定权。县级以上地方各级人大常委会讨论和决定本行政区域内政治、经济、科学、文化、卫生、民政、民族、计划生育工作等重大事项；有权根据本级人民政府的建议，对本行政区域内的国民经济和社会发展计划、预算作部分变更；决定授予地方荣誉称号。

3. 监督权。县级以上地方各级人大常委会在本行政区域内，保证宪法、法律、行政法规和上级人大及其常委会决议的遵守和执行。对本级人民政府、人民法院、人民检察院和下级人大及其常委会的工作进行监督，撤销其不适当的决议、决定、命令等，受理人民群众对国家机关及其工作人员的申诉意见。在常务委员会会议期间，省、自治区、直辖市、自治州、设区的市的人民代表大会常务委员会组成人员5人以上联名，县级人民代表大会常务委员会组成人员3人以上联名，可以向常委会书面提出对本级人民政府、人民法院和人民检察院的质询案，由主任会议决定交受质询机关在常务委员会全体会议或者有关的专门委员会会议上口头答复或者书面答复。

4. 任免权。在本级人民代表大会闭会期间，决定副省长、自治区副主席、副市长、副县长、副区长的个别任免；在省长、自治区主席、市长、

州长、县长、区长和人民法院院长、人民检察院检察长因故不能担任职务的时候，从本级人民政府、人民法院、人民检察院副职领导人员中决定代理的人选，决定代理检察长须报上一级人民检察院和人民代表大会常委会备案。县级以上地方各级人大常委会还依照《人民法院组织法》和《人民检察院组织法》的相关规定，依法任免人民法院和人民检察院的有关工作人员。地方人大常委会的人事任免权在人大闭会期间比全国人大常委会的权力应当说要大一些，因为它有权决定所有的政府副职的任免，而全国人大常委会在闭会期间没有这个权力

5. 其他职权。县级以上地方各级人大常委会还有权领导或主持本级人民代表大会代表的选举；召集本级人民代表大会会议；在本级人大闭会期间，补选上一级人大出缺的代表和撤换个别代表。

5-30 （2005年试卷一多选第59题）某市人民代表大会常务委员会准备在一次会议中审议以下事项，根据宪法的规定，下列哪些事项符合该委员会的权限范围？

A. 撤销本市人民政府的一项不适当的决定

B. 撤销本市某区人民代表大会的一项不适当的决议

C. 责成本市人民法院重新审理一起有重大社会影响的刑事案件

D. 罢免犯受贿罪的陈某的省人民代表大会代表的资格

——本题答案为ABD。主要考查了地方各级人民代表大会常务委员会的职权。《地方各级人民代表大会和地方各级人民政府组织法》第44条规定，县级以上的地方各级人民代表大会常委会行使下列职权：……撤销下一级人民代表大会及其常务委员会不适当的决议；撤销本级人民政府不适当的决定和命令；在本级人民代表大会闭会期间，补选上一级人民代表大会出缺的代表和罢免个别代表。因此可见，ABD项都是正确的，应当选。《宪法》第126条规定："人民法院依照法律规定独立行使审判权，不受行政机关、社会团体和个人的干涉。"司法机关依照法律独立行使审判权，权力机关对司法机关的工作进行监督，但无权干涉。C项是立法机关干预司法的表现，不应当选。

（三）地方各级人大常委会的会议制度

县级以上地方各级人民代表大会常务委员会是合议机关，其工作方式主要是举行会议。人大常委会会议分常委会会议和主任会议。

常委会会议由主任召集，至少每2个月举行一次。本级人大常委会主任会议可以向常委会提出议案。县以上地方各级人民政府、人大各专门委员会，可以向常委会提出议案，由主任会议决定提请常务委员会会议审

议，或者先交有关的专门委员会审议，提出报告，再提请常务委员会会议审议。省、自治区、直辖市、设区的市的人大常委会组成人员5人以上联名，县级人大常委会组成人员3人以上联名，可以向本级人大常委会提出议案，由主任会议决定提请常委会会议审议或先交有关的专门委员会审议，提出报告，再决定是否提请常委会会议审议。常委会组成人员按法定人数联名可以提出对本级人民政府、人民法院、人民检察院的质询案，由主任会议决定交受质询机关答复。常务委员会的决议以全体组成人员的过半数通过。

省、自治区、直辖市、自治州、设区的市的人民代表大会常务委员会由主任、副主任和秘书长组成主任会议；县、自治县、不设区的市、市辖区由主任、副主任组成主任会议。主任会议的任务是处理常务委员会日常工作。

5-31 （2010年卷一单选第22题）根据《宪法》和《地方组织法》规定，下列哪一选项是正确的？

A. 县级以上的地方各级人民代表大会常务委员会由主任、副主任若干人，秘书长、委员若干人组成

B. 县级以上的地方各级人民代表大会常务委员会根据工作需要，可以设法制（政法）委员会等专门委员会

C. 县级以上的地方各级人民代表大会可以组织关于特定问题的调查委员会

D. 县级以上的地方各级人民代表大会会议由本级人民代表大会常务委员会召集并主持

答案：C

解析：选项A错误，《宪法》第103条第1款规定，县级以上的地方各级人民代表大会常务委员会由主任、副主任若干人和委员若干人组成，对本级人民代表大会负责并报告工作。选项B错误，《地方各级人民代表大会和地方各级人民政府组织法》第30条第1款规定，省、自治区、直辖市、自治州、设区的市的人民代表大会根据需要，可以设法制（政法）委员会、财政经济委员会、教育科学文化卫生委员会等专门委员会。各专门委员会受本级人民代表大会领导；在大会闭会期间，受本级人民代表大会常务委员会领导。选项C正确，《地方各级人民代表大会和地方各级人民政府组织法》第31条第1款规定，县级以上的地方各级人民代表大会可以组织关于特定问题的调查委员会。选项D错误，《地方各级人民代表大会和地方各级人民政府组织法》第12条规定，县级以上的地方各级人民代表大会会议由本级人民代表大会常务委员会召集。第13条第3款规定，县级以上的地方各级人民代表大会举行会议的时候，由主席团主持会议。

三、地方各级人大代表

（一）代表的权利

地方人大代表在任职期内根据宪法和法律的规定享有各种权利，主要包括以下几个方面：

1. 提出议案权。县级以上地方各级人大代表10人以上联名，乡、民族乡、镇的人大代表5人以上联名，可以向本级人大提出属于本级人大职权范围内的议案；有权向本级人民政府及其所属各工作部门以及人民法院、人民检察院提出质询案。

2. 提出批评、建议和意见权。县级以上地方各级人大代表有权向本级人大或者常务委员会的工作提出批评和意见。

3. 人身特别保护权。县级以上地方各级人民代表非经本级人大会议主席团许可，在大会闭会期间，非经本级人大常务委员会许可，不受逮捕或者刑事审判。如果因为是现行犯被拘留，执行拘留的公安机关应当立即向该级人大会议主席团或者常务委员会报告。

4. 言论免责权。地方各级人大代表，人大常委会组成人员，在人大会议或者常务委员会会议上发言和表决，不受法律追究。

5. 物质保障权。地方各级人大代表在出席人大会议执行代表职务时，可以享受必要的物质上的便利或者补贴。

（二）代表的义务

地方各级人大代表应当和原选举单位或者选民保持密切联系，接受原选举单位和群众的监督；倾听广大人民群众的意见，经常列席原选举单位的人民代表大会会议；宣传法律和政策，协助本级政府进行工作，并且向人民代表大会及其常委会、人民政府反映群众的意见和要求。县、乡两级的人大代表分工联系选民，有代表3人以上的居民地区或者生产单位可以组成代表小组，协助本级人民政府推行工作。

四、地方各级人民政府

（一）地方各级人民政府的性质和地位

《宪法》第105条规定："地方各级人民政府是地方各级国家权力机关的执行机关，是地方各级国家行政机关。"因此，县级以上地方各级人民政府由本级人大选举产生，必须对本级人民代表大会负责并报告工作，人大闭会期间，对本级人大常委会负责并报告工作。此外，作为地方国家行政机关，地方各级人民政府还要服从于上级人民政府的领导，向上一级人民政府负责和报告工作，执行上级行政机关的决定和命令。全国的地方各级人民政府都要接受国务院的领导，同时又要发挥自己的主动性，努力搞好工作。

（二）地方各级人民政府的组成、任期和领导体制

省、自治区、直辖市、自治州和设区的市的人民政府分别由省长、副省长、自治区主席、副主席、市长、副市长、州长、副州长和秘书长、厅长、局长、委员会主任等组成。县、自治县、不设区的市、市辖区人民政府分别由县长、副县长、市长、副市长、区长、副区长和局长、科长等组成。乡、民族乡、镇人民政府，分别由乡长、副乡长、镇长、副镇长组成。注意地方各级人民政府的组成这个知识点。

省、自治区、直辖市、自治州、设区的市	正职、副职、秘书长、局长、厅长、委员会主任（一般直辖市、自治州、设区的市没有厅长）
县、自治县、不设区的市、市辖区	由正职、副职、局长、科长组成（注意没有秘书长，县一级政府的办公室主任也不是政府组成人员）
乡、民族乡、镇政府	由乡长、副乡长、镇长、副镇长组成（没有秘书长，也没有职能部门）

地方各级人民政府每届任期与本级人民代表大会的任期相同。

根据宪法和法律规定，地方各级人民政府实行首长负责制。我国各省、自治区、直辖市、自治州、市、县、自治县、市辖区、乡、民族乡、镇的人民政府都实行省长、自治区主席、州长、市长、区长、乡长、镇长负责制。实行首长负责制是由行政工作的性质和行政管理的客观需要决定的。在首长负责制下，行政首长主持人民政府的工作，对重大问题有决定权。但是，行政首长对政府工作中的重大问题必须按照民主集中制的原则，在经过集体讨论、充分听取各方面的意见后才能最后决定。因此，首长负责制是同会议制度相结合的。县级以上地方各级人民政府的会议分为全体会议和常务会议。全体会议由本级人民政府全体成员组成，常务会议则由人民政府的正副职组成。省、自治区、直辖市、自治州和设区的市的人民政府的秘书长也参加常务会议。会议对重大问题进行讨论，然后由行政首长根据大家的意见最后作出决定，并对决定的后果负责。

（三）地方各级人民政府的职权

1. 规章制定权。省、自治区、直辖市的人民政府可以根据法律、行政法规和本省、自治区、直辖市的地方性法规，制定规章，报国务院和本级人大常委会备案。省、自治区的人民政府所在地的市、经济特区所在地的市和经国务院批准的较大的市的人民政府，可以根据法律、行政法规和本省、自治区的地方性法规，制定规章，报国务院和省、自治区的人民代表大会常务委员会、人民政府以及本级人大常委会备案。

现将立法权的相关内容总结如下表：

立法权	国家立法权	地方立法权			行政立法权
		一般地方立法权	民族区域自治地方立法权	经济特区立法权	
渊源	法律(基本法律和非基本法律)	地方性法规	自治条例、单行条例	经济特区法规	行政法规、规章(部门规章和地方政府规章)
制定机关	全国人大及其常委会	省级人大及其常委会、较大的市(指省、自治区的人民政府所在地的市、经济特区所在地的市和经国务院批准的较大的市)的人大及其常委会	自治区、自治州、自治县人大(其人大常委会无权制定)	经济特区所在地的省、市的人大及其常委会	国务院及其组成部门、直属机构，省级人民政府、较大的市的人民政府
内容	1. 国家主权的事项； 2. 各级人民代表大会、人民政府、人民法院和人民检察院的产生、组织和职权； 3. 民族区域自治制度、特别行政区制度、基层群众自治制度； 4. 犯罪和刑罚； 5. 对公民政治权利的剥夺、限制人身自由的强制措施和处罚； 6. 对非国有财产的征收； 7. 民事基本制度； 8. 基本经济制度以及财政、税收、海关、金融和外贸的基本制度； 9. 诉讼和仲裁制度； 10. 其他事项	1. 为执行法律、行政法规的规定，需要根据本行政区域的实际情况作具体规定的事项； 2. 属于地方性事务需要制定地方性法规的事项； 3. 除法律保留的事项外，其他事项国家尚未制定法律或者行政法规的，可以先制定地方性法规；在国家制定的法律或者行政法规生效后，地方性法规同法律或者行政法规相抵触的规定无效，制定机关应当及时予以修改或者废止	自治条例：结合当地民族政治、经济和文化特点制定的有关管理自治地方事务的综合性法规。 单行条例：根据当地民族的特点，针对某一方面的具体问题制定的法规	根据全国人大的授权制定，经济特区法规制定后，无须报批，但只能在经济特区范围内实施	1. 行政法规：①为执行法律的规定；②宪法规定的国务院行政管理职权的事项；③全国人大及其常委会授权的事项； 2. 部门规章：执行法律或者国务院的行政法规、决定、命令的事项； 3. 地方政府规章：①为执行法律、行政法规、地方性法规的规定；②属于本行政区域的具体行政管理事项

2. 执行决议和发布命令。执行本级人民代表大会及其常委会决议，以及上级国家行政机关的决定和命令；执行国民经济和社会发展计划、预算；规定行政措施，发布决定和命令。

3. 管理各项行政工作。管理本行政区域内的经济、教育、科学、文化、卫生、体育事业、环境和资源保护、城乡建设事业和财政、民政、公安、民族事务、司法行政、监察、计划生育等行政工作。依照法律规定任免、培训、考核和监督国家行政机关工作人员。领导所属各部门和下级人民政府的工作，办理上级国家行政机关交办的其他事项。

4. 监督权。县级以上地方各级人民政府有权改变或撤销所属各工作部门的不适当的命令、指示和下级人民政府的不适当的决定、命令。依法设立审计机关，审计机关依法独立行使审计监督权。依照法律的规定设立监察机关，对本级人民政府各部门以及国家公务员、本级人民政府及本级人民政府各部门任命的其他工作人员、下级人民政府及其领导人实施行政监察。

5. 依法保障各方面的权利。在本行政区域内，保护社会主义全民所有的财产和劳动群众集体所有的财产，保护公民私人所有的合法财产，维护社会秩序，保障公民的人身权利、民主权利和其他权利；保护各种经济组织的合法权益；保障少数民族的权利和遵守少数民族的风俗习惯，帮助本行政区域内的少数民族聚居的地方依照宪法和法律实行区域自治，帮助境内各少数民族发展政治、经济和文化事业；保障宪法和法律赋予妇女的男女平等、同工同酬和婚姻自由等各项权利。

5－32 （2008年四川卷一不定项选择93题）关于国家机关的职权，下列表述错误的是：

A. 全国人民代表大会无权决定设立国务院各部、各委员会

B. 国务院有权批准自治州的建置和区域划分

C. 省人民政府有权决定民族乡的建置和区域划分

D. 国家主席有权决定特赦

答案：AD

解析：《国务院组织法》第8条规定，国务院各部、各委员会的设立、撤销或者合并，经总理提出，由全国人民代表大会决定；在全国人民代表大会闭会期间，由全国人民代表大会常务委员会决定。所以，A项表述错误，应选。《宪法》第89条第15项规定，国务院有权批准省、自治区、直辖市的区域划分，批准自治州、县、自治县、市的建置和区域划分。所以，B项表述正确，不应选。《宪法》第107条第3款规定，省、直辖市的人民政府决定乡、民族乡、镇的建置和区域划分。所以，C项表述正确，

不应选。《宪法》第80条规定，中华人民共和国主席根据全国人民代表大会的决定和全国人民代表大会常务委员会的决定，公布法律，任免国务院总理、副总理、国务委员、各部部长、各委员会主任、审计长、秘书长，授予国家的勋章和荣誉称号，发布特赦令，宣布进入紧急状态，宣布战争状态，发布动员令。所以，D项表述错误，应选。

（四）地方各级人民政府所属工作部门

县级以上地方各级人民政府根据工作需要和精简原则可以设立分管各项事务的工作部门。这些工作部门在省、自治区称为厅、委员会；在直辖市、自治州、市称为局、委员会；在县、自治县称为局、科。省、自治区、直辖市人民政府的厅、局、委员会等工作部门的设立、增加、减少或合并，由本级政府报请国务院批准，并报本级人大常委会备案；每一级人民政府内部工作部门的设立、增加、减少或合并，都由本级人民政府报请上一级人民政府批准，并报本级人大常委会备案。地方各级人民政府所属各工作部门受本级人民政府的统一领导，并且受上级人民政府主管部门的领导和业务指导。乡级政府不设工作部门。

此外，县级以上的地方人民政府设立审计机关，地方各级审计机关依照法律规定独立行使审计监督权，审计机关实行双重领导体制，对本级人民政府和上一级审计机关负责。

（五）地方各级人民政府的派出机构

根据宪法和法律的规定，省、自治区人民政府在必要时，经国务院批准，可以设立若干的派出机关，这种派出机关称为行政公署，它不是一级政权机关，而是代表省、自治区人民政府督促、监察、领导所属县、市、自治县人民政府的工作。但在一些地方实行地市合并、市管县的体制后，法律上不再使用“行政公署”。

县、自治县的人民政府在必要时，经省、自治区、直辖市的人民政府批准，可以设立若干区公所，作为它的派出机关。市辖区、不设区的市的人民政府，经上一级人民政府批准，可以设立若干街道办事处，作为它的派出机关。这些派出机关的任务均是作为人民政府的代表在本辖区内执行上级国家机关的决议、决定、指示和命令，监督、检查和指导下级人民政府或者居民委员会的工作。

五、基层政权与基层群众性自治组织的关系

（一）基层政权与基层群众性自治组织的含义

1. 基层政权的含义。《宪法》第111条第1款规定：“……居民委员会、村民委员会同基层政权的相互关系由法律规定。”这一非确定性的宪法规范将基层群众性自治组织同基层政权的相互关系纳入了宪法调整的范围。所谓基层政权，是指国家为实现其政治、经济和文化职能依法在基层行政区域内设立的国家机关及其行使的权力的统一体。在城市，它指的是不设区的市、市辖区的人民代表大会及其常委会和人民政府及其权力的统一体；在农村，它指的是乡镇人民代表大会和乡镇人民政府及其职权的统一体。

2. 基层群众性自治组织的含义。《宪法》第111条第1款规定："城市和农村按照居民居住地区设立的居民委员会或者村民委员会是基层群众性自治组织……"基层群众性自治组织指的是，依照有关法律的规定，以城乡居民或者村民一定的居住地为纽带和范围而设立，并由居民或者村民选举产生的成员组成的，实行自我教育、自我管理、自我服务的社会组织。

3. 基层政权与基层群众性自治组织的关系。基层群众性自治组织同基层政权的关系是基层群众性自治组织在实现居民或者村民自治过程中与基层政权组织在行使职权过程中所发生的关系，包括基层群众性自治组织同基层人民代表大会的关系以及同人民政府的相互关系。首先，基层群众性自治组织与基层人民代表大会的关系可以从两者的性质、职权和任务考查：一方面，基层群众性自治组织要严格遵守和贯彻基层人民代表大会及其常委会的决议和决定；依法参加有关基层人民代表大会的活动，反映居民或者村民的愿望和要求。另一方面，基层人大要依法对基层群众性自治组织进行监督，保证宪法、法律法规以及有关决定、决议真正实施；帮助基层群众性自治组织开展自治活动，监督基层人民政府行使有关基层群众性自治组织职权活动。其次，基层群众性自治组织与基层人民政府的关系，可以归纳为两方面：①基层人民政府与基层群众性自治组织的指导与被指导的关系；②基层群众性自治组织与基层人民政府的协助与被协助关系。

（二）村民委员会

1. 村民委员会的性质。根据现行《宪法》和《村民委员会组织法》的规定，村民委员会是村民进行自我管理、自我教育、自我服务的基层群众性自治组织，实行民主选举、民主决策、民主管理、民主监督。按照村民委员会组织法的规定，村委会与乡、民族乡、镇的人民政府的关系主要有两点：①乡级人民政府对村委会的工作给予指导、支持和帮助，但不得干预依法属于村民自治范围内的事项；②村委会协助乡级人民政府开展工作。

2. 村委会的任务。办理本村的公共事务和公益事业，调解民间纠纷，协助维护治安，向人民政府反映村民的意见、要求和提出建议；承担本村生产的服务和协调工作；管理本村集体所有的土地和其他财产，教育村民合理利用自然资源，保护和改善生态环境；宣传宪法、法律、法规和国家的政策，开展多种形式的社会主义精神文明活动；协助有关部门对剥夺政治权利的村民进行教育、帮助和监督。

3. 村委会的设置、组织与村民会议。村民委员会根据村民居住情况，人口多少，按照便于群众自治的原则设立。村委会的设立、撤销、范围调整，由乡、民族乡、镇的人民政府提出，经村民委员会讨论同意后，报县级人民政府批准。村委会由主任、副主任和委员共 3 ~ 7 人组成，由村民直接选举产生；每届任期 3 年，可连选连任。村民委员会根据需要设人民调解、治安保卫、公共卫生等委员会。村民会议由 18 周岁以上的村民组成。召开村民会议，应当由本村 18 周岁以上村民的过半数参加。

（三）居民委员会

1. 居民委员会的性质。根据现行《宪法》和 1989 年《城市居民委员会组织法》的规定，居民委员会是村民进行自我管理、自我教育、自我服务的基层群众性自治组织。根据《城市居民委员会组织法》，居民委员会与不设区的市、市辖区的人民政府或它的派出机关的关系是：①不设区的市、市辖区的人民政府或它的派出机关给予居委会工作上的指导、支持和帮助；②居委会协助不设区的市、市辖区的人民政府或它的派出机关开展工作；③市、市辖区人民政府的有关部门需要居民委员会或者它的下属委员会协助进行工作，应经市、市辖区人民政府或者它的派出机关同意并统一安排；④市、市辖区人民政府的有关部门，可以对与居民委员会有关的下属委员会进行业务指导。

2. 居委会任务是办理本居住地区居民的公共事务和公益事业。调解民间纠纷；宣传宪法、法律、法规和国家的政策，维护居民的合法权益，开展多种形式的精神文明活动；协助人民政府和其派出机关做好与居民利益有关的各项工作；向人民政府或它的派出机关反映居民的意见、要求和提出建议。

3. 居民委员会的设置、组织与居民会议。居民委员会根据居民居住情况，按照便于居民自治的原则，一般在 100 ~ 700 户的范围内设立。居委会的设立、撤销、规模调整，由不设区的市、市辖区的人民政府决定。

居委会由主任、副主任和委员共 5 ~ 9 人组成，由居民选举产生。多民族居住地方，居民委员会中应当有少数民族的成员。居民委员会根据需要设人民调解、治安保卫、公共卫生等委员会。

第七节 人民法院与人民检察院

一、人民法院的组织与制度

（一）人民法院的性质和任务

我国现行《宪法》第123条规定："中华人民共和国人民法院是国家的审判机关。"这一规定明确了人民法院的性质。人民法院是行使国家审判权的机关，而国家的审判权是国家权力不可分割的部分，它是指人民法院依照法律对刑事案件、民事案件、行政案件进行审理并作出判决的权利。根据宪法和人民法院组织法的规定，在我国，审判权必须由人民法院统一行使，即只有人民法院才有审判权，其他任何机关、团体和个人都无权进行审判活动。因此，任何公民都有不受人民法院之外任何机关的非法审判的权利。

人民法院的任务是审判刑事案件、民事案件和行政案件，并且通过审判活动，惩办一切犯罪分子，解决民事纠纷和行政纠纷，以保卫人民民主专政制度，维护社会主义法制和社会秩序，保护社会主义的全民所有的财产、劳动群众集体所有的财产，保护公民私人所有的合法财产，保护公民的人身权利、民主权利和其他权利，保障社会主义革命和社会主义建设事业的顺利进行，通过全部审判活动教育公民忠于社会主义祖国，自觉地遵守宪法和法律。

（二）人民法院的组织体系与职权

我国人民法院的组织体系由以下法院组成：全国设立最高人民法院，地方各级人民法院和专门人民法院；地方各级人民法院分为高级人民法院、中级人民法院、基层人民法院；专门人民法院包括军事法院、海事法院、铁路运输法院。

我国现行《宪法》第127条第2款规定："最高人民法院监督地方各级人民法院和专门人民法院的审判工作，上级人民法院监督下级人民法院的审判工作。"这表明上下级人民法院之间的关系不是领导关系，而是监督关系。根据这一规定，上级人民法院不能直接指挥、命令下级人民法院如何进行审判，只能对下级人民法院在审判活动中是否正确适用法律进行审查监督。这种监督主要体现在上级人民法院按照上诉程序、审判监督程序及死刑复核程序对下级人民法院具体案件的监督，纠正错误的判决和裁定。

1. 最高人民法院。最高人民法院是国家最高的审判机关，由院长、副院长、庭长、副庭长和审判员组成，向全国人民代表大会和全国人民代表大会常务委员会负责。最高人民法院院长由全国人民代表大会选举和罢免，副院长、审判委员会委员等其他组成人员由院长提请全国人大常委会任免。

根据宪法和法律的规定，最高人民法院的职权包括：①一审管辖权。对于全国性重大刑事案件和在全国有重大影响的经济、民事和行政案件以及它认为应当由它自己审理的案件有一审管辖权。②上诉管辖权。对不服高级人民法院的一审判决和裁定的案件有上诉管辖权，此外，它还审判最高人民检察院依审判监督程序提出的抗诉案件。③审判监督权。对地方各级人民法院已经发生法律效力的判决和裁定，如果发现确有错误，有权提审或者指令下级法院再审。④司法解释权。对于审判过程中如何具体应用法律的问题进行司法解释。⑤死刑核准权。核准由高级人民法院复核后的死刑案件；高级人民法院判处死刑的一审案件被告人不上诉的，高级人民法院判处死刑的第二审案件，由最高人民法院核准。此外，最高人民法院还负责管理全国各级人民法院的设置、人员编制等司法行政工作。

2. 地方各级人民法院。我国的地方法院分为基层人民法院、中级人民法院和高级人民法院三级。

（1）基层人民法院。是指县人民法院和不设区的市人民法院、自治县人民法院、市辖区人民法院。为了方便公民诉讼和迅速处理案件，它可以视具体情况，在本辖区内设若干人民法庭作为派出机构。人民法庭的判决和裁定就是基层人民法院的判决和裁定。基层人民法院向同级人民代表大会及常务委员会负责并报告工作，其组成人员与中级人民法院相同，院长由同级人民代表大会选举和罢免，其他组成人员由院长提请同级人民代表大会常务委员会任免。基层人民法院的职权主要包括如下几个方面：①一审管辖权，即对于刑事、民事、行政案件有一审管辖权，但是法律规定由最高人民法院、高级人民法院和中级人民法院管辖的一审案件除外。②庭外处理权，即处理不需要开庭审判的民事纠纷和轻微的刑事案件。③调解指导权，即指导本辖区内的人民调解委员会的工作。

（2）中级人民法院。包括在省、自治区内按地区设立的中级人民法院、在直辖市内设立的中级人民法院、设区的市的中级人民法院、自治州中级人民法院。中级人民法院的组成人员同高级人民法院的组成人员相同，省、自治区内按照地区设立的和直辖市内设立的中级人民法院向省、自治区和直辖市人民代表大会以及常务委员会负责，院长由省、自治区和直辖市的人大常委会根据主任会议和提名决定任免，其他组成人员由中级人民法院院长提请本级人大常委会任免。中级人民法院的职权主要包括如下几个方面：①一审管辖权。中级人民法院对于下列案件有一审管辖权：危害国家安全的案件；可能判处无期徒刑、死刑的普通刑事案件；外国人犯罪的刑事案件；本辖区内有重大影响的涉外民事案件；本辖区内有重大影响的民事案件；最高人民法院确定由中级人民法院管辖的民事案件；确定发明专利权的案件；海关处理的案件；对国务院各部门或者省、自治区、直辖市人民政府所作的具体行政行为提起诉讼的案件；本辖区内重大、复杂的行政案件。②上诉管辖权。中级人民法院对不服基层人民法院一审判决和裁定的案件有上诉管辖权，同时对人民检察院提出抗诉的案件进行审理。③对于基层人民法院已经发生法律效力的判决和裁定，如果认为确有错误，有权提审或者指令基层人民法院再审。

（3）高级人民法院。包括省高级人民法院、自治区高级人民法院、直辖市高级人民法院，由院长、副院长、庭长、副庭长和审判员组成，向同级人民代表大会及其常务委员会负责并报告工作。院长由本级人民代表大会选举和罢免，其他组成人员由院长提请本级人大常委会任免。高级人民法院的职权主要包括如下几个方面：①一审管辖权，即对全省或者全自治区、直辖市性的重大刑事案件或者在本辖区内有重大影响的民事案件和行政案件有一审管辖权。②上诉管辖权，即对于不服中级人民法院和海事法院的一审判决和裁定的案件有上诉管辖权。③审判监督权，即对于下级人民法院已经发生法律效力的判决和裁定，如果发现确有错误，有权提审或者指令下级人民法院再审。

3. 专门人民法院。专门人民法院是人民法院组织体系中的一个特殊组成部分，它们是在特定部门或者针对特定案件，而不按行政区域设立，受理与设立部门相关的专业性案件的法院，它们不受理其他普通的民事和刑事案件。根据宪法和人民法院组织法的规定，目前我国设有军事法院、海事法院、森林法院和铁路运输法院等专门人民法院。除海事法院之外，其他专门的人民法院的判决和裁定的上诉案件和抗诉案件由最高人民法院审理。这些专门的人民法院和各级人民法院共同行使国家的审判权，其组织和职权由全国人民代表大会常务委员会另行规定。

5－33　关于专门人民法院，下列哪一选项是正确的？

A. 专门人民法院是设在特定部门或针对特定案件而设立，受理与设立部门相关的专业性案件的法院

B. 军事法院负责审判军事人员犯罪的刑事案件，军事法院的基层法院设在师级

C. 海事法院判决和裁定的上诉案件，由最高法院管辖

D. 铁路运输法院、森林法院只设基层法院

答案：A

解析：本题考核专门人民法院。选项A正确，这是辅导用书对专门人

民法院的定义。选项B错误，军事法院的基层法院设在军级。选项C错误，对海事法院判决和裁定的上诉案件，由海事法院所在地的高级人民法院管辖。选项D错误，铁路运输法院、森林法院都分为基层、中级两级。

(1) 军事法院，包括中国人民解放军军事法院（军内的最高级）、大军区及军兵种军事法院（相当于中级层次）、军级军事法院（基层级）三级，军事法院的最高审级是中华人民共和国最高人民法院，军事法院负责审判军事人员犯罪的刑事案件。

(2) 海事法院，只设一级，设立在广州、上海、武汉、天津、大连、青岛、宁波、厦门、海口和北海等港口城市，其建置相当于地方的中级人民法院。海事法院管辖中国法人和公民之间，中国法人、公民和境外（外国或地区）法人和公民之间的第一审海事案件和海商案件。对海事法院判决和裁定的上诉案件，由海事法院所在地的高级人民法院管辖。

(3) 森林法院，森林法院审理破坏森林资源案件、严重责任事故案件及涉外案件，其任务是保护森林。基层森林法院一般设置在某些特定林区的一些林业局（包括木材水运局）的所在地；在地区（盟）林业管理局所在地或国有森林集中连片地区设立森林中级法院。

(4) 铁路运输法院，是设在铁路沿线的专门人民法院，分为二级：一是铁路管理分局所在地设立铁路运输基层法院；二是在铁路管理局所在地设立铁路运输中级法院。铁路运输法院负责审判由铁路公安机关侦破、铁路检察院起诉的发生在铁路沿线的刑事犯罪案件和与铁路运输有关的经济纠纷。对铁路运输中级法院判决和裁定的上诉案件，由所在地的省、自治区、直辖市高级人民法院管辖。

现将各级人民法院职权的比较总结如下表：

体系组成	职权				
	一审管辖权	上诉管辖权	审判监督权	其他	
最高人民法院	法律规定或者它认为应当由自己审理的案件	对高级人民法院、专门人民法院裁判的上诉案件和抗诉案件	监督地方各级人民法院的审判工作；审判最高人民检察院提出的抗诉案件；提审或指令下级人民法院再审	司法解释权	死刑核准权

续表

<table>
<tr><td rowspan="3">地方各级人民法院</td><td>高级人民法院</td><td rowspan="2">法律规定由其管辖的案件，基层移送的案件；下级人民法院移送的案件</td><td rowspan="2">对下级人民法院裁判的上诉和抗诉案件</td><td>对海事法院裁判的上诉和抗诉案件</td><td rowspan="2">监督下级人民法院审判工作；审判同级人民检察院抗诉案件；提审或指令下级人民法院再审</td><td></td><td></td></tr>
<tr><td>中级人民法院</td><td></td><td colspan="2"></td></tr>
<tr><td>基层人民法院</td><td colspan="6">除依法由上级人民法院审理的案件外的案件；庭外处理权；调解指导权</td></tr>
<tr><td rowspan="3">专门人民法院</td><td>军事法院</td><td colspan="6">负责审判军事人员犯罪的案件</td></tr>
<tr><td>海事法院</td><td colspan="6">管辖中国法人和公民之间、中国人和外国人之间的第一审海事海商案件</td></tr>
<tr><td>铁路运输法院</td><td colspan="6">负责审判由铁路公安机关侦破、铁路检察院起诉的发生在铁路沿线的刑事案件和与铁路运输有关的经济纠纷</td></tr>
</table>

二、人民检察院的组织与制度

（一）人民检察院的性质与任务

我国《宪法》第129条规定：“中华人民共和国人民检察院是国家的法律监督机关。”这一规定明确了人民检察院的性质。人民检察院行使的法律监督权统称为检察权，即对法律、法规的实施进行监督的权力。从人民检察院的法律监督实践来看，人民检察院的法律监督主要是对国家机关、国家机关工作人员是否违反刑法实行监督，以及对在刑事诉讼中公安机关、人民法院和监狱等机关的活动是否合法实行监督，并包括对人民法院的民事审判和行政审判活动的事后监督。检察机关的法律监督同国家权力机关的监督以及其他监督结合起来，形成了我国的法律监督体系。

检察机关的监督与国家权力机关的监督相比有以下几个特点：

1. 检察机关的监督是司法机关的监督。人民检察院行使的监督权在性质上属于司法权，监督的范围主要是对执行司法职能的国家机关及国家安全机关、公安机关、人民法院、监狱、看守所、劳动改造机关和劳动教养机关及其工作人员是否依法行使职权进行监督。而国家权力机关的监督是立法机关的监督，监督的范围十分广泛，国家行政机关、审判机关和检察机关及其工作人员都是它的监督对象。

2. 检察机关的内容主要是对国家机关工作人员和公民违法犯罪需要追

究刑事责任的案件进行侦查或者提起公诉，对执行司法职能的国家机关的工作是否合法进行监督。监督的方式有：受理单位、公民的检举和控告；对刑事案件提起公诉，出庭支持公诉；对有关国家机关的违法活动提出纠正；对案件按照上诉程序和审判监督程序提出抗诉等。国家权力机关的监督是一种法律监督，监督的主要内容是对国家机关及其工作人员是否遵守宪法和法律进行监督，监督的方式主要是两种：一种是撤销不符合宪法和法律的行政法规、地方性法规、规章以及具有普遍约束力的决定、命令；另一种方式是罢免国家权力机关负责人。

3. 检察机关在行使监督权的过程中要受国家权力机关的制约，因为检察机关由同级国家权力机关产生，要向国家权力机关负责，受过国家权力机关的监督。而国家权力机关的法律监督具有最高的法律效力，它对被监督事项作出的决定或者决议，其他国家机关必须执行。

人民检察院的任务是通过行使检察权，打击一切叛国的、分裂国家的犯罪活动，惩治危害国家安全的犯罪分子和其他犯罪分子，保卫国家的安全，保卫人民民主专政的政权和社会主义制度，维护社会主义法制，维护社会秩序、生产秩序、工作秩序、教学科研秩序和人民群众生活秩序，保护社会主义的国有财产和劳动财产，保护公民的人身权利、民主权利和其他权利，保卫社会主义现代化建设的进行，并通过检察活动，教育公民忠于社会主义祖国，自觉地遵守宪法和法律，积极同违法行为作斗争。

（二）人民检察院的组织体系

根据宪法规定，全国设立最高人民检察院、地方各级人民检察院和专门人民检察院。地方各级人民检察院分为省、自治区、直辖市人民检察院；省、自治区、直辖市人民检察院分院，自治州和设区的市人民检察院；县、不设区的市、自治县和市辖区人民检察院。专门人民检察院包括军事检察院、铁路运输检察院等。省一级人民检察院和县一级人民检察院，根据工作需要，提请本级人民代表大会常务委员会批准，还在工矿区、农垦区、林区等区域设置人民检察院，作为派出机构。

最高人民检察院是国家最高检察机关。最高人民检察院领导地方各级人民检察和专门人民检察院的工作，上级人民检察院领导下级人民检察院的工作。这表明，在人民检察院系统内，上下级人民检察院之间的关系是领导与被领导的关系，最高人民检察院领导地方各级人民检察院和专门人民检察院，上级人民检察院领导下级人民检察院，下级人民检察院必须接受上级人民检察院和最高人民检察院的领导，对上级人民检察院负责。人民检察机关垂直领导体制表现为：人事任免；业务领导。

5－34 （2009年卷一多项选择65题）根据《宪法》和法律规定，

下列哪些选项是正确的？

A. 中华人民共和国主席对全国人大及其常委会负责

B. 国务院对全国人大负责并报告工作，在全国人大闭会期间对全国人大常委会负责并报告工作

C. 最高人民法院、最高人民检察院对全国人大及其常委会负责

D. 中央军事委员会对全国人大负责并报告工作，在全国人大闭会期间对全国人大常委会负责并报告工作

答案：BC

解析：选项A错误，国家主席不参与行政工作，不对全国人大负行政责任。选项B正确，《宪法》第92条规定，国务院对全国人民代表大会负责并报告工作；在全国人民代表大会闭会期间，对全国人民代表大会常务委员会负责并报告工作。选项C正确，《宪法》第128条规定，最高人民法院对全国人民代表大会和全国人民代表大会常务委员会负责。同时，第133条规定，最高人民检察院对全国人民代表大会和全国人民代表大会常务委员会负责。选项D错误，《宪法》第94条，中央军事委员会主席对全国人民代表大会和全国人民代表大会常务委员会负责。据此可知，中央军事委员会主席对全国人大及其常委会负责，但是不报告工作。另外，《宪法》仅是对军事委员会主席作出了"对全国人大及其常委会负责"的规定，而没有针对军事委员会是否向全国人大及其常委会负责进行规定。

（三）人民检察院的职权

人民检察院作为国家的法律监督机关，其主要职责包括以下几方面：

1. 立案侦查。对于叛国案、分裂国家案以及严重破坏国家的政策、法律、法令、政令统一实施的重大犯罪案件，行使检察权。对于法律规定属于其直接受理的刑事案件行使检察权，根据刑事诉讼法的规定，贪污贿赂犯罪，国家工作人员的渎职犯罪、国家机关工作人员利用职权实施的非法拘禁，刑讯逼供、报复陷害、非法搜查的侵害公民人身权利的犯罪以及利用职权实施的其他重大犯罪案件，需要由人民检察院直接受理的时候，经省级以上人民检察院决定，可以由人民检察院立案侦查。人民检察院按照法律规定，对犯罪事实清楚，依法应当追究刑事责任的应当立案侦查。对于报案、控告、举报和自首材料，如果认为不属于自己的管辖范围，应当立即移送有管辖权的机关处理。

2. 侦查监督。对公安机关侦查案件的活动是否合法实行监督。人民检察院对公安机关提请批捕的案件进行审查，依照法律规定的条件作出批准逮捕、不批准批捕和补充侦查的决定；对公安机关侦查终结移送起诉的案件依法作出起诉、不起诉的决定；对公安机关侦查案件活动的法律手续是

否完备进行监督；对公安机关的立案、拘留、搜查、预审、羁押、勘验、监察、扣押物证书证、鉴定、搜查证据等侦查活动是否合法进行监督；对公安人员在侦查活动中有违法乱纪、刑讯逼供情况进行监督。如果发现公安机关的侦查活动有违法行为应当通知公安机关纠正；对公安人员滥用权力，情节严重，构成犯罪的应当依法追究其刑事责任。

3. 提起公诉。人民检察院对需要提请公诉的案件进行审查，如果认为犯罪事实已经查清，证据确实、充分，依法应当追究刑事责任的，应当作出起诉决定，并按照审判管辖的规定向人民法院提起公诉。公诉是由人民检察院代表国家向人民法院提起追究被告人刑事责任提起。但是按照《刑事诉讼法》的规定适用简易程序的案件，人民检察院可以不派员出席法庭。

4. 审判监督。人民检察院对人民法院的审判工作是否合法实施监督。主要包括：①对人民法院在庭审活动中是否遵守诉讼程序实施监督，如果发现人民法院违反法定程序的，应及时提出纠正意见，对人民法院违反诉讼程序作出的判决提出抗诉。②地方各级人民检察院认为本级人民法院第一审判决和裁定确有错误的，应当向上级人民法院提出抗诉。③最高人民检察院对各级人民法院已经发生法律效力的判决和裁定，上级人民检察院对下级人民法院已经发生法律效力的判决和裁定，如果发现确有错误，有权依审判监督程序向人民法院提出抗诉。

5. 执行监督。人民检察院对刑事判决和裁定的执行情况以及监所实行监督。对监狱、看守所和劳动改造机关等执行刑罚的活动是否合法实行监督，人民检察院有权对死刑的执行临场监督；人民检察院认为暂予监外执行不当的，有权书面通知作出批准决定的机关重新核查；人民检察院认为对罪犯的减刑、假释的裁定不当的，有权向人民法院提出书面纠正意见。监狱和其他执行机关在刑罚执行中，如认为判决有错误或者罪犯提出申诉意见的，人民检察院有权处理；人民检察院对监所机关的违法行为应当通知其纠正，对情节严重、构成犯罪的监所工作人员应当依法追究刑事责任。

三、公检法三机关的关系

人民法院、人民检察院、公安机关的性质有所不同，人民法院是国家的审判机关，人民检察院是法律监督机关，两者组成我国的司法机关，行使国家的司法权；公安机关是执行治安管理任务的国家行政机关，其行使的职权属于国家行政权的一部分。三机关的性质虽然不同，但是在办理刑事案件的过程中却有紧密的联系，为了惩罚犯罪、保护人民，宪法对三机关在刑事诉讼中的关系进行了原则性的规定：“人民法院、人民检察院和公安机关办理刑事案件，应当分工负责，相互配合，相互制约，以保证准确有效地执行法律。”根据这一原则，三机关的关系是分工负责、相互配合、相互制约的关系，其具体体现为：

1. 三机关分工配合，各司其职。分工负责是前提，所谓的分工负责，是指公检法三机关根据法律规定的责任，依照法定程序，各司其职、各尽其责，既不越权代办和干涉，也不相互推诿和不履行职责。在办理刑事案件时，除法律规定由人民检察院侦查的案件外，其余的案件均由公安机关负责侦查、预审；人民检察院负责批捕、审查起诉和出庭公诉；人民法院负责审判。

2. 在分工的基础上，三机关相互配合。相互配合是基于三机关在工作目的和任务上的一致性，三机关的任务都是为了惩罚犯罪和保护人民，因此，必须在工作中相互配合。人民检察院对公安机关提请批准逮捕的请求应当及时进行审查并作出决定，对公安机关移送起诉的案件应当及时作出决定，人民法院对人民检察院提出公诉的案件应当及时进行审理和判决。只有三机关相互配合，刑事诉讼才能顺利进行。

3. 在分工配合的基础上，三机关相互制约。相互制约是监督原则的体现，也是国家权力依法行使的重要保障。所谓相互监督，是指三机关在分工配合的基础上，依照法律的规定，相互监督，防止错案的发生，保证准确有效地执行法律。虽然三机关的任务具有一致性，但是三机关对具体案件的处理，在认定事实和适用法律上可能意见不一致，为避免彼此可能存在的片面性和局限性，保证准确有效地执行法律，三机关必须相互制约：①人民检察院对公安机关提请批捕的案件经审查后有权作出不批准逮捕的决定，但是公安机关如认为人民检察院的决定有错误，可以要求复议，如果意见不被接受，可以向上一级人民检察院提请复核。②人民检察院对公安机关移送起诉的案件，如认为证据不足可以退回公安机关补充侦查或者自行侦查。如果认为犯罪嫌疑人有《刑事诉讼法》第15条的规定情形的，应当作出不起诉的决定，但是公安机关认为不起诉的决定有错误时，可以要求复议，如果意见不被接受，可以向上一级人民检察院提请复核。③人民法院对人民检察院起诉的案件，如认为犯罪事实不清、证据不足或者有违法情况的，可以退回人民检察院补充侦查，或者通知人民检察院纠正；对于不需要判刑的，可以要求人民检察院撤回起诉；对于人民检察院决定不起诉的案件，如果被害人直接向人民法院起诉而人民法院决定受理的，人民检察院应当将有关的案件材料移送人民法院。④人民检察院对人民法院的审理活动是否合法进行监督，如果发现违法情况应当向人民法院提出纠正意见。如果发现本级人民法院的一审判决和裁定确有错误，有权向上一级人民法院提出抗诉。

实践证明，人民法院、人民检察院和公安机关在办理刑事案件中的相互制约对准确地执行法律，及时防止错案的发生有十分重要的作用。

第六章 宪法的实施及其保障

第一节 宪法实施概述

一、宪法实施的概念

所谓宪法的实施，是指宪法在制定颁布后，宪法的原则以及文本当中所规定的具体内容在社会现实生活中产生真实的效力，宪法被执行、适用和遵守。依据宪法国家权力机构得以建立和运行，依据宪法特定机关调处和解决宪法争端，依据宪法公民的基本权利得到保障，宪法获得社会各个单位及成员的支持和遵守，诸如上述效果的产生我们称之为宪法获得了实施。宪法的实施包括宪法的执行、适用和遵守。

宪法的执行是指宪法所授权的权力机关依据宪法行使职权或履行义务的行为、活动等。例如，立法机关依据宪法制定法律、行政机关依据宪法建制并行使职权等行为或活动都属于宪法的执行。所谓宪法的适用，是指享有宪法审判权的机关直接依据宪法解决宪法争端并给予裁判结果的专门活动，又有人将其称为司宪。二者相比，宪法执行与宪法适用的区别体现在：①宪法执行的主体包括立法机关、行政机关、司法机关这些宪法所授权的国家权力机关，上述机关依据宪法建置并行使职权、履行职责的行为、活动，均属宪法的执行；宪法适用的机关是固定或特定的，一般是由宪法明确规定，在以美国为代表的司法审查国家该项权力属于普通司法机关，以德国为代表的专门审查制国家该项权力属于宪法法院，在我国全国人大常委会是法定的宪法裁判机构。②宪法执行的内容是行使宪法授权的职权、履行宪法赋予的职责；宪法适用的内容则是直接依据宪法解决宪法争端。尽管从更广泛的涵义而言，宪法的适用也可以视为一种宪法的执行，但鉴于其是由专门机构直接依据宪法进行的专门裁判活动，因此我们通常将宪法适用与宪法的执行区别开来进行单独对待和独立研究。

宪法的遵守是指国家机关、社会团体以及公民个人遵守宪法，依据宪法行使权力（利）、履行义务。宪法的遵守也被称为守宪。毫无疑问，各宪法主体遵守宪法是宪法得到实施的最重要保障。我国《宪法》第 5 条规定，“一切国家机关和武装力量、各政党和各社会团体、各企业事业单位都必须遵守宪法和法律……任何组织或者个人都不得有超越宪法和法律的特权。”依据这一宪法规定我们可以推论，在我国，一切国家机关、武装力量、各政党和各社会团体、各企业事业单位和所有并不享有特殊身份的公民，都是守宪主体，都具有遵守宪法的义务。尽管需要遵守宪法的主体范围广大，但在宪法的实践当中，需要特别关注的是国家权力机关遵守宪法的情况。国家权力机关往往享有庞大而重要的国家权力，使得其在行使这些权力的过程中因为种种原因而可能导致违宪的情形，因此国家权力机关遵守宪法是宪法实施尤为重要的环节。

宪法实施是宪法产生实在效力的重要环节。宪法要从纸面宪法活化为实在宪法的关键是宪法得到实施。所有的立宪者都清楚一个道理，宪法制定的根本目标在于宪法的实施，一部宪法不能得到实施，其立宪的价值便微乎其微。一部好的宪法必定是一部实施有效的宪法，一部不能获得有效实施的宪法是不具备被品评优秀的基本条件的。正因为如此，立宪国家极为重视宪法实施。

二、宪法实施的特点

宪法实施的特点是指与其他法律的实施相比较所具有的不同点。宪法是特殊的法，它的特殊性也表现在实施过程中。与其他法的实施相比，宪法的实施有如下主要特点：

（一）实施主体的广泛性和综合性

从法律的普遍意义而言，法律实施的主体包括守法者、适用法律者和执行法律者。但对于每个具体的法律部门而言，其实施主体是相对单一的，例如行政法的实施主体仅包括行政法律关系中的行政主体和行政相对人。但宪法实施的主体则要比普通法律实施的主体广泛得多，体现出综合性与复杂性。宪法是调整国家最基本社会关系的国家根本法，与普通法律往往只调整国家生活中的一个或者几个方面不同，宪法调整的范围涉及国家政治、经济、文化和社会生活等各个方面，国家与社会生活的各个方面都必须遵守宪法，都存在着宪法实施的问题，因此，宪法实施范围的广泛程度是普通法律所不能比拟的。宪法实施范围的广泛度决定了宪法实施的主体也非常广泛。我国《宪法》序言规定：“全国各族人民、一切国家机关和武装力量、各政党、各社会团体、各企事业组织，都必须以宪法为根本的活动准则，并且附有维护宪法尊严、保证宪法实施的职责。”从我国《宪法》第5条的规定来看，国家机关、武装力量、各政党、社会团体、企事业单位以及普通公民都具有遵守宪法的义务，宪法的遵守是宪法获得实施的最重要保证，如上主体都是宪法实施的主体，几乎涵盖了所有法律关系的主体，因而比任何单一部门法律实施的参与者要广泛得多。

（二）宪法实施的原则性

1. 宪法实施的原则性特征首先源于宪法所作的原则性设计。一方面许多国家的宪法当中贯穿着一些区别于具体规范的宪法原则，例如基本人权原则、平等原则等，这些原则集中体现了宪法精神和价值，是理解宪法的重要线索，甚至在一些国家的违宪审查过程中，宪法原则还成为解决宪法诉讼的直接依据；另一方面为应对未来所无法明确预见或无法预见的宪法实践的需要，宪法当中设计了一些富有弹性的原则性规范，例如一些宽泛的原则性授权规定。我国《宪法》第 62 条除明确授权全国人民代表大会的 13 项职权之外，还规定了一项内容，即“应当由最高国家权力机关行使的其他职权”；《宪法》第 67 条授予全国人民代表大会常务委员会行使的职权第 21 项是“全国人民代表大会授予的其他职权”，该项内容也明显地属于上述所论的原则性规范。这样的立法考量和立法技术在其他国家的宪法当中也不鲜见，许多国家的宪法对国家机关的授权也采取列举的形式，列举常常不能穷尽所有应当规定的内容，或者无法尽数许多相对不太重要或者在一定时期不太受重视的内容，因此制宪或修宪的人们采取了一个可补救的办法，即写就一个拾遗补缺的条款。《美国宪法》第 9 条修正案规定，“不能把宪法列举的权利作为否定和轻视人民保留的其他权利”，以此来肯定在宪法所明确的人权之外仍有其他未来可能承认的人权的可能性，也就相应的为未来人权的确认和保护预留了大量的合法空间，单就这一宪法规范而言，可谓是宽泛到不能再宽泛、原则到不能再原则的程度了。

2. 为保证宪法的稳定性与权威性，避免常常修宪带来的对宪法稳定性与权威性的挑战，也需要在宪法实施的过程中使用具有弹性的方法和手段。宪法是国家的根本大法，是整个法制的基础，它的任何改变都可能引起整个法律体系的混乱和法制体系的动荡。为了保持法制的稳定，必须保护宪法的稳定。然而，宪法的稳定固然重要，解决现实问题又是必须要考虑的问题，解决宪法稳定性与出现的社会变革之间的最好方法就是透过宪法的原则性，使出现的新问题被纳入到宪法的原则规范当中去，这样既保持了宪法的稳定，又保持了与之相关的法律体系和法制体系的稳定，也解决了现实生活提出的宪法问题。

宪法实施的原则性也衍生出了宪法实施的创造性。宪法实施中的原则性并不仅仅是规范的伸缩性，为应对在宪法制定若干年后所出现的立宪之时可能完全无法预见的新鲜问题，宪法的实施者们有时在宪法的条文之外、宪法的原则之内来阐释新的道理、规则解决问题，这时的宪法实施较之原汁原味的立宪原意已有了创造性的突破，而不仅仅是原则性那么简单。例如在 1791 年建立的美国《人权法案》（即《美国宪法》的前 10 条修正案）当中，并没有隐私权的明确规定，但美国联邦最高法院的法官们在违宪审查的实践中，从第 4 修正案中的权利条款中推导出隐私权，美国公民由此也获得了对于个人隐私权的事实性的宪法保障，由于缺乏宪法条文的明确授权，隐私权的推出被视为法官造法的典型案例。

（三）宪法实施的最高性

所谓宪法实施的最高性，如果使用更为通俗的表达是指宪法具有最高的法律效力，这一最高效力体现在包括立法、适用等宪法实施的各环节，并在这些环节当中表现出最高性。宪法实施的最高性表现在：

1. 宪法是普通法律的立法基础，是制定普通法律的依据，立法机关必须根据宪法的原则及规范来进行普通法律的制定。这表明了宪法在整个法律秩序体系中的最高价值和最高效力位阶，所谓宪法是母法、根本法的意义之一也应验在此。

2. 与宪法是普通法律的立法基础的前提相统一，宪法效力的最高性还表现在普通法律不能违背宪法，与宪法相抵触或相违背的法律无效，应该废止、修改或不予适用。

3. 一切国家机关、武装力量、社会团体、各企事业单位组织和普通公民都必须遵守宪法和法律，不得有超越宪法和法律的特权。鉴于法律制定的依据是宪法，法律首先以不违背宪法为有效前提，因而上述主体遵守法律的根本仍然是遵守宪法。

我国《宪法》第5条规定："中华人民共和国实行依法治国，建设社会主义法治国家。国家维护社会主义法制的统一和尊严。一切法律、行政法规和地方性法规都不得同宪法相抵触。一切国家机关和武装力量、各政党和各社会团体、各企业事业组织都必须遵守宪法和法律。一切违反宪法和法律的行为都必须追究。任何组织或者个人都不得有超越宪法和法律的特权。"《宪法》第67条规定，全国人大常委会有权撤销国务院、中央军事委员会、最高人民法院和最高人民检察院的行政法规、决定和命令；有权撤销省、自治区、直辖市国家权力机关制定的同宪法、法律和行政法规相抵触的地方性法规和决议。上述宪法规范均体现出宪法效力的最高性，即宪法实施的最高性。

（四）宪法实施的间接性与直接性

所谓宪法实施的间接性与直接性，是指宪法产生效力的方式既有直接性的，又包含间接性的。如前所述，宪法所规定的内容多数比较原则，少数内容比较具体。对于原则性的内容而言，因为其应对具体问题的针对性差，因而往往通过立法机关的具体立法来进行具体调整；对于少数具体内容则采取直接实施的方式，另外在一些国家当中有关公民基本权利的宪法诉讼也往往通过直接适用宪法当中的基本权利条款来解决具体争端。因此宪法产生效力的方式是多样的，既包括直接性的，也包含间接性的。

具体来说，宪法直接实施的情况包括：①直接依据宪法进行的国家权力机关的建置和权力的行使；②就法律、法规、规章等规范性法律文件是否合宪进行的审查；③在相关内容并未通过有关法律具体化的情况下直接适用宪法。对于第三种形式的宪法的直接实施，需要两个基本条件：①涉及的宪法内容并未经过相关法律的具体化。如果宪法内容已经被法律所具体化，发挥直接的效力则为法律而非宪法，只有法律在还未将宪法内容具体的情形下，才需要直接适用宪法解决问题。②宪法的规定具有可直接适用性。一般而言，相对比较明确、具体的宪法内容可直接适用性强，除此之外，在许多国家中有关公民基本权利的规范也往往具有直接的约束力，例如《德国基本法》中就有“基本权利直接约束立法、行政、司法权力”的相关规定。

但在大多数情况下，宪法只具有间接的法律效力。当国家的立法机关将宪法的内容、规范、原则等作了具体化的规定之后，对绝大多数社会主体起直接调整和规范作用的是一般的法律，而非宪法。在这一情形下，宪法的效力是间接的，宪法的实施是间接的，法律的效力和法律的实施才是直接的。当一个人违反了依据宪法所制定的普通法律时，我们依据法律的相关规定对其行为加以调整，这时对其发挥直接效力的是法律的约束力、执行力和强制力，宪法只是透过依据宪法制定的法律发挥了间接的效力，获得了间接的实施。

三、宪法实施的基本原则

（一）最高权威性原则

宪法实施的最高权威性原则是由宪法作为根本法、母法、最高法等宪法的法规范特征所决定的。就我国的宪法而言，宪法的最高权威性表现在：①一切国家机关和武装力量、各政党和各社会团体、各企业事业组织都必须遵守宪法，宪法是所有国家主体、社会主体的行为规范，对其均具有效力，任何国家机关、政党、武装力量等上述社会主体都不得违反宪法，任何机关及个人都没有超越宪法的特权，因此宪法是国家和社会行为的最高法律效力准则；②宪法是其他法律规范的上位法，是其他法律规范制定的法依据，任何其他法律规范都不得与宪法相抵触，与宪法相抵触的法律规范将丧失法律效力，应予撤销，由此确立了宪法的最高法地位；③违反宪法的行为应予追究，宪法具有确实的效力，体现出宪法的权威性。

（二）民主原则

宪法是民主的结晶，宪法的实施也体现出民主的原则。从宪法的历史来看，在资产阶级民主思潮的传播下，资产阶级革命的成果之一便是诞生了近代宪法，通过近代宪法的确立将资产阶级要求民主的愿望法律化，并建立了一个个象征主权在民的资产阶级共和国；此外，宪法制定的过程也体现了最大的民意，通过全民参与的方式决定宪法内容，通过全民投票的方式决定宪法的成立与否，这些过程本身集中的体现了民主的原则与精神。因此，宪法以民主为要义。与此相对应，宪法的民主原则必然贯彻到宪法的实施中去。如上所述，立法机关依据宪法制定法律是对宪法实施的一种形式，即对宪法的执行。在立法的过程当中，首先要成立立法机关，而众所周知，立法机关的成立是遵循民主的原则，是通过多数选举的原则选举代表所组成的，立法代表在广泛的听取和整理了他所代表的团体及人民的意愿之后，将其反映到立法的具体法律内容当中，最后再通过民主投票的方式决定法律的诞生。立法的过程是对民主的最好诠释，由此我们可以看到宪法实施的民主性原则所在。

（三）合法性原则

宪法实施必须具有合法性，不具有合法性进行的宪法实施可能构成违宪。宪法的实施的合法性包括两方面含义：①宪法实施内容的合法性；②宪法实施程序的合法性。

近代宪法之诞生以限制国家权力为初衷，其价值理念发展至今，“保障和实现公民的基本自由与权利”成为各国宪法实施的新的普遍价值。以保障公民基本自由与权利为最终目的，宪法提出了对国家机关、国家机关领导人、公共权力机关等其他权力主体进行宪法实施的基本要求：既要保障国家机关行使权力确保公民基本权利实现，又要控制国家机关权力的限度使公民基本自由与权利不受侵犯。尤其为实现后一目标，各国宪法一般对此作如下具体设计：①规定各国家机关的职权范围。明确各个国家机关的职权范围即是明确权力界限，超越权限行使权力为宪法所禁止；同时针对实现公民基本权利的目标，国家机关的职权亦是其应负的职责，国家机关在应行使而未行使或不行使其职权时也可构成违宪。②各国家机关行使权力的原则、程序与限制。③公民的基本自由与权利。公民基本自由与权利的规定是国家机关权力行使的最终界限，任何国家机关以不侵犯公民的基本自由和权利为行使权力的底线。《美国宪法》、《德国基本法》中对这方面问题的规定比较典型，我国现行宪法也在“总纲”、“国家机构”部分对全国人民代表大会、国务院、中央军事委员会等国家机关的职权范围、机关组成、工作程序及限制权力行使的条件等问题作了规定，并规定了我国公民的基本权利。如果国家机关在行使国家权力时违反这些宪法规定，且在穷尽法律救济的情况下仍不能充分保障当事人的基本权利，国家机关的行为构成违宪。同时，国家机关领导人也享有并行使部分重要的国家权力，以保持政权正常运转、社会秩序安全稳定。但由于领导人手中这些庞大而集中的权力受领导者个人意志影响明显，在实践中显示出自我膨胀的发展趋势，且对实现公民基本权利与自由利弊兼有——既保障基本权利又威胁公民自由，因此规范和控制国家机关领导人的国家权力使其在宪法约束下合法行使亦是宪法实施的重要目标之一。

（四）稳定性原则

与宪法的最高权威性原则相一致，宪法实施同样应遵循稳定性原则，即宪法的实施具有稳定性。只有稳定的宪法实施，才能确立宪法的最高权威性。宪法实施的稳定性主要取决于如下几个因素：①宪法规范的原则性与稳定性。宪法规范适度的原则性既能够保证宪法规范的调整能力，又能够使宪法具有较强的适应能力。②比普通法律更为严格的修改程序，以保持宪法的稳定性。③宪法规范内容的科学性与合理性，以及制宪权主体的合法性地位。正确反映社会现实的宪法规范，客观上适应现实的能力较强，同时具有合法性的制宪权主体所制定的宪法代表了国家的权威和最大的民主，从思想意识和政治心理上更容易为人们所接受，这是宪法稳定性的基本规范前提。

一般而言，只要客观形势的变化并没有引起国家根本制度的质的变化，尚未达到完成国家根本任务的程度，宪法所作的原则性的、概括性的规定，仍然能够适用。美国宪法颁布至今已经有200多年的历史，没有做过根本的修改，只是适应客观形势的变化而添加了一些修正案。与其他法律相比，宪法实施的稳定性是较为明显的。但是我们又不得不承认社会现实的客观变化和宪法规范所能够传导的明确的宪法含义的有限性，在这一对矛盾的解决中，一个重要的宪法技术是必须要认识的，那就是宪法解释。通过宪法解释，将宪法规定（包括条文、语句以及文字）相对明确化，并适应新的社会现实的发展需要，而不需要修改宪法，这也是宪法可以保持稳定实施的一种重要的手段。

（五）发展性原则

宪法实施的发展性原则体现出宪法所具有的功利性特征，即宪法不得不根据客观形势的发展和变化而通过相应的修改或解释的方法来推动宪法自身的发展。宪法的实施过程是一个不断丰富、发展和完善的过程，甚至可以说是一个重新塑造宪法的过程。因此，实施宪法就是将纸面的宪法活化为生活宪法、现实宪法，这就需要根据现实生活当中的新问题、新情况来发展宪法。《美国宪法》诞生200多年来，不但有27条《宪法修正案》的产生来解决新问题的出现，更是通过大量的宪法解释阐释出许多新的宪法内容，使公民在实际生活中有了更多的生活自由和权利保障。我国现行《宪法》自1982年颁布实施之后，通过1988年、1993年、1999年、2004年的四次修改，增加了许多新的内容，具备了更多的时代特征，获得了更多的适用空间，因而变得更加完善、合理，非常鲜明地体现出宪法的发展性原则。

四、宪法实施的条件

（一）宪法实施条件的特点

所谓宪法实施的条件是指影响和制约宪法能否实施以及实施程度的各种内外因素。宪法从“纸上的宪法”有效地转化为“现实的宪法”需要以一系列的内在要素与外在要素的综合作用为前提。只有具备了这些内在的条件与外在的条件，宪法才能够获得实施，或者说，宪法才可以获得顺利实施。由宪法实施的综合性与广泛性等特点所决定，宪法实施条件也有其特点。

概括起来，宪法实施的条件包括如下特点：

1. 宪法实施条件的客观性。这一客观性的含义是指，一方面宪法实施所需要的条件具有相对客观的普遍性，即所有宪法实施的条件具有一致性和确定性；另一方面宪法实施的条件不能脱离客观社会现实和具体国情，而只能以客观的社会现实和具体国情为基础。

2. 宪法实施条件的复杂性。宪法实施是一项复杂的社会系统工程，宪法实施要受到各种社会和政治因素的影响和制约，宪法实施的客观环境从根本上说是各种社会因素交互作用的状态，这就决定了宪法实施条件的复杂性和综合性。宪法实施条件的改善往往依赖于社会其他要素的发展和改善，尤其与国家政治生活的民主化和法制化进程息息相关。

（二）宪法实施的条件

1. 宪法实施的自身条件。一部可以获得良好实施的宪法首先要具备良好的自身条件，这是宪法实施的内在条件。宪法实施的自身条件是宪法可以获得实施的基础，一部缺乏优秀的自身条件的宪法是难以完全通过外在的因素而获得良好实施的。宪法实施的自身条件简单概括起来就是具备可实施性，具体来说，宪法实施的自身条件包括两个方面：①宪法文本规范、科学、合理。宪法首先在体系上设计科学、合理，其次在宪法具体规范的设置中做到规范、严谨、逻辑层次完整。②宪法自身应该设置完善的宪法实施监督机制，即在宪法的框架内明确地为宪法的实施设立保障制度，使得宪法在实施的具体过程中对出现的违反宪法的行为等进行监督、审查和纠正。宪法监督制度的设立是宪法可以获得有效实施的重要保障，许多国家的宪法当中都对此有非常明确、完善的规定。我国宪法也设立了相应的宪法监督制度，由全国人大常委会来承担监督宪法实施的具体职责。

2. 宪法实施的外部条件。宪法实施的外部条件是指宪法实施的外部环境。由于宪法实施是在一个开放的社会环境下进行的，而且宪法实施主体的广泛性与综合性决定了宪法的实施是一个与社会紧密联系的过程，因此外部环境的状况对宪法能够获得有效实施的意义是极为重要的。如果我们设计了一部非常优秀的宪法，但却缺乏宪法实施的外在条件，宪法最终不能获得有效实施，那么宪法也将成为一件美丽的摆设，而远离了制宪者的初衷。如果社会现实中具有宪法实施的一定条件，但实施者不能把握和利用这些条件，那么宪法的实施也不可能达到圆满的理想状态。所以观察和利用宪法实施的外部条件是有其重要的实践意义的。具体说来，宪法实施的外部条件可以包括政治条件、经济条件和思想意识条件三个方面。

（1）宪法实施的政治条件。我们认为，宪法实施的政治条件包括政治基础条件和政治形势条件。[1] 民主政治是宪法实施的政治基础条件。一个政治民主、政治文明的国家制度是宪法实施的基础要件，这一要件正吻合于宪法实施的民主原则。民主是宪法实施的前提和方式，没有民主的土壤和风气，宪法是不能存活的，只有在实施民主政治的国度里才有宪法实施的可能性。这一点在宪法发展的历史上也获得了印证——如果只有愿望良好、设计精良的宪法，而没有宪法实施的民主政治的环境，这些宪法便如昙花一现，并不能在国家的历史上发挥多少实质的价值和意义。除去政治基础条件，政治形势条件也是宪法实施不可或缺的考量要素。首先，宪法实施需要稳定的政治环境、安定的政治局面；其次，阶段性的政治形势可能会对宪法的有效实施产生重要的甚至是决定性的影响。这一点在许多西方国家的宪法实践过程中也得到了印证。

（2）宪法实施的经济条件。经济要素是贯穿宪法成立与实施整个过程的主线。在近代宪法的诞生过程之中，西方社会经济的发展催生了民主的欲望和需求，而民主思潮的传播和遍布导致了一场旨在摧毁旧制度的大革命，革命胜利的制度成果——近代宪法应运而生。由此可见，从宪法产生之时开始，经济因素就植入了宪法发展的最深层次的土壤之中，因此亦有“经济立宪”的说法。不仅如此，经济条件一直是决定宪法实施的最重要和最活跃的因素。首先，经济的发展提出了宪法实施的需求。我们看到有这样的一个现象，通常是经济的发展打开人们对物质世界和社会生活的更新的认知，当然伴随而来的可能是各种各样的问题，因而人民诉诸法律的确立、解决、实施、保障，这时经济条件成为宪法实施的原动力。我国2004年《宪法》修改所确立的私有财产权制度、社会保障制度，从根本上来讲，来源于我国市场经济发展带来的制度需求，这也正好印证了上述的判断。其次，经济的发展程度决定了宪法实施的程度。在许多国家的宪法当中规定了大量的社会性基本权利，这类权利在我国的宪法当中也有规定，例如受教育权、劳动权、贫弱群体受物质帮助的权利等，公民所享有的此类权利是否能够得到实现、实现的程度如何，依赖于每个国家能够提

---

〔1〕 周叶中主编：《宪法》，高等教育出版社、北京大学出版社2005年版，第366页。

供的物质发展水平。在一个经济发展水平高的国家，这类权利实现的状况就会好，反之在一个经济发展水平非常有限的国家，即使在宪法中规定了相当丰富的诸如此类的权利，他的实现状况也将非常有限。

（3）宪法实施的思想意识条件。所谓宪法实施的思想意识条件是指人们对宪法的认知对宪法实施所产生的制约和影响。任何宪法在颁布实施的过程中，都面临着随社会实际生活的变化发展而不断修改和完善的问题。尽管社会客观条件和社会关系的变化是修改和完善宪法的根本依据，但这些变化只有在人民的宪法意识中得到反映，才能最终落实到具体的宪法规范中去。

■ 第二节 宪法的制定与修改

一、制宪权

（一）制宪权的概念

制宪权是制宪主体按照一定原则创造作为国家根本法的宪法的一种权力。关于制宪权的概念，学者有不同的看法，但一般认为制宪权概念的特征有二：①制宪权具有创造性，是创造宪法的权力；②制宪权包含了制定宪法的正当性元素，即制定的宪法具有合法性基础。制宪权概念不同于宪法成立。宪法成立是一种社会政治学现象，成立本身不一定具有法的意义。但为了使宪法成立的事实合法化，便需要合法的制定宪法，使宪法的成立具有法的意义，而后者就是指制宪权的行使。

制宪权概念是在社会变迁过程中产生和发展的，标志着宪法制定行为的规范化与自我完善的程度。

（二）制宪权的理论基础

制宪权概念的产生具有相对综合的因素。首先，制宪权概念与根本法思想有着密切的联系，根本法观念的出现实际上为制宪权概念的产生提供了理论基础。宪法是根本法，体现了民意的最高意志，是以契约为纽带建立起的社会共同体的价值体系。以根本法思想为基础确立的制宪权概念的重要意义在于，国家保障社会成员的固有的自然权，发挥宪法作为契约的功能。因此任何形式的立法权都不能改变作为契约的宪法，不得与宪法相抵触。其次，制宪权概念的形成过程中国民主权说发挥了重要功能，实际上成为制宪权思想的主流，国民主权所反映的民意的最高性价值与制宪权所体现的对社会个体价值的尊重是制宪权正当性的基础。最后，制宪权概念与立宪主义传统有着密切的联系。立宪主义作为一种依据宪法治理国家的思想与原理，其核心是对人的尊严的尊重和保障，它充满了人文主义哲学的原理。立宪主义经过不同的历史发展阶段，普及了制宪权思想，使制宪权获得更广泛的社会支持和伦理的力量。立宪主义所具有的高于现实实定宪法的功能直接对各种形式的制宪活动产生影响，构成制宪权概念存在的思想基础之一。[1]

（三）制宪权的界限

制宪权是一种受制约的权力，客观现实中存在着一定的制约，主要表现为：

1. 受制宪目的的制约。从各国宪法来看，制宪者本身都有自己的制宪目的，不同的制宪目的产生不同的宪法，尽管制宪目的与制宪行为并不一定完全统一，但制宪权的行使应符合制宪目的。

2. 受自然法的约束。制宪过程必须尊重人权以及人格不受侵犯的基本价值，不尊重人权的任何制宪活动都会背离宪法正当性的价值，有可能失去其存在的基础，从这种意义上讲，以人权保障为核心的自然权实际上约束制宪权。

3. 受国际法的约束。在一定条件下，制宪权要受到国际法的影响，例如战败国制宪权受战胜国宪法的影响或国际条约的影响。

二、制宪主体

所谓制宪主体就是指有权力行使制宪权的主体。制宪主体是制宪权得以运行的首要条件。构成制宪权主体的主要包括国民或公民，在近代以前的历史当中，少数团体、君主等也成为了事实上的制宪权主体。1791 年《法国宪法》虽然规定了国民主权原理，但事实上国民主权是由国王和国民共同行使的。从君主主权向人民主权转化的过程中，只有国民当中的一部分才有资格成为制宪权的实际主体。国民成为制宪权主体是现代宪法发展的基本特点，表明政治社会中国民的宪法地位，《美国宪法》、《日本宪法》、《德国基本法》序言中都明确规定制宪权主体是国民，并规定了行使制宪权的方式。如《德国基本法》序言中写道，“……德国人民，意识到自己对上帝和人类的责任，为维护自己民族的政治的统一……凭借自己的制宪权为德意志共和国制定基本法”。

三、制宪机关

为了使制宪权的实现具体化，各国通常根据制宪的需要成立各种形式的制宪机关，例如制宪会议、国民会议、立宪会议等机关。制宪机关根据民意行使制宪权，具体负责宪法的制定。实际行使制宪权的议会或代表机关一般是由国民经过选举产生的。制宪议会不同于一般国会或民意机关，可不受旧宪法的约束，具有政治议会的性质。如印度制宪会议根据 1947

---

〔1〕 胡锦光、韩大元：《中国宪法》，法律出版社 2004 年版，第 88、89 页。

年7月15日的《独立法》，自动获得最高国家权力机关的地位，并于1947年8月组织了由7名委员组成的宪法起草委员会。1948年完成宪法草案后，同年11月提交给宪法制定会议。经审议后，宪法制定会议于1949年11月正式宣布通过《印度宪法》。

在实际的认识中，应该将制宪机关区别于一般的宪法起草机构。两者的主要区别在于：制宪机关是行使制宪权的国家机关，而宪法起草机构是具体工作机关，不能独立行使制宪权；制宪机关一般是常设性的，而宪法起草委员会是临时性的工作机关，起草任务结束后就应该解散；制宪机关有权批准通过宪法，而宪法起草机关无权批准通过宪法；制宪机关由公民选举产生，具有广泛的民意基础，而宪法起草机关主要通过任命方式产生，注重成员的广泛性。

对制宪机关的规定，各国宪法不尽相同。有的国家宪法明确规定行使制宪权的制宪机关，并赋予其独立地位。也有国家宪法对制宪机关不做具体规定，只规定修宪权主体。如我国宪法没有具体规定全国人民代表大会是制宪机关，只规定全国人民代表大会有权修改宪法。但从宪政原理角度讲，全国人民代表大会作为制宪机关的地位是十分明确的，其根据在于：全国人大是最高国家权力机关，制宪权是国家权力的最高体现，自然由全国人大行使；全国人大行使组织国家权力行使的职权，国家具体权力的组织以制宪权为基础；从我国宪政实践角度分析，在我国，制宪权与修宪权行使主体是统一的，第一部宪法的制定与其他几次修改都是由全国人大通过的。这说明，尽管在我国的宪法文本中并没有明确规定具体的制宪机关，但我们可以从宪政原理以及实践的角度认定，全国人大是我国的制宪机关。

1954年《宪法》是新中国成立后制定的第一部宪法。中华人民共和国成立意味着中国人民成为制宪权的主体，有权独立行使制宪权。新中国的制宪权源于中国人民掌握国家政权的事实，即人民政权的性质决定了制宪权的人民性与自主性。1954年以前，由中国人民政治协商会议代行全国人民代表大会职权制定的《共同纲领》，起到了临时宪法的作用。因此，从严格意义上讲，新中国成立后，人民政协实际行使了一定范围的制宪权，而这一制宪权基础又来源于政协广泛的代表性以及它被赋予的代表机关地位。制宪权行使的主体从人民政协转移到全国人大是我国政治生活进一步民主化、法制化的重要标志。实际行使制宪权的第一届人大，由普选产生的代表组成，即作为制宪权主体的人民，通过选举把制宪权赋予全国人大行使。1953年1月，中央人民政府委员会举行第二十次会议，一致通过了制定宪法的决议，并决定成立以毛泽东为主席的宪法起草委员会。在宪法起草委员会上通过的宪法草案于1953年6月在中央人民政府委员会第三十次会议上通过，并决定在全国范围内征求人民的意见。1954 年 9 月 20 日，中华人民共和国第一届全国人民代表大会第一次会议通过了《中华人民共和国宪法》。五四宪法的制定是新中国成立后惟一的一次制宪权的行使，它体现了制宪权的民主性。[1]

四、宪法修改及其限制

（一）宪法修改的意义与含义

社会生活的现实发展与固定的宪法文本的调整能力是存在冲突的。一般情况下，我们采用宪法解释的方式，通过对宪法规范以及宪法原则的最大限度的解释，来协调固有的宪法文本与不断发展的新的社会形势的冲突，使得宪法能够在不发生任何改变的情况下仍可以满足新的调整需求，以保持宪法的稳定性、最高性和权威性。但不能否认的是，宪法解释的功能是有限的，当宪法解释的运用不能圆满、有效地解决宪法与发展的社会生活之间的矛盾冲突时，运用宪法修改技术是必不可少的。

宪法修改是指宪法颁布实施后，应必要需求，特定机关依照宪法所规定的特定程序，以明示的方法对宪法文本的条文规范等进行的补充、调整等修改活动。

宪法修改一般基于主客观的两方面因素：①在主观上，由于立宪者认识能力以及时代背景的限制，对宪法原则、宪法规范的确立与选择存在局限性，而这些缺陷所导致的问题往往不能通过宪法解释权予以修改；②在客观上，社会的变化不断向宪法提出新的课题，要求宪法适应社会生活的变化。

（二）宪法修改的限制

尽管宪法的修改已经成为各国宪法实施过程中普遍为大家所接受的宪法事实。但在理论上，宪法是否可以修改是存在争论的问题。一种观点认为，基于人民的相互承诺，国家得以建立，宪法是国家建立的契约，虽然契约本身并非不可变更，但宪法作为一种由全体人民缔结的契约，如要变更则必须要取得全体人民的同意，而这里的同意必须是完全一致的同意。由于在实际操作中，全体人民的一致同意是不可能完全实现的，因此宪法是不可修改的。另一种观点则放弃了来自上述社会契约论的理论假设，从实证的角度出发，认为宪法是根本法，制宪行为实质就是一种制定规则的行为，制定规则的人完全可以修改规则，因而宪法的修改是不成为问题的。后者的观点是为各国的宪法实践所普遍接受的。

宪法是可以修改的，但鉴于宪法修改的严格性，各国宪法当中都规定了对宪法修改的限制，一些象征宪法品质的关键内容成为不可修改的问

---

〔1〕 周叶中主编：《宪法》，高等教育出版社、北京大学出版社 2005 年版，第 93、94 页

题。宪法修改的限制表现在：

1. 修改内容的限制。受到限制的修改内容包括如下几项：①宪法的基本原则不可修改。理由在于宪法的基本原则是宪法精神与价值的集中体现，是一部宪法的根本规范，动摇了一部宪法的基本原则也就动摇了该宪法的主要特征。②规定共和政体的条款不可修改。③规定基本权利的条款不可修改。如《意大利宪法》第 139 条规定，“共和政体不得成为宪法修改的对象”；《法国宪法》第 89 条第 4 款规定，“宪法修改若有损于领土完整，任何修改程序均不能开始进行或继续进行”。

2. 修改时间的限制。修改时间的限制包括如下几种情形：①有的宪法规定，非经一定时间，宪法不能修改，如 1975 年《希腊宪法》第 110 条第 6 项规定，宪法经修改未满 5 年者，不得再予修改；②规定定期进行修改，如 1991 年《葡萄牙宪法》第 82 条规定，宪法每隔 10 年修改一次；③规定特殊时间、特殊情形下不能修改宪法，1946 年《巴西宪法》第 217 条第 1 项规定，“宪法于戒严期间不得修改”。

3. 宪法修改程序的限制。各国宪法一般均规定修改宪法的程序，其严格程度一般均高于普通的立法程序。宪法的修改程序包括了宪法修改案的提出、修改提案的审议和表决、修改案的公布和生效。为保障宪法修改的严格性，在修改案的提出、审议和表决阶段也均规定了高于普通法律的更高的程序要求。

五、宪法修改的方式

宪法修改的方式从整体来说分为两种，即全面修改、部分修改和无形修改。

（一）全面修改

全面修改是指在宪法基础上对宪法内容进行的全面更新，其实质就是以新宪法代替旧宪法。全面修改既可以涉及宪法基本原则和内容的调整，同时也涉及宪法结构的变更。全面修改分为实质性的全面修改与形式意义上的全面修改。前者是指宪法的基本制度与基本秩序发生实质性的变化，不仅是量的变化，而且是实质内容的变化；后者是指宪法的实质内容没有发生变化，只是全面变更宪法的规定，是一种量的变化，而不是质的变化。全面修改的基本特征包括两点：①全面修改所进行的宪法修改活动是依据原宪法所规定的宪法修改程序开展的，这是全面修改与重新制宪的主要区别；②宪法修改机关通过或者批准整部宪法并重新颁布，这是宪法全面修改与部分修改的主要区别。

在具体宪法规范的设计上，少数国家的宪法中对宪法的全面修改作了专门规定。最早做出类似规定的是 1874 年的《瑞士联邦宪法》，该《宪法》第 118 条规定，“宪法可于任何时间作全面或者全部之修正”。其后，

1920 年的《奥地利宪法》、1940 年的《巴拉圭共和国宪法》、1949 年的《哥斯达黎加共和国宪法》、1950 年的《尼加拉瓜共和国宪法》、1961 年的《委内瑞拉宪法》等也对宪法的全面修改作了明确的规定。一般而言，宪法当中所规定的宪法修改事宜，既规定了宪法的部分修改，也规定了宪法的全面修改。对宪法进行全面修改次数最多的国家当属多米尼加共和国，从 1844～1966 年的 120 多年间，共全面修改宪法 31 次，平均每 4 年全面修改一次。我国的 1975 年《宪法》、1978 年《宪法》及 1982 年《宪法》都是对前一部宪法所作的整体修改。1954 年《宪法》与 1949 年的《共同纲领》相比，在宪法结构、宪法规范及宪法内容的具体化程度上作了修改。1975 年《宪法》与 1954 年《宪法》相比，在宪法的指导思想、宪法规范、基本内容等方面作了修改；1978 年《宪法》与 1975 年《宪法》比较，对指导思想、宪法规范、宪法结构、基本内容等方面作了修改。特别是 1982 年《宪法》，在指导思想、宪法规范、宪法结构、基本内容等方面对 1978 年《宪法》作了较大幅度的修改，1978 年《宪法》只有 60 条，而 1982 年《宪法》多达 138 条，由此可见宪法修改的幅度之大。[1]

全面修改一般是在国家政治、经济、文化生活等发生重大改变，以部分修改方式不能解决社会社会冲突时采用的。宪法的全面修改各有利弊：一方面宪法的全面修改可以比较有效地适应新的社会现实发展的调整需求；但另一方面宪法的全面修改将会降低宪法的权威性与稳定性。

（二）部分修改

实践过程中，各国宪法修改多是对宪法的部分修改。所谓宪法的部分修改是指在对宪法原有的一些内容加以改变、调整或增加若干新的条款的修改方式。宪法的部分修改是一种相对比较灵活的修改方式，能够在保持宪法稳定性的前提下，及时地协调宪法与社会生活的矛盾，消除影响宪法权威的不利因素，为宪法的顺利实施创造条件。

部分修改的具体形式有：

1. 直接修改有关宪法条文。这类直接的条文修改包括直接在原宪法条文中以新的条文内容代替旧的宪法条文，或者直接在原宪法条文中删除某些规定。这类修改之后都需要重新颁布宪法以对修改的部分进行效力确认。

部分宪法修改形式的优点在于可以明确清晰地认识新的规范内容，因而也方便了对新规范的适用，但缺点在于因为需要重新公布宪法而增加了宪法修改的频率。

新中国成立后的若干次宪法修改活动中，我们使用过直接修改宪法条

---

〔1〕 胡锦光：《中国宪法问题研究》，新华出版社 1998 年版，第 143 页。

文的修改形式。例如1979年7月1日第五届全国人大第二次会议通过了《关于修正〈中华人民共和国宪法〉若干规定的决议》，对1978年《宪法》的有关条文进行了修改。修改的主要内容是：同意县和县以上的地方各级人民代表大会设立常务委员会，将地方各级革命委员会改为地方各级人民政府，将县级人民代表大会代表改由选民直接选举，将上级人民检察院同下级人民检察院的关系由监督改为领导。再如1980年9月10日第五届全国人大第三次会议通过了《关于修改〈中华人民共和国宪法〉第45条的决议》，为了充分发扬社会主义民主，健全社会主义法制，维护安定团结的政治局面，保障社会主义现代化建设的顺利进行，决定将《中华人民共和国宪法》第45条"公民有言论、通信、出版、集会、结社、游行、示威、罢工的自由，有运用'大鸣、大放、大辩论、大字报'的权利"修改为"公民有言论、通信、出版、集会、结社、游行、示威、罢工的自由"，取消了原第45条中"有运用'大鸣、大方、大辩论、大字报'的权利"的规定。

2. 宪法修正案。宪法修正案是在不触动宪法原文的情况下，把依特定程序通过的修正内容按照前后顺序分条附于原文之后。按照"新法优于旧法"或者"后法优于前法"的原则，凡与新条文相抵触的旧条文一律无效。宪法修正案中的内容有些是增补性的，有些是变更性的，采用宪法修正案的修改方式可以灵活的适应社会的变化，保持宪法的稳定性。

宪法修正案的技术最早源于《美国宪法》的修改，该技术目前已经为世界上多数国家的宪法修改所采纳。我国现行《宪法》自1988年开始采用宪法修正案的修改方式以来，1993年、1999年、2004年又分别采用宪法修正案的方式进行了宪法的修改，目前的宪法修正案已达到31条之多。其中1988年4月12日第七届全国人大第一次会议通过了两条宪法修正案，即第1条、第2条，其内容涉及私营经济及土地使用权的转让问题；1993年3月29日第八届全国人大第一次会议通过了9条《宪法修正案》，即第3~11条，包括《宪法》序言以及宪法正文的规定，内容主要有确立社会主义市场经济、巩固中国共产党领导的多党合作制度、修改县级人民大会任期等；1999年3月15日全国人民代表大会第九届第二次会议通过了6条宪法修正案，即第12~17条，内容主要包括确认邓小平理论的宪法地位、确认依法治国的宪法原则等；2004年3月14日第十届全国人大第二次会议通过了14条《宪法修正案》，内容主要包括"三个代表"宪法地位的确认、私有财产权的确立、社会保障制度宪法地位的确立、明确国家尊重和保障人权的宪法义务等内容。使用宪法修正案的方式进行宪法的部分修改，已经成为我国现行宪法修改的主要形式。

六、宪法修改的程序

宪法修改一般是按照严格的法定程序进行的，大致的程序包括提案、审议和表决、公布等阶段。

1. 提案。提案是启动宪法修改程序的第一阶段，标志着宪法修改程序的开始。鉴于修宪提案权的主体直接关系到宪法修改的社会效果，因而各国宪法一般对提案权的主体都有比较严格的规定，只能由特定的机关或者个人享有和使用。例如《法国宪法》规定，宪法修改的提案只能由总统根据总理的建议，向议会提出，并由议会表决通过后才能正式提出；或由议会议员向议会提出，并由议会表决通过后才能正式提出。美国宪法规定，国会参众两院2/3的议员一致同意或2/3的州议会请求国会召开会议并以多数同意才能提出宪法修正案。我国现行《宪法》规定，全国人民代表大会常务委员会或者1/5以上的全国人民代表大会代表有提出宪法修改提案的权力。因此宪法所规定的享有修宪提案权的主体大多是指议会及政府，公民个人成为修宪提案权主体的情形只在少数国家实行，如在瑞士，公民个人可以行使提案权，有表决权的10万以上瑞士公民可以要求全部修改《瑞士联邦宪法》。

2. 公告。提出的修正案一般要先向社会公众进行公告，以征求社会各界对宪法修正案的意见，这也是宪法修改民主性的重要体现。例如在韩国，提出宪法修正案以后，由总统公布20日以上。

3. 审议和表决。修正案的公告期过后，修宪案进入审议和表决程序。对宪法修正案进行审议是宪法修改过程中一个非常重要的环节，这是保证宪法修改质量的关键一步。有的国家宪法规定审议宪法修正案必须二读或三读，有的要求两次审议通过。也有的国家规定，对不同的修改方式采取不同的审议程序，如西班牙对宪法的全部修改和部分修改采用不同的程序。

为了审议宪法修改案，有些国家成立专门的机关来具体负责宪法修改工作，例如瑞士、挪威等欧洲国家。根据1971年《瑞士宪法》的修改，经国民投票后，要成立审议宪法改革提案的新议会。

审议决定的宪法修改案进入表决程序，由谁来表决通过的问题在不同的国家宪法中有不同的规定。大致有两类方法：①遵循国民主权的思想，由国民投票进行表决；②由代议机关或专门机关进行投票表决。《瑞士宪法》规定，宪法修正案经由瑞士公民的投票表决的多数同意和瑞士各州多数的同意，方可发生效力，成为宪法的一部分。《美国宪法》规定，宪法修正必须得到3/4的州议会或者州制宪会议的同意方可称为宪法的一部分而发生效力。依据我国现行《宪法》第64条的规定，宪法的修改由我国全国人民代表大会全体代表的2/3以上多数通过。

4. 宪法修改案的公布和生效。宪法修改案一般经由公开的发布方可产生法律效力，因此宪法修正案的公布是修正案发生法律效力的前提。宪法修正案的公布是宪法修改的最后一道程序，这一程序往往是形式性的，在经过了宪法修正案的审议和表决之后，宪法修正案一般都会得到公布。

关于宪法修正案的具体公布机关，各国规定及实践中的做法不尽相同。有的国家规定由国家元首公布宪法修正案，有的则规定由立法机关进行公布，也有少数国家规定由行政机关予以公布。在意大利、葡萄牙、韩国等国家是由总统公布的，君主立宪制的国家则一般由国王公布。在我国，目前是由全国人大主席团以公告方式公布，并刊登在《中华人民共和国全国人大常委会公报》上。

宪法修正案公布后一般是立即生效，但也有例外，即在公布后的某一时间生效。

6-1 （2009年卷一多选第60题）关于我国《宪法》的修改，下列哪些选项是正确的？

A. 1954年《宪法》明确规定了宪法修改的提案主体

B. 1982年《宪法》是对1954年《宪法》的全面修改

C. 我国现行宪法共进行了四次修改，通过了31条宪法修正案

D. “国家尊重和保障人权”是2004年《宪法修正案》规定的内容

答案：CD

解析：本题考核宪法的修改、宪法的历史发展。宪法的修改的提案主体是1982年《宪法》的规定，选项A错误。1982年宪法是对1978年的全面修改，我国宪法共经过了三次全面修改：第一次全面修改是对1954年宪法的修改，通过并颁布了1975年宪法；第二次全面修改是对1975年宪法的修改，通过了1978年宪法；第三次全面修改是对1978年宪法的修改，通过了1982年宪法，选项B错误。目前，我国现行宪法经过了1988年、1993年、1999年和2004年四次修改，通过了共31条修正案，选项C正确。2004年3月14日第十届全国人民代表大会第二次会议通过了第四次宪法修正案，本次修宪是历届修改条数最多、涉及内容最广泛的一次。在该修正案中增加了尊重和保障人权的规定，选项D正确。

6-2 （2010年卷一单选第23题）关于宪法修改，下列哪项说法是错误的？

A. 《宪法》没有专章规定宪法修改程序

B. 宪法规定的宪法修改机关是全国人民代表大会

C. 《立法法》规定，宪法修正案由国家主席颁布

D.《投票议事规则》规定，宪法修改以投票方式表决

答案：C

解析：选项C表述不正确，《立法法》没有相应规定。宪法修正案由大会的主席团来颁布，而不是由国家主席颁布。

■ 第三节 宪法解释

一、宪法解释概说

（一）宪法解释的含义

宪法解释是指在宪法的实施过程中，由特定主体对宪法精神、宪法规范等所作的理解和说明。宪法解释的概念一般分为广义与狭义两种。广义的宪法解释是指除有权的特定主体之外，还包括政府、社会团体、学者等对宪法的理解和解释。狭义的宪法解释专指有权解释机关所作的解释。我们在通常意义上所使用的宪法解释的概念一般是指狭义的宪法解释。

（二）宪法解释的功能

宪法解释伴随宪法的文本而来，有了宪法就有了宪法解释的历史，在今天，宪法解释已成为宪法从文本到实施之间所不可或缺的一个重要环节，是解决宪法规范与社会现实之间冲突的最基本、最经常的手段。具体来说，宪法解释具有以下的功能：

1. 明确宪法含义。前述我们看到，原则性与概括性是宪法的基本特点，这一特点使得宪法能够适应长时期的稳定的发展需要。但是宪法的原则性与概括性在解决实际问题时会遭遇到具体的困难，例如，宪法的原则与抽象同问题的具体性之间存在着很大的差距，如何适用原则和抽象的宪法来解决具体问题？再比如，正因为宪法是原则与抽象的，在实施过程当中就会产生对宪法的歧义的理解，如何来确定宪法的惟一含义？宪法解释的运用可以明确宪法的含义，将这些原则性和概括性的内容具体化、确定化，然后将这种确定的解释和说明应用到宪法的适用及其他宪法实施的环节中，消除争议，统一认识，从而保障宪法的实施。

2. 补充宪法的缺漏。由于制宪者认识上的局限，以及宪法规范本身的有限性，宪法总会存在着缺陷与疏漏，而宪法的缺陷与疏漏也往往在宪法实施的过程中才会显现出来。如何来补充宪法的缺漏，无外乎两种方法：①宪法的修改；②对宪法进行解释。如前文所述，宪法修改是一种直接的方法，但是使用这种方法成本高，频繁的使用则会损及宪法的权威。相比之下，宪法解释则是一种更有效的方法。宪法解释除了可以明晰宪法模糊

条款的含义之外，更可以通过一种“创造”的方法，阐释出新的内容和意义，而这些未必完全包含在制宪者的意图和考量中。事实上我们看到，在许多国家的宪法解释和违宪审查的实践中，宪法解释确实发挥出这样的功能，正是这种带有创造性的功能，弥补了宪法的固有的缺憾，成就了宪法的不断发展。

3. 使宪法适应社会现实的变迁。宪法规范具有相对的稳定性，而社会现实具有恒动性，这使得宪法在颁布实施之后，不可避免地要同社会现实发生冲突。漠视宪法规范与社会现实之间的冲突，无视社会现实新的合理性要求，只会使宪法逐步僵化而渐成具文，因此必须随着社会的变迁对宪法作出相应的调整，以保证宪法对社会生活的调控功能的实现。通过宪法解释，可以使宪法适应社会变迁，能够使宪法的现实性价值得到落实。同时，同宪法修改的手段相比，宪法解释在使宪法适应社会变迁的同时，并不直接变动宪法的文字，这就保证了宪法的稳定性，有助于维护宪法的权威，不损害宪法的规范性特征。因此，宪法解释很好地协调了宪法的规范性加之于现实性价值，保证了二者的平衡与统一。

4. 维护法制统一性。宪法作为根本法和母法，是保证一国法律体系法制统一性的基础。而这种统一性是通过宪法的实施保障制度（主要是违宪审查制度）来确保法律、法规等规范性法律文件的合宪性实现的。在违宪审查的过程中，宪法解释是必不可少的手段，因为我们需要通过宪法解释来说明某项法律是否合乎宪法。当某项法律被认为可能违反宪法时，由宪法解释者在确定宪法含义的基础上做出判断，认为合宪的予以保留，而认为违宪的则令其失效，这就使得整个法律体系可以在宪法之下得以整合，从而保证了法律规范与宪法规范的一致性，这样就达到了整个法律体系的目的。

二、宪法解释的机关

宪法解释活动在宪法实践中居于十分重要的地位，宪法解释的结论往往决定了违宪审查的结论。因此，对于如此重要的权力，各国宪法通常要交给专门机构或者特定机构来行使。从世界各国的情况来看，进行宪法解释的特定机关一般包括如下三类：

（一）普通司法机关进行宪法解释

由司法机关进行宪法解释肇端于1803年的“马伯里诉麦迪逊”一案。在这一案件中，时任首席大法官的马歇尔在判决中认定最高法院有解释宪法的权力。虽然《美国宪法》中并没有明确规定最高法院有宪法解释权，但美国人民却接受了马歇尔的结论，其原因在于司法机关负责进行宪法解释是当时制宪者的普遍理解：美国的政治革命家在说明和解释1787年《宪法》的过程中，曾就司法权对立法、行政二权制约的必要性和具体方式等问题进行了理论论证。他们认为，在不违反现有立法、行政、司法三权分立的基本分权结构的前提下，应将对宪法和个人权利的监护权交给现在的司法机关，因为三权之中，司法权力是最弱小的一个，要保持三权平衡，需要加强司法权力的实力。加强司法权力实力的方法主要有两种：①保证法院和法官的独立；②赋予司法机关宪法解释权。同政治家们的理论性设计相比，美国今天的违宪审查制度保留了用司法权力对抗立法权与行政权使二权受制于司法权力的初衷。违宪审查制度赋予了司法机关最终意义上的宪法解释权，无论是立法机关所制定的法律，还是行政机关的行政行为，都不得不面对来自司法机关的终审性裁决。正如托克维尔所言，“在美国，几乎所有政治问题迟早都要变成司法问题”，因此，立法权与司法权的行使不可能肆意为之，没有极限。

除美国是典型的由普通司法机关来进行宪法解释的国家之外，其他由司法机关进行宪法实施保障的国家也采用这一宪法解释的模式，因为宪法解释的运用同宪法实施保障过程是紧密相连的。所以，日本、印度以及一些中南美洲的国家也实行由普通司法机关进行宪法解释的体制。

（二）由立法机关进行宪法解释

采用立法机关进行宪法解释的国家可以分为两类情况：①在资本主义制度建立初期的一些资本主义国家；②一些居于社会主义阵营的国家。在资本主义制度建立之初，人民主权观念的影响下，往往赋予议会这一代议机构非常崇高的地位，存在着“议会中心”或者“议会至上”的观念，议会权力往往不受制约，因而由议会来解释宪法是被认为理所当然的事情。同时，在当时传统的观念下，认为法官的职责仅在于适用法律，而不是创造法律，而解释同时具有创造的功能在里面，因而不允许法官解释法律。在这种情况下，制定宪法时往往就需要将宪法解释权赋予立法机关。同时，在社会主义国家中，其人民代表大会的地位比实行议会至上原则的资本主义国家的议会的地位更高，这一方面是因为人民代表大会是国家的最高权力机关，而不仅仅是立法机关，人民代表大会产生了行政、司法等其他的国家机关；而另一方面社会主义国家中并不存在权力制约的观念，所以人民代表大会享有对其他国家机关的绝对监督，而本身不受其他机关的监督，所以在社会主义国家的人民代表大会更有资格去进行宪法的解释，其享有宪法解释权也是合乎社会主义政治理念和逻辑观的。

但是立法机关进行宪法解释的实践效果并不理想。首先，立法机关人数众多，意见分歧极大，要对某一宪法条文的含义达成共识往往比较困难；其次，立法机关本身就负责制定法律，在制定过程中，立法机关自然认定其所制定的法律是合宪的，然后再由自己负责对这些法律进行宪法解释和违宪审查，重复性工作中思路的一致性使其往往难以发现问题，这种自纠自查的方式使得宪法解释的实际效果不可能很好。

我国现行《宪法》所确立的就是立法机关解释制度。现行《宪法》第67条规定，全国人大常委会行使解释宪法、监督宪法的实施的职权，因此我国宪法规定的是由全国人大常委会来负责行使宪法解释权。除上文所分析的立法机关宪法解释制度的深层原因之外，我国采行现在的宪法解释制度自然也有其具体的理由：首先，全国人大常委会是宪法实施保障机关，大量的宪法解释问题是在宪法实践的过程中出现的，监督权与解释权的统一有利于保证宪法解释的权威性；其次，宪法解释是一项经常性的工作，作为常设机关的全国人大常委会是经常开展活动的专门性机关，其组成人员富有政治经验、社会经验以及专业知识，他们可以承担根据社会发展需要、合宪合理地进行宪法解释的职能。当然，我国现行的由全国人大常委会负责宪法解释也存在着很多的问题，如启动宪法解释的机制不完善、宪法解释权基本上处于虚置状态、宪法解释程序不完善等。这些问题的存在说明我国的宪法解释所获得实际操作机会很少，宪法解释未能发挥出应有的功能和价值。

（三）由专门机关进行宪法解释

所谓宪法解释的专门机关是指立法、行政、司法之外的专门解释宪法的机构，主要是指宪法法院，但少数国家各有其名，例如法国则称为“宪法委员会”。由专门机构进行宪法解释主要是基于以下的考虑：①从宪法的崇高地位来考察，认为宪法解释权是一国最重要的权力，所以，行使宪法解释权的机关应当超越于普通国家机关之上，从而获得超然的地位，这样有利于公正解决宪政体制之下的重大问题，譬如国家机关之间的权限争议等，有利于维护宪法的权威；②欧洲大陆一些国家在嫁接美国式的司法机关解释制度失败之后，经过一番调整、梳理的过程选择了适合本国国情的宪法解释制度，他们无意破坏立法、行政、司法之间已有的平衡状态，而设立了另外的单独的专门机构来进行宪法解释。在普通法院之外再设专门机构来进行宪法解释模式已经为越来越多的国家所采用。专门机构进行宪法解释的制度已成为许多国家宪法解释制度发展的趋势，除德国在20世纪50年代选择专门机关进行宪法解释制度之外，新近的立宪国例如俄罗斯等也选择了这一模式。另外在亚洲，韩国在20世纪80年代也选择了这一模式，是亚洲实行专门机构解释制度的典型代表。

三、宪法解释的原则

宪法的解释应该遵循什么样的原则？这是宪法解释过程中应该解决的重要问题。宪法解释关系到维护宪法尊严、保证法制统一的重大问题，因此行使宪法解释权应该遵循一定的基本原则。对此，有学者坚持主观主义的宪法解释原则，注重宪法解释的现实性；有学者主张宪法解释的客观主义原则，注重宪法解释的历史性。现代宪法学中，关于宪法解释的一般观点是主张客观主义与主观主义相结合的宪法解释原则。如何来协调客观主义与主观主义的关系，体现宪法解释的合理性，实践之中有如下一些具体的宪法解释的原则：

1. 合目的性原则。任何一部宪法都是特定阶段国家生活与社会生活状态的综合反映，每一部宪法都有自身的制宪目的和价值，制宪目的是该部宪法的重要特征。因此，在宪法解释的过程中应该尊重制宪目的，回归宪法的历史性，按照制定宪法时的基本精神和价值来进行宪法的解释。除非客观的宪法解释出现不合理的解释后果，否则应该尊重制宪的基本精神与制宪目的，做合乎目的性的宪法解释。这是宪法解释的基本原则。

2. 依法解释原则。这是宪法解释的一个技术性原则。一些国家的宪法当中规定了宪法解释的主体、严格程序、界限、程序、效力、结论等，因此宪法的解释过程必须严格遵循有关规定，按照规定进行宪法解释活动，使得宪法解释的结果是一个依法解释的结果。一个具有合法性的宪法解释才能获得宪法解释的真实效力。

3. 统一性原则。宪法解释的统一性原则有两层含义：①宪法的解释应统一于社会现实和社会需求；②宪法解释应保证宪法规范之间的统一性。宪法作为根本法和母法，承担着创造和建立统一的法制秩序、宪政秩序的功能，这一功能的实现也往往通过宪法解释的过程来实现。对于一个纷繁芜杂的现实社会而言，不同的利益集团与利益需求、不同的权利诉求和意见表达是实际存在的，宪法解释应该在体现人民主权原则和维护基本人权原则的大框架下，将这些不同的声音和利益统一在宪法所能容纳的宪政的精神和理念之下，以宪法的精神和原则来包容巨大的社会现实。而事实上，我们看到，诸如美国等一些宪法实践发达的国家中，宪法解释的结果确实起到了引导社会利益、建立相对统一的社会观念的效果。除此之外，宪法解释的结论还需要注意整个宪法规范体系的逻辑自恰。在一个宪法的大的框架下，往往存在着相互冲突的具体价值，如民主与自由、民主与宪政、言论自由与个人隐私的权利、宗教自由与人身的安全等，宪法的解释应该避免造成不同规范或者不同价值之间的直接冲突，或者在互相冲突的各种价值之间寻求并行不悖的契合点来解决冲突和矛盾。

4. 利益衡量原则。如上所述，尽管宪法的解释应该遵循统一性的原则，使得宪法解释的结论相互一致，但不可否认的是，在宪法解释的实际过程中会面临直接冲突的宪法价值，这时候往往需要就其中所分别存在的利益进行衡量，以决定选择何种解释作为最终的解释。同时有学者提出，宪法制定并不意味着宪法的完成，在其颁布实施之后，有一个“继续形成”的过程。具体到宪法规范来说，如果某一条文意义非常明确，说明制宪者在这一问题上已完成了利益的衡量，解释者就应该选择这一解释可能性而非其他。但如果某一条文意义并不明确，有多种解释可能，说明制宪者就这一问题并没有完成利益衡量，而需要解释者继续来完成利益衡量，从而使得宪法规范在事实上得以生成。因此，无论是面对相互冲突的宪法价值，还是实践中大量的需要去继续确定的不确定性概念，利益衡量原则是宪法解释过程中需要经常运用的。进行利益衡量的宪法解释者需要在对宪法文本进行客观的解释的同时，洞察社会中政治、经济、文化等各领域利益的分布以及社会发展的趋势和需求，从中作出睿智的取舍和判断。宪法是一个开放的价值体系，需要时刻对社会中出现的新的利益进行观察、判断，进行实际的保护或者限制，并娴熟地利用利益衡量的原则，从而使宪法成为一个发展的、有生命力的规范体系。

5. 稳定性原则。宪法解释需要保证稳定的宪政秩序。宪法解释应首先选择宪法文字的字面含义，只有当这种字面含义显然荒谬或者导致某种不可忍受的后果时，才可以选择其他的解释可能性。同时，不要轻易通过宪法解释实质性地修改宪法，这样做会使宪法的规范体系难以稳定，法的安全性价值也就受到了损害，破坏稳定的宪政秩序。同时，宪法解释应避免造成社会动荡，解释者应该保持一种稳健的姿态，尽量保证宪法的稳定。

四、宪法解释的方法

宪法解释的方法涉及宪法解释的具体技术。鉴于宪法解释同法律解释相比较的复杂性，宪法解释的方法有层次之分，可以从几个层次来探讨宪法解释的方法。

（一）文义解释

文义解释是指按照宪法文字的明确含义和惯常用法来确定宪法的意义。当宪法规定的文字意义非常明确，并无多种理解的时候，就只能进行文义解释，而不需要运用其他方法。在进行宪法解释时，解释者首先应该做的是去考察宪法文字是否有明确而唯一的含义，只有当解释具有复数的可能性时，才可运用其他解释方法。文义解释是保障宪法解释客观性的基础，这种方法在宪法解释中具有重要的价值。另外，我们通常认为，宪法当中的“文义”所指应与普通法律的“文义”相区别，这是因为普通法律的立法者是立法机关，而宪法的制定者是全体人民，所以宪法的文义应该是普通人可以理解和表达的含义，而不是专业含义。因此在作文义宪法解释时，应按照一般的、惯常的、普通的意义来理解所谓“文义”。

（二）论理解释

论理解释是指当宪法的规定并不明确、无法直接援引作为判断问题的依据时，从宪法的原则和宪法学的理论来推定该项规定所具有的意义。所以，论理解释又被称为学理解释。宪法的抽象性与原则性特点决定了论理解释是一种相对自由宽泛的解释。但这种自由宽泛也并非毫无限制，论理解释的结果不可以超出宪法文字所可能具有的含义。具体的论理解释的方法又有如下几种：

1. 体系解释。体系解释是指从宪法条文在宪法典中的地位与位置以及与具体条文的相互关系出发来推定该条文的意义，以保证宪法规范内在逻辑的统一性。由于宪法所调整的社会关系、所容纳的社会利益极为广泛多元，有时在宪法内部可能出现相互冲突的价值，在这种情况下需要通过体系解释的方法来实现宪法的逻辑自恰和内部规范的统一。

2. 扩张解释与限缩解释。所谓扩张解释是指对宪法含义作扩大解释，伸张其含义。限缩解释就是当宪法规定过于宽泛时，解释者限制或者缩小其意义。因为制宪者在制定的过程中留下了许多不确定的概念，在应对未来难以预计的新情况时，解释者运用扩张解释或者限缩解释就在所难免。从其他国家的宪法解释的实践来看，是否选择扩张解释或者限缩解释的解释方法，也体现出解释者的某些价值取向。一般来说，保护基本权利的条款要做扩张解释，对于例外规定要做限缩解释。

3. 历史解释。历史解释是指通过确定制宪者在制宪当时的意图来确定宪法规范的意义。这种宪法解释方法曾经在早期的宪法解释活动中居于主导地位。他们认为，宪法是主权者的命令，探求制宪者原本的意图是宪法解释的惟一方法。在这种观念的指导下，人们找寻制宪会议的记录、代表的发言、制宪当时人们的普遍理解等历史资料，来确定制宪者的意图，以此作为宪法解释的惟一依据。然而这种观念遭到了后来者的激烈批评。批评者认为，宪法不仅要适用于制宪当时，而且要面向未来，拘泥于对制宪者意图的探讨，宪法将会丧失其现实性和发展性。

4. 比较解释。比较解释是指参考外国宪法以及宪法解释，来确定本国宪法的意义。比较解释有助于一国学习他国在宪政实践中的先进理论和经验。比较解释的方法在那些通过移植或继受而产生其宪法制度的国家有着广泛的应用。但是在比较解释过程中要防止简单照搬，因为宪法具有高度的政治性、民族性，不同的宪法制定所根植的思想基础、社会背景、时代背景各不相同，所以应该在谨慎考察本国宪法与外国宪法差异的基础上进行比较解释。

5. 目的解释。目的解释是指以宪法规范的目的，即宪法的整体目的，来阐释宪法文字的意义。宪法解释以贯彻宪法的目的为主要任务，对于个别规范的解释要受宪法目的的支配，以保证宪法的体系性和完整性。宪法目的主要体现于宪法的基本原则，其中最重要的是人民主权原则和基本人权原则，在不同的国家可能还有其他的原则，如美国的三权分立、联邦制，日本的和平主义等。宪法解释者应将这些原则体现的宪法目的贯彻到宪法解释活动中去。

（三）社会学解释

社会学解释是指在宪法解释出现多种可能时，通过考察各种解释可能导致的社会效果来确定最终的解释。社会学解释与论理解释都属于有多种解释可能性时采用的解释方法，并且都只能在宪法文字所可能具有的意义范围内进行，但与论理解释关注于宪法规范的体系完整与逻辑顺畅不同，社会学解释则侧重于社会效果的预测与考察。当文字解释有多种解释可能性时，由于每种解释可能性都在文义的范围内，都是合法的解释，此时应当采用社会学解释的方法，在充分考虑可能产生的社会效果后再作解释。社会学解释方法的意义在于，宪法解释不再拘泥于文字，而是更多地着眼于社会现实，关注法的社会目的，强调对社会利益的衡量，有助于增强宪法的社会整合功能，实现宪法的社会性价值。同时这种解释方法侧重于对经验事实的探求，以社会实证作为依据，具有很强的科学性。由于宪法是一个社会整合的基础，宪法本身又具有较强的刚性，如果不能做到法随时变，就会对宪法和社会现实造成损害。将社会效果纳入宪法解释的衡量范围之内，将使宪法能够跟随和引导社会变迁。从这个意义上来说，社会学解释的方法应该得到更为广泛的应用。

■ 第四节　宪法的实施保障

一、宪法实施的制度保障的功能和意义

宪法获得实施必须有制度保障，即有宪法所规定的保障宪法实施的监督制度，使得各种违反宪法的行为及现象能够得到纠正。这一保护宪法实施的制度主要是指违宪审查制度。违宪审查制度的具体含义是指对立法和行为是否合乎宪法进行审查并做出裁决的制度。违宪审查制度肇端于美国1803年的“马伯里诉麦迪逊”一案。这项制度在美国的确立有赖于法官对宪法精神的精到理解和对宪法规范的极好解释。违宪审查制度在美国得以创立之后，立刻为许多国家所仿效。今天世界上大多数国家根据本国的历史、政治、文化、经济等状况建立起各具特色又自成流派的违宪审查制度。各国的宪法实施保障以违宪审查制度为核心，在实践当中表现出强大而多元的具体功能，为宪法的有效实施提供了有力的保障：

（一）确立并巩固了宪法的至上地位

宪法的至上地位意即宪法的最高权威性，指宪法从规范和价值两个层面的最高效力性。宪政国家的首要标志是宪法的至上地位在形式与实质意义上的确立。而这种至上地位的真正确立一般通过两个阶段完成：在宪法

中明确地规定宪法的最高地位和最高效力；对宪法实施进行的有效监督。

在制定成文宪法的国家，一般在宪法中规定了宪法的至上地位。例如《美国宪法》第6条规定“本宪法和依本宪法所制定的合众国法律，以及根据合众国的权力已缔结或将缔结的一切条约，都是全国的最高法律；每个州的法官都应受其约束，禁止任何州的宪法和法律中有任何与此相反的规定。上述参议员和众议员，各州州议员，以及合众国和各州所有行政和司法官员，应宣誓或作代誓宣言拥护本宪法”。我国现行《宪法》关于宪法地位的规定在世界上也是最为全面的。《宪法》序言最后一段规定，“本宪法以法律的形式确认了各族人民的奋斗成果，规定了国家的根本制度和根本任务，是国家的根本法，具有最高的法律效力”。

各国立宪与行宪的实践证明，仅有对宪法最高地位与最高效力的书面规定是远远不够的，只有对宪法实施给予有效监督、对实现宪法价值给予充分保障的国家才能够在实践中真正建立起宪法的至上地位。由此可见，对于一般的立宪国家来说，确立宪法至上地位的关键是对宪法实施的有效监督。而违宪审查制度则是监督宪法实施最为有效的制度。

1. 违宪审查制度实践性地否认了有高于宪法的权威的存在。

2. 违宪审查制度巩固了宪法的至上地位。这种巩固宪法至上地位的功能是通过以下方法实现的：

（1）违宪审查制度的展开及作为保障宪法实施基本制度的经常性运用稳固了宪法的至上地位。如果说，违宪审查制度的创立实践性地确立了宪法的至上地位，而这一制度的展开和惯性运用则不断地巩固着宪法的最高权威性。譬如，对各级规范性法律文件的违宪审查形成了宪法调整下的统一、有序的法律体系；对各种公共权力的审查和裁决使得其在行为之时尊重宪法、作出合宪性行为选择。

（2）对宪法解释权的运用使宪法规范对于社会现实具有的一定适应性而能够保持稳定的权威性。宪法规范内在的稳定性要求同社会现实的不断发展变化之间的矛盾是任何一个立宪国家不得不面对和需要妥善解决的问题，而诸如修宪、立宪这样的手段是轻易不得为之的方法，因为较为频繁地使用这些方法往往导致矛盾激化和加剧的结果，一部经常被改动的宪法势必丧失稳定性，进而破坏宪法的至上地位。宪政的实践证明，在违宪审查过程中，法官对宪法规范进行合乎时代发展和社会需要、同时不违背宪政价值与精神的弹性解释的方法，是处理这一矛盾最为合理而有效的手段。

（3）违宪审查制度孕育出“宪法至上”的社会观念。不论其民众具有法治观念的基础的国家还是民众法治观念淡薄的国家，因为违宪审查制度保障人权的强大功能使得这项制度最终都可以获得社会成员的信赖和尊重，社会成员因此也逐渐具备判断社会事实违宪与否的辨别力。宪法的这种可以调整实际生活的现实应用性和对社会成员利益给予保护的功能使“宪法至上”的观念从外部意识变为民众的自觉意识。如此一来，“宪法至上”观念具有了深厚的市民基础，任何破坏这一观念的行为都会遭到来自最广大社会成员的抵制，而绝非专职机构的专利。因此，对于宪法精神的信仰和对宪法规范的维护成为社会成员的自觉行动。

（二）协调和平衡国家权力之间的关系，保障政治安全

政治安全以权力的合理化行使为基础。合理化的含义与标准与人类对权力的认识紧密相连；考虑秩序的确立，我们不得不求助于权力，但为了权力不被滥用又必须制约权力。历史表明，国家权力的分量在稳定增长，权力作为权力的屏障开辟出来，却又为权力的扩张制造了条件，因此，权力的不断扩张使后一种需求即对权力的约束变得尤为重要。面对权力带给人类的两难境地，如何最好地利用、约束权力，使权力的发展与使用置于人类的理性之下始终是学问家和实务家孜孜不倦、毕其终生而为之的理想。经验证明，解决这一问题行之有效的方法是分权。从宪政实践来理解，所谓分权的含义简言之有两重：分立权力和分配权力。前者之目的在于打破集权，避免某一种权力专制与独裁，后者的价值则在于通过对分立后的权力进行量的多少的分配以达到权力平衡，以期最终实现权力间的相互制约、构建出一个结构稳定的政治体系，保障政治安全。

各国分权的实践自有特点，实现分权的途径和具体制度形式也互有差异，但违宪审查制度在这其中均扮演了重要角色：在立法权、行政权、司法权分立的格局下，增加司法权实力即通过赋予违宪审查权使司法权具有与其他两权相抗衡的能力而得以约制立法权与行政权。在以美国为代表的司法审查制国家，这一权力交给了普通法院，而在德国等专门机构审查制国家里，则直接依据宪法成立了宪法法院。

（三）保证统一的宪法秩序

通过违宪审查制度进行宪法实施的保障，其目的和功能之一还在于保证统一的宪法秩序。这一点从宪法实施保障的一些基本方法中可以看到。例如事先的抽象审查方式，在法律正式颁布生效以前进行审查，即还未根据这一法律形成实际的法律关系或者形成实际的法律秩序以前进行审查，以保证将来的法律同宪法的规定、原则或精神相一致。法国甚至规定某些法律在通过以后应当自动提交宪法委员会接受审查。我国采行最高国家权力机关进行宪法监督的制度，虽然并不审理具体案件，但它可以根据宪法的规范、原则或精神来抽象的审查法律规范是否符合宪法，其目的也在于保障宪法秩序的统一性。

(四) 为基本权利提供宪法救济，保障基本权利的实现

基本权利和自由是由宪法确认的，法律、法规等法律文件应当依据宪法的规定，对基本权利和自由作具体规定，以保证基本权利和自由的实现。在法律符合宪法的情况下，即在对法律的合宪性不存在异议的情况下，保障法律权利事实上也就是保障了宪法权利。公民在认为自己的法律权利受到侵害时，通过普通的法律诉讼就可以寻求救济。但是，如果法律、法规等规范性法律文件的规定违背了宪法，这样的法律文件就不具有法律效力，普通法院也就无法适用。违反宪法的法律如果得到适用，公民的宪法权利就得不到保障。因此，在法律文件是否合宪存在异议的前提下，特别是公民认为自己的宪法权利受到法律的侵犯时，通过违宪审查制度对存在合宪性争议的法律文件进行必要的审查，排除违反宪法的法律文件的适用，即保障了公民的宪法权利。

同时在宪法制定以后，立法机关不可能在一夜之间依据宪法建立一国的完善的法律体系，必然存在一定的立法空白，在这一情况下如果某些国家机关直接依据宪法所作出的行为侵犯了公民的基本权利与自由，公民可直接依据宪法寻求宪法救济，保障自己的基本权利与自由。

6-3 (2009年卷一单选第17题) 专门机关负责保障宪法实施的规定始于下列哪一部宪法?

A. 1958年法国宪法

B. 1787年美国宪法

C. 1799年法国宪法

D. 1908年苏俄宪法

答案：C

解析：本题考核宪法实施保障的体制。由专门机关负责保障宪法实施的体制起源于1799年法国宪法设立的护法元老院。

二、宪法实施保障的内容

宪法实施保障的内容包括两大方面，即规范性法律文件的合宪性与行为的合宪性。

(一) 保障法律、法规等规范性法律文件的合宪性

法律、法规等规范性法律文件是宪法规范与精神的最直接的传递者，宪法主要是通过普通法律的制定和实施来实现其具体效力的，所以立法本身就属于宪法的执行，是宪法实施的一种重要方式。而行政机关行使行政权的行为不过是对法律的执行而已，即行政机关依据法律来行使行政行为，如果法律、法规等规范性法律文件违宪，其影响是普遍而重大的，因

此各国的宪法实践中将立法的合宪性作为宪法实施保障的重要内容。在诸如德国、美国等国家的违宪审查实践中，多数是对法律是否违宪的论证和裁决，法律违宪构成了危险的主要形态，即使是在宪法实践并不发达的国家中，也首先关注立法的合宪性。要保障法律、法规等规范性法律合乎宪法、不违反宪法，就要保证立法的内容合宪。所谓内容合宪是指法律规范的规范内容本身没有违反宪法。鉴于法律规范效力的普遍性触及不特定的人，一旦规范内容违反宪法将对公民的基本权利或自由产生普遍的侵害，因此各国在实践中采取了较为严格的方式来审查立法内容的合宪性：①采用抽象审查制度，即对于并未公布生效的法律采用抽象审查的方式来保证其合宪性；②采用具体审查制度，即通过诉讼中的具体案件来审查应当事人请求的或案件本身所适用的法律规范的合宪性。

根据我国《宪法》第5条规定，国家维护社会主义法制的统一和尊严。一切法律、行政法规和地方性法规都不得同宪法相抵触。因此保障法律、法规等的合宪性既是宪法实施保障的内容，也是我国宪法的内在要求。

（二）保障国家机关及其工作人员、各政党、各武装力量、社会团体、企事业单位组织和全体公民的行为的合宪性

《宪法》第5条第4款规定："一切国家机关和武装力量、各政党和各社会团体、各企事业组织都必须遵守宪法和法律。一切违反宪法和法律的行为都必须追究。"可见，宪法是我国的根本法，具有最高的法律效力，一切国家机关、社会组织和公民个人都应该将宪法作为根本的活动准则，如果上述主体不遵守宪法、违反了宪法，就将损害宪法的权威，宪法也就无法得到实施。因此，保障国家机关及其工作人员、各政党、各社会团体、武装力量、企事业组织及公民个人行为是宪法实施保障的又一重要内容。

同时，从宪法理论来分析，鉴于国家权力机关及其工作人员的职务行为往往涉及到重要权力的行使，构成违宪的可能性非常大。他们或者超越职能范围行使国家权力，或者滥用国家权力造成对公民基本权利与自由的侵犯，或者违反正当程序行使国家权力，这些行为都可能构成违宪，因此保障国家机关及其工作人员的合宪性是必要的。特定社会组织能够成为违宪主体有几方面原因：①社会全面发展使国家机关依靠传统国家权力在管理社会秩序、促进社会发展的目标上力不从心，因此基于社会发展需要，国家机关授权或委托特定的社会组织分享了部分公共权力；②一些社会组织自身特殊的组织职能决定其具备公共管理的职能，而可能侵犯公民基本权利和自由；此外，不享有公共权力的社会组织的某些特殊行为也可能侵犯到公民的基本权利或自由。这类特定社会组织主要包括政党、处于垄断

地位或进行公共事业经营的企业法人、经授权或委托的行政性组织、具有一定公共目的的社团组织、武装团体等。各国实践证明，社会越发展，传统的国家权力社会化的程度越高，对可以分担公共职能的社会组织的需求越旺盛，而这些组织可能侵犯公民基本权利或自由的潜在危险也相应增大。因此规范这些特定社会组织的活动及行为、控制其掌握的公共权力，成为各国社会发展新阶段宪法实施保障的一个重要任务。虽然在传统的宪法学理论中，公民个人不具备违宪主体资格，但随着强势公民个体的不断出现和增多，宪法实践中出现了公民违宪的实际情况，因而对公民行为合宪性的保障也成为宪法实施的一项工作。

三、宪法实施保障的体制

宪法实施保障体制是指进行宪法保障、宪法监督的国家制度的体系，这一体系的内容包括由哪种机关进行宪法保障，宪法保障的特征、权限、方式等。根据实施宪法保障的特定机构的不同，世界范围内的宪法实施保障机制大致可以分为三类，即由司法机关负责保障宪法实施制度、立法机关负责保障宪法实施制度、专门机关负责保障宪法实施制度。

（一）司法机关宪法实施保障

这类模式是指由普通的司法机关即普通法院来进行宪法实施的保障。普通法院通过对立法及某些行为的合宪性进行审查，来纠正和惩罚违宪法律和违宪行为，并威慑其他立法及行政等行为使其合宪自律。由司法机关进行宪法实施的保障被认为发端于1803年美国“马伯里诉麦迪逊”一案。据统计，目前世界上大约有64个国家采用这一制度，除日本之外，大多为英美法系国家，其中以拉美国家和英联邦国家居多。尽管各国根据本国情况对美国的违宪审查制度作了某些适应本国情况的调整，但由普通法院行使宪法保障权的特征是相同的。同时，这一保障体制还具有如下特征：

1. 只在具体案件当中对立法的合宪性进行附带审查。司法机关对立法的审查必须与案件有关，法官在审理具体争议中对争议行为适用的法律进行附带审查。如果不存在案件争议，即使违宪法律明显存在，法官亦无权审查。这体现了司法权力被动性特征与司法权力自我克制的意图。因此，司法机关在英美法系国家有着公正、极少滥用的良好形象，得到公众的尊重与信任。

2. 对违宪立法的判决产生具体而非普遍的效力。经普通法院审查并被认定为违宪的法律只在具体的案件中失去其法律效力，其依据违宪立法而实施的各种行为因引起法律依据的违宪而遭到法院的否决，同时法院的裁定也使该行为失去司法机关的支持而归于无效。但法院裁定既不会产生溯及力而使该项法律从制定之日起归于无效，也不可能导致该项法律想当然的在其他案件中被视为无效。

司法机关宪法实施保障体制之下，进行具体宪法审查的包括两方面内容：①在具体诉讼过程中附带性的对法律、法规等规范性法律文件的合宪性进行审查；②对行政行为进行审查。

普通法院进行违宪审查的国家，司法机关在审理具体案件时并无特别诉讼程序适用，而是同其他性质案件一样使用普通诉讼程序。在美国，形式上，任何一级联邦法院都享有对联邦宪法的违宪审查权，联邦最高法院只是终审法院；实际上，下级法院为保证自身决定的正确性往往通过调卷方式由最高法院作终局裁决。除美国之外的其他采行这类保障制度的国家，多在宪法中明确规定只有最高法院享有这种权力，其他级别的法院则无权问津，因此也就省却了当事人不服裁定上诉或不同级别裁定不一而需要协调等问题。

（二）立法机关负责保障宪法实施的体制

由立法机关负责宪法实施保障的模式来源于英国，前苏联也是这一模式的典型代表。但前苏联解体之后，作为社会主义国家样板的由最高权力机关进行宪法实施保障的模式被众多东欧社会主义国家所抛弃，建立起新型的专门机构实施保障制度。因此，从世界范围来看，由立法机关进行宪法保障的国家已为数不多。立法机关体制模式的特征是：

1. 宪法实施保障机关的权力至上。立法机关保障宪法实施制度模式尊崇人民主权原则，即国家的一切权力来自人民、属于人民，人民是国家权力的所有者，立法机关是人民意志的最直接、最集中的代表者，因此立法机关较之于其他权力有着更为优越的地位。英国议会至上地位的确立更具有历史性。英国资产阶级在长期的与封建王权和特权阶级争取权利的过程中确立了议会的至上地位，直到今天英国议会仍然是世界上力量最强大、地位最巩固的议会机构之一。在这种议会制度下，内阁由议会产生，对议会负责，议会通过享有和行使立法权力来实践议会至上的政治原则。英国的司法官员在理论上由英王任命，但实际上内阁首相的建议对司法官员的任命至关重要，立法权间接地决定了司法权。前苏联 1917 年、1924 年、1936 年三部宪法中均规定了由国家权力机关及立法机关负责宪法保障，这一制度的理论基础来自社会主义国家的议行合一制度，根据这一理论，苏维埃是人民的代表机关，是最高权力机关，行政机关、司法机关皆由权力机关产生，并对权力机关负责，向权力机关报告工作。

2. 立法机关自行审查其所制定法律的合宪性。英国议会至上的政治观念，导致除立法机关之外的其他任何国家机关都无权对议会的立法行为进行具有废止和修改效力的审查，因此对立法的合宪性审查只能由议会自行完成。而英国作为柔性宪法国家并无其他国家所言的严格意义上的宪法，所谓的宪法性法律的效力等同于普通法律，此类法律制定、修改或者废止的程序同其他法律并无二致。因此，在英国人眼中，既无立宪与立法之别，也无修宪与修法之分，对法律合宪性的审查不过是立法机关对自身行为的一种纠察与修正。在前苏联议行合一制度之下，最高权力机关同时承担着立法的职能，在法律地位上拥有至上权威，行政、司法的权力均源于最高权力机关的授权，因此司法机关没有向权力机关挑战的地位，无权宣布权力机关制定的法律违宪，只能忠诚的执行权力机关的立法。而在这样的逻辑结构之下，成立专门机构来进行宪法审查和实施保障也是不可能的。最高权力机关保障制度也就成为事实上的内部自我审查制度。

在立法机关负责保障宪法实施体制下，立法机关审查的主要内容一般包括各项法律、法规等规范性法律文件的合宪性。

（三）专门机构负责保障宪法实施的体制

这类模式是指设立立法、行政、司法之外的专门机构来进行宪法实施的保障，专门机构通过对立法及某些行为的合宪性进行审查，来纠正和惩罚违宪法律和违宪行为，并威慑其他立法及行政等行为使其合宪、自律。所谓专门机构主要是指宪法法院，但少数国家各有其名，例如法国称为“宪法委员会”。由专门机关负责保障宪法实施的体制起源于1799年法国宪法设立的护法元老院。1920年《奥地利共和国宪法》中规定了由宪法法院负责监督宪法实施之后，这类制度在欧洲的大陆法系国家迅速发展起来，除原来的一批欧洲国家如德国、意大利、奥地利等外，东欧、南欧等原来的一些社会主义国家也曾经建立了不完全的宪法法院保障制度。在亚洲，韩国1988年也建立了宪法裁判所，采行这类的宪法保障制度。

专门机构负责保障宪法实施的体制的特征是：

1. 抽象的原则审查。在实行专门机构审查制度的国家，宪法法院、宪法委员会等专门机构并不受理民事、行政、刑事等普通的具体案件。换言之，专门机构并不是通过审理这些具体案件而审理法律及行为的合宪性，而是抽象的原则审查。这种审查不以发生具体的诉讼事件为要件，也不以侵害自身利益为前提，在法院规定的特定机关和人员的申请下，可以抽象地进行合宪性审查。

2. 一审终审制。在这一体制下，宪法法院、宪法委员会等专门机构只拥有关于宪法的审查权、裁决权等，而不拥有一般司法权。在设置上，单一制国家只设一个宪法法院，联邦制国家除联邦设一个宪法法院外，各邦各设一个宪法法院，但联邦宪法法院与各邦的宪法法院管辖范围明确，互不隶属。因而，宪法法院独立于一般司法审级制度之外，实行一审终审制。

3. 专门机构的裁决具有一般效力。实行专门机构保障制度的国家一般为大陆法系国家，不承认判决是法律的渊源之一，不存在“先例约束”原则。因而，各国宪法均赋予专门机构的判决以一般效力，即有权撤销违宪的法律或行政命令，使其失去法律效力。但判决只有有限的溯及力，通常自判决宣告之后失效。

专门机构保障制度下，专门机构职权广泛，进行宪法审查、宪法保障的内容丰富。以德国为例，德国宪法法院拥有宪法解释权、对法律的抽象审查权、宪法争议裁决权、弹劾案审判权、宪法控诉案件审理权。当特定机关和人员在法律公布之前或者以后的一段时间内，可以就法律的合宪性向宪法法院提出异议，要求进行审查；或者普通法院在审理案件过程中，当事人通过审理该案件的普通法院对适用于该案件的法律的合宪性提出异议，向宪法法院提出审查请求，这是保障法律合宪的两种基本方式。宪法争议裁决权是指依据宪法对各机关权限争议进行裁决的权力，这种争议可以包括立法机关与行政机关之间、行政部门之间、行政机关与司法机关之间、中央与地方之间、联邦与各邦之间出现的权限争议。《德国基本法》第 93 条第 1 项第 1 款、第 3 款分别规定，“当一联邦机构，或由基本法及联邦最高机构授权之有关当局，在有关权利和义务事项发生时，联邦宪法法院有权对基本法进行解释”；“对联邦和各州的权利和义务，特别是各州执行联邦法律和联邦监督权的实施，发生意见分歧时，联邦宪法法院有权予以裁定”。弹劾审判权是指宪法法院享有的针对国家总统及其他高级官员的弹劾审判权。在德国，对于国会两院之一提出的弹劾总统案或者众议院提出的弹劾法官案，宪法法院有权直接审理，经法官确认总统对于故意违反基本法或联邦法负有责任时，可以宣告其丧失总统职权；如果联邦法官在行使或不行使职权时违反了基本法或某州的宪法秩序，宪法法院可以裁决将其调任或令其退职。宪法控诉权是指宪法法院针对自然人或者法人的基本权利以及其他重要权利在受到侵害后，在穷尽法律救济仍不能实现其权利的情况下，接受其控诉并审理案件。《德国基本法》第 93 条第 1 项规定，“任何人都可以因公权力机关侵犯其某项基本权利或侵犯本法所规定的第 20 条第 4 项、第 33 条、第 38 条、第 101 条、第 103 条和第 104 条规定的权利之一提起违宪申诉。联邦法院有权对此申诉做出裁决”。

四、宪法实施保障的基本方式

从世界各国的宪政实践来看，宪法实施保障的基本方式包括以下几类：

（一）以被审查的对象是否已经生效为标准，可以分为事先审查、事后审查

1. 事先审查。事先审查，又称预防性审查，这种方式适用于以法律、法规等规范性法律文件为审查对象的情形。事先审查是指在法律、法规等规范性法律文件尚未正式生效之前，由有权机关对其是否合宪进行审查，一旦发现或确认其违宪，则立即修改、纠正或废止。实行这一方式的国家典型的如法国，伊朗、爱尔兰、瑞典等国家也实行这一方式。例如《爱尔兰宪法》第26条规定，总统在同国务委员磋商前，可将财政法案、修宪法案以外的任何法案，提交最高法院裁决该法案或者其中任一指定条款，是否与宪法或宪法中的任何条款不一致；在最高法院宣布裁决前，总统不得签署。

事先审查制度的优点是，宪法实施保障机关积极主动地进行工作，将违宪的法律废止在产生实际效力之前，把违宪可能产生的不良效果降到了最小。但是由于大量违宪的法律是在实际执行或适用的过程中被发现或认识的，因此事先审查的方式只可能防止一小部分违宪法律产生效力，而不能察觉多数法律的违宪。

2. 事后审查。事后审查是指在法律、法规等规范性法律文件颁布生效之后，或者在特定行为产生实际影响之后，由有权机关对其是否合宪进行审查。事后审查的内容既包括法律、法规等规范性文件的合宪性，也包括行政及其他公权力机关行为的合宪性。事后审查提起的情形主要包括：①在法律、法规等规范性法律文件生效一段时间后，由宪法实施保障机关主动进行审查；②特定机关和人员在法律公布之前或者以后的一段时间内，可以就法律的合宪性向宪法法院提出异议，要求进行审查；③普通法院在审理案件过程中，当事人或者普通法院对适用于该案件的法律的合宪性提出异议，向宪法法院提出审查请求。

采用事后审查方式的国家很多。例如德国、奥地利、西班牙、意大利、希腊、土耳其等许多国家的宪法实施保障制度都使用事后审查的方式。例如1987年《西班牙宪法》中第161～163条规定了宪法法院的职权是根据各方面的上诉对违宪的法律文件和公职人员的行为进行审理和裁决。政府首相、护民官、50名参议员、50名众议员、自治区集体执行机构和自治区议会，可以就违宪问题提出上诉；政府对自治区机构做出的规定和决议有异议，可以向宪法法院提出上诉；司法机构在审判工作中，对所办案件的判决有决定作用的法律认为可能违反宪法的，可以按照法定条件和方式向宪法法院提出请求审定等。

事后审查的优点在于尊重立法机关及其他国家机关实施宪法、行使法定职权的主动性，同时能够更充分地发现违宪问题，进行有效地纠正，保障统一的宪法秩序和公民基本权利与自由的实现。

（二）以审查提起所需要的不同条件为标准，审查又分为附带性审查和宪法控诉

1. 附带性审查。附带性审查又称具体审查，或个案审查，是指司法机关在审理具体案件的过程中，因涉及案件审理所适用的法律的合宪性问

题，而在案件的审理中附带性地对法律是否违宪进行审查。这一审查方式的重要特征就是案件性，即司法机关对立法的审查必须以案件争议为前提，如果不存在案件争议，即使违宪法律明显存在，法官亦无权去主动审查。经过附带性审查而确认为违宪的法律，也仅在该案中失去法律效力，并不会在其他案件中产生普遍的效力。这种审查方式体现了司法权力被动性特征与司法权力自我克制的意图。美国、日本等一些司法审查制国家采行附带审查的方式。

2. 宪法控诉。宪法控诉是指公民在个人的宪法权利受到侵害后，穷尽法律救济仍不能实现其权利时向宪法法院提出审查请求，请求对公权力行为是否合宪进行审查，以此来保障基本权利。宪法控诉制度是许多国家违宪审查制度的一部分。例如德国、俄罗斯、韩国等国家有这种宪法实施保障的方式，但并不是所有的国家都有宪法控诉这一保障形式，这取决于各个国家宪法的具体设计。

五、我国宪法实施保障机制

新中国成立后曾经颁布过四部宪法，即1954年《宪法》、1975年《宪法》、1978年《宪法》与1982年《宪法》。除1975年《宪法》之外，其他三部宪法均对宪法实施保障制度作了一些规定。1954年《宪法》规定的宪法实施保障制度的内容包括：①全国人民代表大会监督宪法的实施；②全国人民代表大会常委会监督国务院、最高人民法院和最高人民检察院的工作；有权撤销国务院同宪法、法律和法令相抵触的决议和命令；有权改变或撤销省、自治区、直辖市国家权力机关的不适当的决议。1975年《宪法》对违宪审查制度未作任何表示。1978年《宪法》恢复了对宪法实施保障制度的规定，在基本沿袭1954年《宪法》对该制度规定的同时，一方面增加了全国人大常委会解释宪法的职权，另一方面取消了其撤销国务院决议和命令的权力。1978年《宪法》所设计的宪法实施保障制度的内容如下：①全国人民代表大会监督宪法实施；②全国人大常委会解释宪法；监督国务院、最高人民法院和最高人民检察院的工作；改变或者撤销省、自治区、直辖市国家权力机关的不适当的决议。

同上述三部宪法相比，1982年《宪法》对宪法实施保障制度的规定全面而完善，对审查主体、对象、方式、操作的简单程序等内容都加以规定。这些规定空前地扩大了宪法实施保障的适用范围，增强了操作的可能性。但现行《宪法》的设计亦留下了许多缺陷。

根据1982年《宪法》的规定，现阶段我国宪法实施保障制度包括以下几个方面的内容：

（一）政治保障

现行《宪法》序言规定，“全国各族人民、一切国家机关和武装力量、各政党和各社会团体、各企事业组织，都必须以宪法为根本的活动准则，并且负有维护宪法尊严、保障宪法实施的职责”；《宪法》第5条第4款规定：“一切国家机关和武装力量、各政党和各社会团体、各企事业组织都必须遵守宪法和法律。一切违反宪法和法律的行为都必须追究”。中国共产党是我国的执政党，在国家政治生活中居于领导地位，但依据宪法规定，中国共产党同其他政党、组织一样，都必须以宪法为根本活动准则，负有遵守和维护宪法、保证宪法实施的职责，并没有超越宪法和法律的特权，这就说明了宪法代表和行使着国家的最高权威，即使国家的执政党也不能超越宪法，必须在宪法的框架之下活动，受到宪法的约束，以此来确立宪法的权威地位，保证宪法在国家政治生活中的最高地位。同时，中国共产党作为居于领导地位的执政党，对其遵守宪法、维护宪法、保障宪法的要求对其他政党、组织有模范的教育作用和充分的说服力，是其他政党或组织遵守宪法、维护宪法的最好的参照物。

（二）法律保障

现行《宪法》和相关宪法性法律的内容构筑了我国宪法实施的法律保障体系。

现行《宪法》针对宪法实施保障的设计体现了立宪系统化的思路：①宪法最高地位与最高效力的明确为宪法实施保障制度的建立和实施奠定了法理基础。我国《宪法》序言最后一段规定，“本宪法以法律的形式确认了中国各族人民奋斗的成果，规定了国家的根本制度与根本任务，是国家的根本法，具有最高的法律效力”。②依法治国与维护国家法制统一的宪法规范为宪法实施的保障提供了具体的目标与依据。我国《宪法》第5条规定，中华人民共和国实行依法治国，建设社会主义法治国家；国家维护社会主义法制的统一和尊严。在这些宪法原则与价值下，我国现行《宪法》确立的宪法实施保障制度的具体内容包括：

1. 宪法审查的对象。我国现行《宪法》第5条规定，一切法律、行政法规和地方性法规都不得同宪法相抵触；一切国家机关和武装力量、各政党和各社会团体、各企业事业单位都必须遵守宪法和法律；一切违反宪法和法律的行为，必须予以追究；任何组织或者个人都不得有超越宪法和法律的特权。据此我们归纳，“法律、行政法规和地方性法规、国家机关、武装力量、各政党和各社会团体、各企事业单位、违反宪法和法律的行为、任何组织与个人”都可以成为违宪审查的对象。

2. 宪法审查的主体。《宪法》第62条规定，全国人大监督宪法的实施。《宪法》第67条规定，全国人民代表大会常务委员会解释宪法，监督宪法的实施。依据这两条宪法规定，违宪审查权主体被认定是全国人大及其常委会。做此种设计的出发点在于为弥补全国人大每年会期短促、有限而不能有效工作的弊端，由其常设机构来代为行使违宪审查权。同时《宪法》第 70 条规定：“全国人民代表大会设立民族委员会、法律委员会、财政经济委员会……和其他需要设立的专门委员会。在全国人民代表大会闭会期间，各专门委员会受全国人民代表大会常委会的领导。各专门委员会在全国人民代表大会和全国人民代表大会常务委员会领导下，研究、审议和拟定有关议案”。这一宪法规范尽管不够明确，但可以被解释为现行宪法同时规定了协助全国人大及其常委会进行宪法审查的机构即专门委员会。

3. 宪法审查的结果。《宪法》第 67 条规定，全国人民代表大会常务委员会有权撤销国务院制定的同宪法、法律相抵触的行政法规、决定和命令；撤销省、自治区、直辖市国家权力机关制定的同宪法、法律和行政法规相抵触的地方性法规和决议。因此，宪法写明了对于法律以下效力的规范性法律文件违反宪法的结果应是予以撤销。

2000 年由全国人大通过的《立法法》在现行宪法规范基础上对宪法实施保障制度作了进一步完善：

1. 明确宪法审查的具体对象。《立法法》第 90 条明确违宪审查的对象是行政法规、地方性法规、自治条例和单行条例。

2. 明确宪法审查的启动主体。《立法法》第 90 条规定，国务院、中央军事委员会、最高人民法院、最高人民检察院和各省、自治区、直辖市的人民代表大会常务委员会有权向全国人大常委会书面提起对规范性法律文件进行违宪审查的要求；除此之外，其他国家机关和社会团体、企事业组织以及公民有权提出书面建议。

3. 审查的基本方式与程序。《立法法》第 91 条规定，全国人大专门委员会在审查的过程中认为相关规范性法律文件同宪法或者法律相抵触的，既可以直接向制定机关提出书面意见，也可以由法律委员会与有关专门委员会召开联合审查会议，要求制定机关说明情况，再向制定机关提出书面审查意见；制定机关应当在两个月内研究提出是否修改的意见，并向全国人民代表大会法律委员会和有关的专门委员会反馈；对于制定机关不予修改的法律文件，可以向委员长会议提出书面审查意见和予以撤销的议案，由委员长会议决定是否提请常务委员长会议审议决定。《立法法》第 92 条同时规定，其他接受备案机关对报送备案的法律文件的审查程序，按照维护法制统一的原则，由接受备案的机关规定。

（三）制度保障

通过现行宪法和具体法律的规定，我国建立起各项保障宪法实施的具体制度来实现确实的宪法实施。如法律保障中我们所介绍的，制度保障包括这样几方面内容：

1. 宪法实施保障的机构。宪法实施保障的权力由全国人大及其常委会共同享有并由全国人大常委会具体行使，全国人大各专门委员会协助全国人大及其常委会行使该权力，同时在特别情况下也可以设立特定问题调查委员会来协助进行宪法审查。2004 年 5 月，全国人大常委会新设了法规审查备案室。该审查备案室隶属于全国人大常委会法制工作委员会。法规审查备案室不仅负责法规备案，更重要的是要审查下位法是否与上位法甚至宪法相冲突。同时法规备案室还承担着对特定机关或公民个人所提出的审查要求和建议进行先期研究，确认是否进入启动程序，然后交由各专门委员会进行审查。

2. 宪法实施保障的内容。我国现行《宪法》第 5 条所确定的宪法审查的内容几乎是无所不包的，诸如一切国家机关、团体、组织或个人都可以成为审查的对象，但经过《立法法》所予以明确的具有可操作性的审查内容只包括行政法规、地方性法规、自治条例与单行条例四类规范性法律文件。

3. 宪法审查提起的程序。依据《立法法》的规定，宪法审查的启动途径有两种：①国务院、中央军事委员会、最高人民法院、最高人民检察院和各省、自治区、直辖市的人民代表大会常务委员会有权向全国人大常委会直接要求启动；②其他国家机关和社会团体、企事业组织以及公民有权提出书面建议并经过决定同意后启动。

（四）依靠人民群众

实现公民的基本权利是宪法实施的根本目的，公民发现自己的权利所在、去要求并实现自己的权利是宪法实施的根本动力，宪法必须依靠广大人民群众才能获得最广泛意义上的实施。如前所述，遵守宪法是宪法实施的组成部分，我国《宪法》规定，公民有遵守宪法的义务，从这一角度而言，我国广大公民遵守宪法，宪法获得了实施。同时，对于其他国家权力机关或其他组织实施宪法的行为，广大人民群众具有监督的能力，一旦发现其违宪，不论违宪行为是否侵害到自身的权利，公民都可以依据宪法及《立法法》的规定，建议进行违宪审查来纠正和惩罚违宪的行为，保证统一的宪法秩序。所以，广大人民群众是宪法实施的主力军，同时又是宪法实施的监督者、推动者。